| 多维人文学术研究丛书 |

石韫玉年谱

眭骏 | 著

中国书籍出版社
China Book Press

图书在版编目（CIP）数据

石韫玉年谱/眭骏著 . —北京：中国书籍出版社，2020.1

ISBN 978-7-5068-7696-4

Ⅰ.①石… Ⅱ.①眭… Ⅲ.①石韫玉（1756-1837）—年谱 Ⅳ.①K825.6

中国版本图书馆 CIP 数据核字（2019）第 291096 号

石韫玉年谱

眭　骏　著

责任编辑	陈永娟　李田燕
责任印制	孙马飞　马　芝
封面设计	中联华文
出版发行	中国书籍出版社
地　　址	北京市丰台区三路居路 97 号（邮编：100073）
电　　话	（010）52257143（总编室）　（010）52257140（发行部）
电子邮箱	eo@chinabp.com.cn
经　　销	全国新华书店
印　　刷	三河市华东印刷有限公司
开　　本	710 毫米×1000 毫米　1/16
字　　数	273 千字
印　　张	16.5
版　　次	2020 年 1 月第 1 版　2020 年 1 月第 1 次印刷
书　　号	ISBN 978-7-5068-7696-4
定　　价	95.00 元

版权所有　翻印必究

引 言

　　石韫玉，字执如，一字琢如，号琢堂、花韵庵主、绿春词客、西碛山人、竹堂居士，晚又号独学老人。清苏州府吴县人。乾隆五十五年廷试第一，累官至山东按察使。以事左迁，谢病归里。先后主讲杭州紫阳书院、江宁尊经书院、苏州紫阳书院；又曾与修《全唐文》，主持编纂道光《苏州府志》。

　　石氏一生勤于笔耕，著述宏富，今存而可考者达二十余种。其诗众体咸备，咏物言志，具见性情；古文风格朴茂，论者以为神似明之归、唐。又擅于填词谱曲，所填《微波词》《花韵庵诗余》，缠绵婉约；所谱《花间九奏》及《红楼梦传奇》，构思描摹，均称作手。平生瓣香袁枚，服膺性灵之说，所撰《袁文笺正》十六卷，风行海内。石氏还是一位享有时誉的书法家，行、楷挥洒自如，隶书尤工。又精篆刻，铁笔古雅，如其为人。

　　除了在文学艺术上的造诣外，作为清王朝的一位服官十八载的官员，石氏又以经世之材见长于世。他在任重庆知府时为政清廉，深受士民爱戴。其后入经略勒保幕府，在参与平定当时势力遍及川陕楚三省的白莲教起义中，谋划献策，显示了一定的军事才能。晚年，退隐林泉，以育材为己任，在担任书院院长期间，崇实黜华，以清新雅正之文风导诱后进，成就甚众。又与地方士绅协力于乡梓的建设，深为苏州士民称戴。

　　像石韫玉这样一位乾嘉间颇具文名与时誉的吴中耆旧，迄今为止，对其生平著作进行全面研究者尚乏其人。其生平大略，仅见其外甥吴嵰所撰

《独学老人年谱》一卷，而谱文极为简略，且仅止于七十六岁之时。笔者熟研石氏各种著述，又广搜博采，大量涉猎与之同时的清人别集、总集，及子史诸籍，获得了不少有关石氏的可信材料，因撰成此谱，凡二十万言。本谱著力于反映谱主的生平志趣、文学创作及朋辈交游等处。囿于学识，其中疏漏穿凿之处，在所难免，恳祈方家指正。

编纂凡例

一、谱主石韫玉著作宏富，其诗文皆系合刊，通谓之《独学庐全稿》（即《独学庐初稿》至《独学庐五稿》），诗集编年，文集分类。本谱所引石氏诗文，皆以此为据。谱中所引石氏其他著作，亦一一标明。

二、谱主于乾嘉间以诗文名世，声气颇广，本谱述谱主生平交游，多采同时人著述为之补充。

三、本谱著力于谱主游历、仕宦、交游、志趣、文学成就等方面，而与谱主交往颇密之师友行实，间亦采入一二，以备掌故。

四、本谱凡分四卷，按年月排次，各年冠以清代年号及干支，附注公历纪年于后。谱中月日，均采旧历，不作公历换算。凡本年行事日月无考者，悉称"是年"，列于该年谱文之末。

五、本谱谱文下详列引文，以合古人"无一字无来历"之旨。笔者所作考证、评述，则悉以按语形式表示。

六、本谱注引文字，凡采自谱主自著者，一般悉依原文迻录，其师友诗文，则或全录之，或节录之。谱中注引文字，无论全录、节录，悉遵原貌，不作改动，节录文字皆于节省处加省略号。

七、昔人撰谱，于谱主多以"先生"或其字号相称，以合恭敬之意。本谱循例，凡言及谱主之处，皆以其字"执如"称之。

八、谱主师友之生卒，若不注明出处，悉本乎姜亮夫《历代人物年里碑传综表》。

九、谱中列（时事）一项，附于每年谱文之末，意在收知人论世之效，其出处亦不复注明。

目 录
CONTENTS

传略 1

卷一 11

卷二 45

卷三 104

卷四 144

参考文献 242

后记 250

传　略

　　石韫玉，字执如，一字琢如，号琢堂、竹堂、竹堂居士、绿春词客、西碛山人、花韵庵主人、归真子、竹翁、独学老人。清江南苏州府吴县人。

　　陶澍《陶文毅公全集》卷四十五《恩赏翰林院编修前山东按察使琢堂石公墓志铭》（以下简称《墓志铭》。）："公讳韫玉，字执如，号琢堂。"

　　李玉棻《瓯钵罗书画过目考》卷三："石韫玉，字琢如，一字执如。"

　　刘凤诰《存悔斋集》卷十一《石竹堂画像记》："所居经史巷，为何义门学士故宅，以其近竹堂寺，假竹堂自号。"

　　《独学庐初稿》前有执如门人沈秉珏所撰像赞，像上方题"竹堂居士像"，赞语云："璇机一星，光华戴斗。蔚为文章，其传不朽。谈兵虎帐，视草兰台。先生曰否，非我本来。渊渊其心，温温其颜。富贵如云，付之一笑。平生结习，凡百扫除。所未忘者，一卷之书。"盖此号乃执如晚年习禅后所有。

　　《独学庐初稿·诗》卷一《云留旧草》中《静观吟》第二首："门外鸟啼花落，厨中酒熟菜香。自号绿春词客，端居白石山房。"故知其有是号。

　　《独学庐初稿·文》卷二《蓺稻记》中自称"西碛山人"。

　　《花间九奏》内封右上镌"花韵庵主人填词"，则知其有"花韵庵主人"之号。

　　《花间乐府》卷端题："归真子著。"按：此乐府作于晚年归田家居时，则此号乃其暮年自署。

　　复旦大学图书馆藏执如手批明毛晋刻《六十种曲》残帙，其评明张凤翼《红拂记》曰："此剧是两人合传，一叙英雄之气，一叙儿女之情，其中蝉联处文心绝佳，曲文清圆流畅，不腻不枯，允推词场隽品。独学老人点定。丁卯十二月。"按：是年执如五十二岁，时方自京引疾南归，卜居于杭州紫阳山麓。

又，执如嘉庆十三年杨继端《古雪诗钞》、道光五年序彭蕴灿《历代画史汇传》、道光六年序汪端《自然好学斋诗》等，末皆署"独学老人石韫玉"。

祖籍丹阳，系出宋石延年曼卿先生之后。

《墓志铭》："祖籍丹阳，系出宋石曼卿先生之后。"

《独学文存》卷一《先世祠堂记》："吾家世居丹阳，系宋学士石曼卿之后。"

《独学庐初稿·文》卷二《姑苏石氏宗谱序》："吾家旧居丹阳，系出曼卿先生之后。"

按：石延年，字曼卿。先世居幽州，后移家丹阳。生于北宋太宗淳化五年，卒于仁宗庆历元年。累举进士不第，以武臣叙迁得官，仕至太子中允，秘阁校理。建议选将练兵，以备辽、夏。西夏扰边，奉命赴河东经办征兵事宜，为仁宗所嘉许。诗文风格遒健，有《石曼卿诗集》。事迹详《宋史》本传。

高祖某，中年值明鼎革之际，出家为僧，释名智远，初名不传。

《独学文存》卷一《先世祠堂记》："高祖值明鼎革，出家为僧，释名智远，而初名遂不传。"

《独学庐初稿·文》卷二《姑苏石氏宗谱序》："先高祖中年弃家，从释氏，名曰智远，而初名遂不传。"

曾祖君甫公，讳政。清初避兵南走，举家失散，止于姑苏城南，年仅十三。有吴姓者怜而舍之，并妻以女。居饮马桥。

《墓志铭》："国初自丹阳迁吴县，至公已四世。曾祖政。"

《独学文存》卷一《先世祠堂记》："先曾祖君甫公，于顺治二年，迁于吴门，时年缱十三。有吴氏婿之于甥馆。此始迁苏州之祖也。……先曾祖初居饮马桥。"

《独学庐初稿·文》卷二《姑苏石氏宗谱序》："曾祖生于明崇祯癸酉之岁。顺治二年，王师下江南。……曾祖随众奔走，举家失散。道逢骑者射以矢，先曾祖赴水泅而行，射者再发皆不中。既免，止于姑苏城南吴氏，吴以女妻之。"

曾祖妣某，吴氏女。

《独学庐初稿·文》卷二《姑苏石氏宗谱序》："吴以女妻之。先祖所自出也。"

政生二子，长曰荆玉公，再传而绝。

《独学文存》卷一《先世祠堂记》:"曾祖生丈夫子二,长曰荆玉公。……荆玉公再传而绝。"

次即执如祖宁周公,讳邦桢,字介庵。居庙堂巷。以医术名于世。

《独学文存》卷一《先世祠堂记》:"次先祖宁周公。"

《墓志铭》:"祖邦桢,字介庵。"

《独学文存》卷一《先世祠堂记》:"先祖居庙堂巷。"

《独学文存》卷三《程氏易简方论序》:"予先祖介庵公,习长桑君之术,家蓄方书颇多。"又同卷《本事方释义序》:"余先祖介庵先生,亦以医术名于世。"

祖妣朱氏。

吴嶫《独学老人年谱》(以下简称《吴谱》):"祖妣朱氏。"

父惠畴公,讳熙载,字韬山。移居城南金狮巷,又名经史巷。著有《韬山词》。

《墓志铭》:"考熙载,字韬山。"

《独学文存》卷一《先世祠堂记》:"宁周公生先考惠畴公。……先考乃移居金狮巷。"又同卷《城南老屋记》:"城南经史巷,有老屋一所,即余初生之地也。西邻为何翰林故宅。何名焯,学者所谓义门先生。其居与余居比屋连墙。其子孙不能守,吾先子割其宅之半以自广,于是有山池竹木之胜。"

按:民国《吴县志·艺文考三》著录是词,存佚俟考。

母徐氏,熙载继室,执如即所出。

《墓志铭》:"妣徐太淑人。"

《吴谱》:"韬山公初娶于氏,继娶徐氏,公则徐太夫人出也。"

三世俱因执如贵,赠通议大夫,妣赠淑人。

《墓志铭》:"三世俱以公贵,赠通议大夫,妣皆赠淑人。"

先是,熙载举三子,皆殇。母徐氏梦介庵先生授以白璧,已而有娠,即生,遂名以韫玉。

《墓志铭》:"韬山公有三子,皆殇。妣徐太淑人梦介庵公授以白璧而公生。"

《独学文存》卷一《先世祠堂记》:"惠畴公生四男,其三皆殇,最后生余,盖寒宗之不绝也如线。"

少颖悟过人，读书卓荦有特识。

《墓志铭》："颖敏过人，读书卓荦有特识。"

年十八，补吴县博士弟子员。

《墓志铭》："年十八，补吴县博士弟子员。"

《独学文存》卷一《重修吴县学记》："韫玉年十八，充博士弟子员。"

乾隆四十四年己亥高宗七旬恩科，举江南乡试第十三名。

《墓志铭》："乾隆己亥恩科，举于乡。"

《独学庐初稿·诗》卷五《玉堂集》有《闻喜》绝句七首，其第六首"而今始识荣枯事，早定男儿堕地时"下注曰："己亥春，于役澄江。客有能扶鸾之术者，叩之，砚作三魁字。其后余乡试第十三，会试第十四，殿试第一，皆如左券云。"

乾隆五十五年庚戌高宗八旬恩科，成进士；会试第十四名，殿试进呈卷第二甲一名，高宗特拔置一甲一名，授翰林院修撰。

《墓志铭》："庚戌，成进士。殿试，进呈第二甲一名。纯皇帝特拔置第一甲一名，授翰林院修撰。"

《闻喜》绝句第三首"君恩特敕魁天下"句下注曰："韫玉试卷，读卷大臣初拟第四，仰荷圣恩，特擢第一。"

自释褐通籍，历官修撰、福建乡试正考官、提督湖南学政、日讲起居注官、四川重庆府知府兼护川东道、陕西潼商道、山东按察使、署布政使。嘉庆十二年，部议革职。仁宗赏给翰林院编修、国史馆行走。旋引疾归田，历主杭州紫阳书院、金陵尊经书院、苏州紫阳书院讲席。又与修《全唐文》，主纂道光《苏州府志》。

《独学文存》卷一《城南老屋记》："计余年三十五，及第登朝，至五十二归田，其间一典福建乡试，一督湖南学政，守重庆者七年，晋阶潼关之税务，迁山东按察使，三权山东布政使事。凡官于中外者十有八年。"

《墓志铭》："公缘事被劾，部议革职。仁宗念川省军营劳绩，赏给编修、国史馆行走。公因从军时受山岚瘴湿之气，得软脚疾，至是复作，遂引疾乞归。……时长子同福以知县需次浙江，遂就养焉。浙中当事知公至，延主紫阳书院。……又主金陵尊经书院讲席，复入扬州书局校勘《全唐文》。及丙子岁，归主苏州紫阳书院讲席，并修《苏州府志》。"

为人和易博达，生平磊落自喜，不为溪刻之举，不立崖岸，与人交，切切焉以道义相终始，侍其坐者，能使人鄙吝都消。

刘凤诰《存悔斋集》卷十一《石竹堂画像记》："先生和易博达人也。……生平磊落自喜，不为溪刻之举。……与人交，切切焉以道义相终始。"

《墓志铭》："公和易近人，不立崖岸。……侍其坐者，能使人鄙吝都消。"

潘曾沂《东津馆文集》卷三《石琢堂先生别传》："小浮山人曰：先生外和而内介，善诱人者也。如入芝兰之室，久而与之化矣。"

乡有善举，必出为领袖，始终无倦。

《墓志铭》："乡中有善举，公必出为领袖，始终无倦。"

学以诚身为本，以知进退为用，尤长于经世之学。

刘凤诰《存悔斋集》卷十一《石竹堂画像记》："学以诚身为本，以知进退为用。"

《墓志铭》："公阅览远识。……尤长于经世之学。"

潘曾沂《东津馆文集》卷三《石琢堂先生别传》："先生论学，未尝断断汉、宋之见，辞取达意，不求悦于人。游其门者，随类各得解，而无新奇可喜之论。"

法式善《梧门诗话》卷九："石琢堂廉访官蜀最久，从征逆匪，颇着劳绩。所上方略，暨谕民诸条教，恺切仁慈，如读王文成集、于清端政书，不得仅以文人学士目之也。"

性嗜书，自弱冠迄于归田，积书至四万卷，建藏书之所曰"凌波阁"。

《墓志铭》："即所居，建凌波阁，贮书四万余卷。"

《独学文存》卷三《凌波阁藏书目录序》："余性淡泊无所好，性好藏书，自弱冠以来，积至四万余卷。……乃于所居花间草堂之西，涤山潭之上，筑小楼三间，以为藏书之所。"

工隶书，善篆刻。

李放《皇清书史》卷三十一："……工隶书，铁笔古雅，如其为人。"

《独学庐初稿·诗》卷二《江湖集》上《云麾使杨泽山索镌石章，作长歌报之》有"我生爱铁笔，制作追黄古，帝羲臣颉不可攀，降从八体寻规矩"之语。

《独学庐初稿·诗》卷六《剑浦归槎录》中有《论书绝句》三十首，于书学之源流正变，皆有独到精论。

《独学庐三稿·诗·晚香楼集》二《题汪氏六息斋印稿》中有："我少习鄙事，爱古忘愚蠢。穷年琢山骨，胪列同瓚琮。不解嘲石癖，稍异供书佣。抚此触素好，恍闻谷音跫。珍如金万镒，袭以锦十重。岂云雕虫技，状夫所不容"诸语。

文不专一家，而能贯串古今；诗格高律细，初宗陶、谢、王、孟诸家，后能破除唐宋门户，自成一体。

《独学庐初稿·文》卷三《与王念丰论文书》："不佞习古文辞，于兹十年。虽望道未见，亦尝究心于古作者之林。始得司马迁之文而好之，学焉而不得其径也；继得庄生之文，又好之，学焉又不得其径也。因思登高者自卑，降而学于眉山大苏之集，忽忽若有所遇，涉笔有文从字顺之乐，遂自谓得之矣。习之既久，觉其浅水不澌，由是复泛滥于古之立言者。"

吴翌凤《独学庐三稿序》："执如以第一人仕于朝，典试于闽，视学于楚，制艺之工，夫人知之矣。而其古文纡徐澹远，超出尘表。王念丰谓之曰：'为文不言法，随意自曲折。露蝉饱清虚，挺挺一枝笔。'余以其言为然。"

翁广平《听莺居文钞》卷二十五《与石琢堂殿撰书》："今先生之文，固非后学所能窥测。窃以为源本经术，而以八家之机格变化出之，至议论之闳肆，有言人所不能言者。"

《独学庐二稿·文》卷中《沈氏群峰集序》："余则诵习欧阳子之文，而诗格宗尚陶、谢、王、孟。"

法式善《梧门诗话》卷九："石琢堂廉访诗，格高律细，胎息唐贤。王柳村谓与秦小岘、阮云台皆江左正声，非谬也。"

俞樾《春在堂杂文续编》三《石琢堂先生〈竹堂文类〉序》："先生根柢深厚，议论名通。读其《与姜中丞三书》及《上成邸书》，又代拟河道及海运各奏议，老成深识，通达治体，非徒以文字见长。诗亦风格遒上，有盛唐人遗音。自道光中叶至咸丰之季，海内多故，运会少衰，诗文体格，亦流于骫骳，十年中，未见有与抗行者。"

陶澍《石公墓志铭》："为文贯串古今。……诗则破除唐宋门户，风发泉涌，援笔立就。"

著述宏富。

陶澍《石公墓志铭》："譔述甚富，所刊《独学庐诗文稿》若干卷，为海内所称。"

按：执如著述现存可考者如下：

一、《多识录》九卷，经部诗经类，存。道光八年〔1828〕石氏精刻本。国图、复旦俱有藏本。

二、《读左质言》一卷，经部春秋左传类，存。附于《独学庐初稿》后。

三、《读论质疑》一卷，经部四书类，存。道光八年〔1828〕石氏刻本。藏于国图。

四、《汉书刊讹》一卷，史部正史类，存。附于《独学庐初稿》后。

五、道光《苏州府志》一百五十卷，卷首十卷，史部地理类，存。道光四年〔1824〕刻本。

六、道光《昆山新阳两县志》四十卷，史部地理类，存。道光五年〔1825〕刻本。按：是志前列衔，执如为总裁，而据执如序所云，此志乃修《苏州府志》时并举者，主编纂之役者为昆山王学浩。

七、《袁文笺正》十六卷，补注一卷，集部别集类，存。有嘉庆十七年〔1812〕石氏鹤寿山堂刻本，复旦、上图、台大图书馆藏；道光八年〔1828〕启智书局刻本，台北私立东海大学图书馆藏；光绪间汗青簃刻本，复旦图书馆藏；光绪十四年〔1888〕蜚英馆石印本；民国间上海会文堂石印本，附增订四卷。

八、《竹堂类稿》十六卷，集部别集类，存。钞本。北图藏。

九、《竹堂文类》一卷，集部别集类，存。钞本。中山大学图书馆藏，有清沈涛朱笔校圈。

十、《竹堂文类》八卷，集部别集类，存。钞本。藏于北图、南开大学图书馆。

十一、《独学庐尺牍偶存》二卷，道光三年〔1823〕刻本。今藏于南图。

十二、《独学庐初稿》，集部别集类，存。乾隆六十年〔1795〕长沙使院刻本。其中《诗》八卷（《云留旧草》一卷、《江湖集》三卷、《玉堂集》一卷、《剑浦归槎录》一卷、《湘中吟》二卷），《云留旧草》乃未第家居时所作，未编年，其余皆编年。《文》三卷。

十三、《独学庐二稿》，集部别集类，存。嘉庆十年〔1805〕重庆官舍刻本。其中《诗》三卷（《玉堂后集》一卷、《鹃声集》一卷、《学易斋吟草》一卷），皆编年；《文》三卷；《词》二卷（《花韵庵诗余》一卷、《微波词》一卷）。

十四、《独学庐三稿》，集部别集类，存。嘉庆二十年〔1815〕刻本。其中诗《晚香楼集》六卷，起于嘉庆十一年〔1806〕，迄于嘉庆二十年〔1815〕，编年。《文》五卷；《词》二卷（乃续刻《微波词》第二、第三卷）。

十五、《独学庐四稿》，集部别集类，存。道光五年〔1825〕刻本。其中诗《池上集》四卷，起于嘉庆二十一年〔1816〕，迄于道光五年〔1825〕，编年。《文》五卷；《词》一卷（乃续刻《微波词》第四卷）。

十六、《独学庐五稿》，集部别集类，存。道光十二年〔1832〕刻本。其中诗《燕居集》五卷，起于道光六年〔1826〕，迄于道光十二年〔1832〕，编年。《文》三卷，补遗一卷。

十七、《独学文存》四卷，集部别集类，存。道光间石氏写刻本。是集乃执如晚年手自删定者。

十八、《独学庐题跋》二卷，存。道光间石氏写刻本。其版式一如《文存》，乃其晚年汇以往各文集中题跋而成。

十九、《独学庐外集》一卷，及《守渝公牍》，乃执如嘉庆五年官重庆知府时之公牍，附于《二稿》末。

二十、《文选编珠》二卷，存。有《碧琳琅馆丛书》本，及《芋园丛书》本。

二十一、《花间乐府》一卷，存。附于《二稿》后。

二十二、《花韵庵南北曲》一卷，存。有《饮虹簃校刻清人散曲》本。

二十三、《花间九奏》九卷，存。道光初石氏花韵庵刻本。

二十四、《红楼梦传奇》，嘉庆二十四年石氏刻本。

二十五、《船山诗草选》六卷，存。原题：遂宁张问陶仲冶撰，吴县石韫玉执如选。嘉庆二十三年〔1818〕吴县学耕堂刻本（后汇入《士礼居丛书》中），《丛书集成初编》本。

二十六、《明八家文选》，集部总集类，存。道光八年〔1828〕石氏鹤寿山堂刻本。

二十七、《国朝十家文选》，集部总集类，存。道光九年〔1829〕石氏鹤寿山堂刻本。

二十八、《古香林丛书》，凡十种，存于中国科学院图书馆。道光十五年石氏刻本。

姊一，名不详，适常熟吴英玉。善操琴。

《独学庐四稿·诗·池上集》一《自题十真》第三首云："我家一门善琴学，武陵大姊亦能作。当年授我湘妃吟，一勾一抹清人心。既婚既宜苦行役，冰丝触手生荆棘。"

《独学庐二稿·文》卷一《清故湘乡县丞吴君墓志铭》："君讳英玉，字玉泉，苏之常熟人也。"按：英玉，即执如外甥吴兼山之父，则其姊殆适吴氏者。

妻蒋氏，同邑赠文林郎蒋惠贤女，诰赠淑人。贤淑而才，藻韵双绝。先卒。

《墓志铭》："公娶同邑赠文林郎蒋惠贤女，诰赠淑人，先公卒。"

曹贞秀《写韵轩小稿》卷一《题石夫人小照六首》前有序云："石琢堂孝廉嘉稆蒋夫人，贤淑而才，藻韵双绝。"

妾五：曹氏，以无子遣之。高氏，封孺人，先卒。顾氏，封孺人，先卒。陈氏，以无子遣之。罗氏。

按：此皆据《吴谱》所记。

子四：长同福，妻蒋氏出，字叙民，号敦夫。吴县监生。由知县历官至梧州知府。工诗词，著有《瘦竹幽花之馆诗存》。次嘉禄，曹氏出，殇。次介福，妾高氏出，安徽按察使照磨。次延禧，字季常，候选盐场大使，早卒。

《独学庐初稿·文》卷二《长子叙民字说》："余长子曰同福，先君之所命名也。稍长，余字之曰叙民。"按：据《吴谱》，石同福生于乾隆四十二年，即蒋氏来归之次年。

张应昌《彝寿轩诗钞》卷七《感旧诗》有《石敦夫太守》五律，前有引曰："同福，吴县人。琢堂先生子。由浙江知县，仕至广西梧州知府。按：上图藏有石同福《瘦竹幽花之馆诗存》稿本，凡四卷，有"瘦竹幽花之馆""石氏敦夫"诸印。

《墓志铭》："次嘉禄，殇。次介福，安徽按察使照磨。……次延禧，候选盐昌大使，早卒。"按：据《吴谱》，嘉禄曹氏生，介福高氏生也。

《独学庐四稿·文》卷五《十一郎圹志》："亡儿季常，余之第四子。寒门寡丁男，男女相伯仲，故呼为十一郎。……年十六，忽得咯血疾，次年冬遂剧。……卧床三月，合掌而逝，时道光三年十一月初五日也。"

女十：长某，三岁痘殇。次珊枝，适仁和诸生许乃嘉。次瑶枝，适镇洋举

人陆元文。次凤枝，适归安诸生张应鼎。次湘衡，适山阴何如龙。以上皆妻蒋氏出。次某，两岁痘殇。次锦雯，适宁远拔贡生方四知。以上妾高氏出。次某，次某，皆罗氏出，即殇。次惠枝，亦罗氏出，适阳湖孙星衍子孙廷镛。

按：《墓志铭》称："女八。"此据《吴谱》所记。

孙六：长峻华，字鹤笙，道光壬辰举人。次瑞华。次岩英，元和学庠生。次屺莪。次汝霖。次昆芝。

《墓志铭》："孙六：长峻华，道光壬辰举人。次瑞华。次岩英，元和学庠生。次屺莪。次汝霖。次昆芝。"

同治《苏州府志》卷八十四《人物》十一："石峻华，韫玉孙，道光壬辰举人。苏城告警，峻华矢死不去，率子从大吏筹捍御计。及城破，贼入团练局，父子同骂贼，支解死，全家无一免者。"

孙女八。

《墓志铭》："孙女八。"

曾孙七：守彝、守训、守和、守中、守清、守朴、守经。

《墓志铭》："曾孙七：守彝、守训、守和、守中、守清、守朴、守经。"

曾孙女一。

《墓志铭》："曾孙女一。"

卷 一

乾隆二十一年丙子〔1756〕一岁

闰九月二十一日子时，生于城南经史巷里第。

《独学庐五稿·诗·燕居集》五《生日自寿》序："予生于乾隆丙子闰九月。"韩崶《还读斋诗稿续刻》卷六有贺执如七十七岁生辰诗，题："闰九月二十一日，为竹翁七十七岁前览揆之期，又值文孙鹤笙鹿鸣之喜，以诗申贺。"吴嶰《独学老人年谱》（以下称《吴谱》）："是年闰九月二十一日子时，公始生。"《独学庐文存》卷一《城南老屋记》："余家故寒素，城南经史巷，有老屋一所，即余初生之地也。"

祖邦桢，字宁周，号介庵，时已卒。

祖母朱氏尚健在，年不详。

父熙载，字惠畴，号韬山，时四十四岁。

《吴谱》："乾隆丙子，韬山先生已四十四岁。"

母徐氏，熙载继室，年不详。先是，熙载有三子，皆殇。是夕，徐氏梦邦桢以一白璧相付，既觉而诞一子。遂小字玉郎，其后名韫玉，字执如，皆因是故。

陶澍《石公墓志铭》（以下简称《墓志铭》）："韬山公有三子，皆殇。"

《吴谱》："是夕，徐太夫人梦公之先祖介庵先生以一白璧相付，既觉而公生，故韬山先生命以小字曰玉郎。其后名曰韫玉，字执如，皆志此庆也。"

是年：

沈起凤十七岁，

林蕃锺十一岁，

吴翌凤十五岁,

赵基十七岁(据《独学文存》卷二《乳初轩诗选序》),

韩是升二十二岁(据韩氏《听钟楼诗稿》《六十生朝》诗),

翁方纲十九岁,

潘奕隽十七岁,

吴云十一岁(据王赠芳《慎其余斋文集》卷八《玉松吴公行状》),

洪亮吉十一岁,

吳錫麒十一歲,

廖寅六岁,

法式善五岁,

铁保五岁,

孙星衍四岁,

陈廷庆三岁,

张敦仁三岁,

王学浩三岁,

李赓芸三岁,

王芑孙二岁,

韩崧一岁。

(时事)五月,褫将军策楞、参赞玉保职,以达尔党阿及哈达哈代之。八月,和托辉特部郡王青滚杂卜叛。以成衮扎布为定边将军,率师讨之。十二月,青滚杂卜被擒,伏诛。

乾隆二十二年丁丑〔1757〕二岁
宋简生,

伊秉绶生。

按:赵怀玉《伊氏墓表》,云其生于乾隆二十年。然执如《晚香楼集》卷六《挽同年伊墨卿》有"我尚叨君一岁长,君胡先我归泉壤"句,则伊氏当生于是年。

（时事）正月，高宗奉皇太后南巡。四月，左副将军成衮扎布、右副将军兆惠出征准噶尔，阿睦尔撒纳走死，准噶尔平。九月，高宗还京师，赐云贵总督恒文自尽。

乾隆二十三年戊寅〔1758〕三岁
韩崶生(据韩崶《还读斋自定年谱》)，
沈清瑞生(《独学庐二稿·文》卷中《沈氏群峰集》："方芷生之与余定交也，在角丱之年，芷笙少余两岁，余弟视芷生。")，
彭希洛生。

（时事）正月，回部和卓木叛。以雅尔哈善为靖逆将军，率师讨之。七月，雅尔哈善与和卓木战于库车，和卓木遁去。褫雅尔哈善职。以兆惠为定边将军，移师讨之。

乾隆二十四年己卯〔1759〕四岁
秋九月，病痢幾危，賴母徐氏百方醫治，始痊。
《吴谱》："是秋，公病痢几危，徐太夫人百方医治，始痊。"
张吉安生(据《独学庐五稿·文》卷三《张君墓志铭》及同卷《余杭张君事状》)。

（时事）正月，兆惠追击两和卓木，被围于黑水营。副将富德率师援之。三月，围始解。七月，兆惠、富德拔喀什噶尔羌城，两和卓木遁。十月，巴达克山汗擒斩之，函其首来献，回部平。

乾隆二十五年庚辰〔1760〕五岁
发蒙。舅氏徐元孚授以《孝经》。
《吴谱》："始识字，公之舅氏徐元孚先生授以《孝经》。"
按：元孚生平事迹未详，俟考。
杨揆生(据赵怀玉《亦有生斋文集》卷十六《四川布政使赠太常寺卿杨公墓志铭》)，

尤兴诗生，

翁广平生，

朱鹤年生(据阮元《野云山人传》)。

(时事)正月，兆惠献俘至京师。高宗御午门行献俘礼。八月，以阿桂为都统，总理伊犁事务，行屯田事。

乾隆二十六年辛巳〔1761〕六岁

入塾。延师陆以宁，教授《毛诗》。

《吴谱》："始入外塾，延师陆以宁，授以《毛诗》。"

按：以宁事迹未详，俟考。

刘凤诰生(据《独学庐五稿·文》卷三《故公保刘公墓志铭》)，

何元烺生。

(时事)正月，紫光阁成，赐大学士傅恒以下画像诸功臣并文武大臣、蒙古王公大臣及诸台吉一百七人宴。二月，高宗奉皇太后西巡，幸五台山。

乾隆二十七年壬午〔1762〕七岁

延同里钱先生为师，教授《毛诗》。

《吴谱》："延师钱先生，授《毛诗》。先生同里人，忘其名氏。"

按：钱先生事迹无考。

冬，出痘。

《吴谱》："公是冬出痘。"

曹贞秀生(据《清代闺阁诗人征略》卷六)。

(时事)正月，高宗奉皇太后南巡。十月，以明瑞为伊犁将军。分乌梁海为三部，设官治理之。

乾隆二十八年癸未〔1763〕八岁

延陆山樗为师，教授《四书》《五经》。

《吴谱》:"延师陆山樗,授《四书》《五经》。"
沈复生(据《浮生六记》卷一自述生平),
黄丕烈生(据《独学庐四稿·文》卷五《秋清居士家传》)。

(**时事**)正月,命尚书阿桂在军机处行走。四月,大学士史贻直卒。

乾隆二十九年甲申〔1764〕九岁
张问陶生,
阮元生(据张鉴等撰《雷塘庵主弟子记》),
彭希郑生(据彭翊《叔父常德府知府苇间府君述》),
潘世璜生(据《独学庐五稿·文》卷三《农部潘君家传》)。

(**时事**)七月,体仁阁大学士杨廷璋罢,以杨应琚为东阁大学士。十一月,协办大学士户部尚书兆惠卒。

乾隆三十年乙酉〔1765〕十岁
顾莼生(据程恩泽《通政司副使顾公墓志铭》),
李如筠生(据张维屏《国朝诗人征略》卷四十八)。

(**时事**)正月,高宗奉太后南巡。四月,还京。乌什回人作乱,将军明瑞击平之。

乾隆三十一年丙戌〔1766〕十一岁
万承纪生(据陈文述《万廉山司马传》),
顾鹤庆生,
何道生生(据法式善《存素堂文续集》卷二《宁夏府知府何君墓表》)。

(**时事**)三月,缅甸入寇九龙江。云贵总督刘藻率师御之,败绩,自刎。以大学士杨应琚代之。十二月,《大清会典》成。

乾隆三十二丁亥〔1767〕十二岁

《四书》《五经》卒业。父授以唐人五、七律,皆成诵。学诗始。

《吴谱》:"是岁,公《四书》《五经》皆卒业。韬山先生授以唐人五、七律,皆成诵。始学为诗。"

闰七月,祖母朱氏卒。

《吴谱》:"闰七月,公之祖母朱太夫人卒。"

郭麐生,

张青选生(据张维屏《国朝诗人征略二编》卷四十五),

程邦宪生。

(时事)三月,逮大学士、云贵总督杨应琚入京。以伊犁将军明瑞补授云贵总督。十二月,将军明瑞率师征缅甸,大破之。

乾隆三十三年戊子〔1768〕十三岁

是年,从冷秉垣受古文。秉垣字公辅,号篛溪。乾隆丙子举人。

《吴谱》:"从冷篛溪先生授古文。冷名秉垣,字公辅。"

按:同治《苏州府志》卷六十五《选举》七"乾隆二十一年丙子科"下,有"长洲冷秉垣公辅"之记载。

是年,聘同邑蒋氏。

陶澍《墓志铭》:"公娶同邑文林郎蒋惠贤公女,诰赠淑人。"

曹贞秀《写韵轩小稿》卷一《题石夫人小照六首》序曰:"石琢堂孝廉嘉耦蒋夫人,贤淑而才,藻韵双绝。"

按:蒋氏父惠贤公,生平事迹不详,俟考。

蒋因培生,

陈用光生,

杨景仁生(据李兆洛《杨静闲先生墓志铭》)。

(时事)正月,御批《历代通鉴辑览》成。二月,明瑞陷敌死。以大学士傅恒为经略,阿里衮、阿桂为副将军,代领其军。十二月,台湾民黄教起事。

乾隆三十四年己丑〔1769〕十四岁

是年，附学于中表黄氏之塾，从张含光先生习举业。

《独学文存》卷三《凌波阁藏书目录序》："忆十四岁，附学于中表黄氏之塾。主人有书二楹，先生方授科举之业，惟经义是训，他书禁勿观。"

《吴谱》："是岁，从张含光先生学举业。"

按：张含光，生平事迹俱无考。中表黄氏，即黄丕烈家。《独学庐四稿·文》卷五《秋清居士家传》："居士姓黄，名丕烈，字绍武，一字荛圃。先世居闽之莆田。其十世祖秀陆迁于江宁，及曾祖琅，始移居吴门。再传至君考维，号耐庵，以忠训直深训其子弟。君有至性，克承家范，谨以持己，直以待人。少岁读书，务为精博，发为文章，必以《六经》为根柢。……平生无声色鸡狗之好，为性喜聚书，遇一善本，不惜破家购之。尝得宋本书百余种，贮诸一室，顾南雅学士颜其室曰'百宋一廛'。每获一书，必手自校雠。……所刻书有《周礼郑注》《国语》《国策》《焦氏易林》等，一以宋刻为准。盖惟恐古学之沦亡也，可谓有功艺苑者矣。晚号秋清居士。道光乙酉春秋六十三，秋八月，微示疾，遂不起。……余与君为中表弟兄，少时同塾读书，迄今垂六十年，知君素行者莫余若也，因著为传，列诸家乘。"又《吾与汇编》卷八载黄丕烈偕执如游吾与庵诗，序曰："余与琢堂，少同塾，长同游京师，而彼此年皆五十余，踪迹又相聚，作此清游，人生朋友之乐，吾乡湖山之胜，略见于此。"按：是年黄丕烈七岁，已届入塾之年，据两人所述，则与执如同学者似即丕烈。

秋，始习作赋。师以"雁"字命题，执如赋中有"古塔题名，蚤挂凌云之榜；遥空作阵，先开露布之封"之对，见者皆赏其用意刻画云。

《吴谱》："秋，始习赋。师以'雁'字命题，公赋中有联云：'古塔题名，蚤挂凌云之榜；遥空作阵，先开露布之封。'彼时见者，赏其用意刻画。"

又于暇时，自习书法。

《独学庐三稿·诗·晚香楼集》四《题子妇慧文三十学书图》序曰："余年十四五时，观先辈所作八分书，辄见猎心喜。每遇净几废缣，涂雅不已，然无所师承也。"

潘世恩生（据潘世恩《思补老人自订年谱》），

朱珔生（据梅曾亮《柏枧山房文集》卷十五《朱兰坡先生墓志铭》）。

（时事）毁钱谦益所著书。十一月，协办大学士阿里衮卒于军。十二月，与缅人订和约罢兵。

乾隆三十五年庚寅〔1770〕十五岁
是年，初应童子试，未获取。
《独学庐四稿·文》卷三《芹香课艺序》："予十五岁，始应童子科。"
《吴谱》："是岁，应童子科，未隽。"

（时事）六月，前大学士陈宏谋卒。七月，大学士忠勇公傅恒卒。

乾隆三十六年辛卯〔1771〕十六岁
陈文述生。

（时事）十月，金川复叛。褫四川总督阿尔泰职，以侍郎桂林代之。命大学士福温率师进讨。

乾隆三十七年壬辰〔1772〕十七岁
是年，复应童子试，仍未获隽。父韬山公谓之曰："汝文可入彀，所以被黜者，字拙之故。"因令师事郏南阳先生学书。

《吴谱》："复应童子科，未隽。先公韬山先生谓之曰：'汝文可入彀，所以被黜者，字拙之故。'因令师事郏南阳先生学书。郏之书法受于钱思赞（襄），钱受于何屺瞻（焯），何受于邱三近（山）。此公书学之渊源也。"

按：郏南阳，事迹无考，殆邑中善书者。

又按：钱襄，字思赞，号讷生。吴县木渎镇人。乾隆二十七年，高宗南巡召试，赐举人，官内阁中书。书法逼真虞、褚，晚年益进。所著有《爱日楼初稿》《华阳草》《百愧居士稿》。执如《微波词》卷四《洞仙歌》注："题钱思赞先生《双鬟索句图》遗像。"词曰："吴门故老，怅风流如雨。试诵张衡《定情赋》，叹我生已晚，一瓣心香，曾未及、亲炙先生廊庑。咿尊前人似玉，齐索新诗，知是闺中伊、邢侣。岁月尚无多，名士倾城，都化作一抔黄土。幸今日，重披画图看，觉栩栩须眉，自堪千古。"

乾隆《长洲县志》卷二十五《人物》四："何焯，字屺瞻，号义门。颖悟强记，长于考定，评阅古人书，指摘讹谬，点勘极严。……生平为文，谨法度，一宗先民。书法出入晋、唐，尤为时重。"

李放《皇清书史》卷三十二："邱山，字三近，号湜盦。吴人。后为僧，名正诣。书法方劲，得力率更。何义门幼时业师。"

谭光祜生。

(时事) 正月，四川总督桂林攻小金川，败绩。褫其职，以阿桂代之。十月，小金川平。

乾隆三十八年癸巳〔1773〕十八岁
是年，再应童子试，获隽，入吴县学。时督学者为少詹事彭元瑞。

《墓志铭》："年十八，补吴县学博士弟子员。"

《吴谱》："是岁，入吴县学第七名。"

《独学文存》卷一《重修吴县学记》："韫玉年一十有八，充博士弟子员。维时县大夫率新进诸生，展谒两庑之下，瞻望庙堂，大小稽首，雍涌肃肃，礼成而退。迄今五十余年，忽忽若前日事。"

《独学庐初稿·文》卷二《辛壬试艺序》："今吏部南昌彭公校士江南，则诸子经义诗赋，皆邀殊赏。公负当代人伦之鉴，宜拔擢无虚士也。先是，公以少詹事来视学，韫玉以童子受公之知。"

按：乾隆三十六年至三十八年彭元瑞以少詹事任江苏学政。详参法式善《清秘述闻》卷九《学政类》一。

李元度《国朝先正事略》卷十七："彭元瑞，字掌仍，一字辑五，号芸楣。南昌人。乾隆二十七年进士，由编修入值南书房。历官至工部尚书、协办大学士。赠太子太保，赐谥文勤。"

是年，入紫阳书院，受业于彭启丰之门。

《独学庐四稿·文》卷三《院科存真序》："予生十八岁，而为学官弟子，遂游于芝庭先生之门，肄业紫阳书院。维时同学皆先生长者，每会课之期，群聚于东西两斋，扃门命题，后则相与讲论题旨及作文之法，各出其所心得。予从其后窃闻之，集思广益，所得于师友之助良多，如是者七年。"

钱思元《吴门补乘》卷五《人物补》："彭启丰，字翰文，号芝庭，世居葑门，南畇先生定球之孙。雍正五年，会试、廷试皆第一，科名与乃祖同，授修撰。累迁至兵部尚书。……后以事降侍郎，休于家，主紫阳书院。年八十四而卒。启丰以醇德朴行着于朝野，而性耽风雅，使节所至，遇佳山水，必游历乃去。集中近体诗写景关情，神妙独到。"

按：彭启丰著有《芝庭诗文稿》，有刻本传世。其事迹详彭绩《秋士先生遗集》卷六《清故光禄大夫兵部尚书彭公慕志铭》。

道光《苏州府志》卷二十四《学校》一："紫阳书院在府学内尊经阁后，康熙五十二年巡抚都御史张伯行建，择所属高材诸生肄业其中。"

是年，始与元和韩崧、韩崶昆仲定交。

韩崧《水明楼诗》执如序："乾隆癸巳秋，予于今司寇韩公同补学官弟子，因而得交于哲昆听秋先生。当是时，总角三少年联襼掎裳，云龙追逐，皆未及弱冠之岁也。未几，司寇通籍于朝，予与先生陈椽里闬，时为乌衣山泽之游，踪迹亦昵。"

韩崶《还读斋自订年谱》："乾隆三十八年癸巳。九月院试，受知于南昌相国彭公元瑞。……以第三名补元庠博士弟子员。"

按：韩崧，字峻维，号听秋。元和人。是升长子。乾隆四十八年举人。四十九年，侍父居京，掌教礼亲王邸。晚病目失明，家居以终。著有《水明楼诗》六卷。事迹详执如《韩听秋家传》。

同治《苏州府志》卷九十《人物》十七："韩崶，字禹三。年二十，登乾隆丁酉拔萃科，以部属用，分刑部。悉心读律，平反滇南盗案，超雪三命，升郎中。屡从谳诸省大狱，出为广东高廉道，升福建按察使，痛惩械斗顶凶之习。升广东巡抚，署总督。……先后奏定潮洲械斗逞凶案例及良民被胁结盟，及畏累出钱并未结盟罪例有差，授刑部尚书兼兵部尚书，赐紫禁城骑马。……寻以失查侯际清案左迁。未几，复刑部右侍郎，以疾告归。年七十六，重游泮宫。未几卒。"

吴廷琛生，
董国华生。

（时事）二月，开四库全书馆，以纪昀为总裁官。六月，木果木兵变，大学士福温死之。八月，以阿桂为定西将军。

乾隆三十九年甲午〔1774〕十九岁

秋，赴金陵省试，未售。于金陵书市购得《史记》一部，归而读之，阅十旬而读讫。

《独学庐四稿·文》卷二《凌波阁藏书目录序》："既于甲午岁赴省试，在金陵市中，购得《史记》一部。归而读之，大喜，每夕拥衾侧卧，燃一灯于几，丹黄在手，乐而忘疲，往往达旦。阅十旬而卒业。"

是年，母徐氏卒。

《独学庐四稿·诗·池上集》一《自题十真》二："荧荧一灯明百屋，慈母灯前教儿读。儿书不熟母不眠，书声刀尺声相联。雪花如掌窗外舞，为儿作襦兼作裤。一十九年母弃儿，儿大受禄母不知。"

（时事）五月，选宗室王公子入宗学肄业，著为令。九月，兖州民王伦起事，大学士实舒赫德讨平之。

乾隆四十年乙未〔1775〕二十岁

是年，仍肄业紫阳书院。

按：执如自乾隆三十八年为诸生，即入紫阳书院肄业，至四十四年中乡举始去。

梁章巨生（据梁章巨《退庵老人自定年谱》）。

（时事）八月，定西将军阿桂进攻大金川，破之。索诺木遁。

乾隆四十一年丙申〔1776〕二十一岁

是年，从同邑郏锦习举子业。锦授以作文之法，执如终身服膺其说。

《独学庐三稿·文》卷二《郏䌹庵先生制义序》："韫玉年二十一，始受业于䌹庵先生之门。先生为文，不矜才，不使气，不尚机巧，惟以理明词达为务，善体圣贤立言之旨而阐其精义。古云修学好古，实事求是，先生之于文近之矣。……授韫玉作文之法：一曰切题，一曰自立境界。谓切题，则无泛驾之语；

自立境界，则能脱颖于众人之中。韫玉奉以周旋，举于乡，进士及第，以至典试督学，皆斤斤守此说，以为正鹄。即今坐皋比，与诸生谈艺，不敢一日忘也。"

李榮《惜分阴斋诗钞》卷七《怀雨堂集》之"郏絧庵锦明府"条，后有夹行小注云："絧庵同游庠，同膺乡荐。紫阳书院肄业时，笔砚樽酒，时相会聚。由甲科选黔之安平令，未之任，卒于省。"

按《明清进士题名碑录》："郏锦，江南吴县，乾隆四十年二甲第三十一名。"又同治《苏州府志》卷六十三《选举》五："乾隆四十年乙未吴锡龄榜：郏锦，字东栽，吴县人。官安平知县。"

是年，妻蒋氏来归。

《吴谱》："公元配蒋淑人来归。"

（时事）二月，金川噶尔崖破，索诺木随莎罗奔出降，金川平。

乾隆四十二年丁酉〔1777〕二十二岁

七月，赴金陵秋试，未获隽。行前，制《南楼令》词与妻作别。

《花韵庵诗余》有《南楼令》序："丁未（酉）七月，余将赴省试，戏制小词，与室人作别。少岁缘情之语，久已弃去。兹于故纸中检得之，回思前事，已阅二十八年，而室人亦谢世十三载矣。感岁月之如流，怅彩云之易散。适收拾旧稿，因仍录其词，以志雪鸿一爪云尔。"词曰："离别未曾经，明朝赴秣陵。话匆匆，剪尽银灯。新梦尚疑鸳帐里，都恐怕、误呼卿。唥执手问归程，闺中盼望深。劝封侯夫婿、殷勤等到，泥金来报捷。同醉向、桂花荫。"

按：丁未为乾隆五十二年，时执如已中举，计偕入京，非"将赴省试"。疑"丁未"为"丁酉"（即本年）之误。

是年，长子同福生。

《吴谱》："公长子同福生。"

姚椿生。

（时事）五月，以阿桂为武英殿大学士兼吏部尚书。十一月，杀新昌举人王锡侯，以其删改《康熙字典》，另撰《字贯》故也。

乾隆四十三年戊戌〔1778〕二十三岁

是年，奉江苏学政刘墉之檄，赴江阴使院试诗古文辞。

《独学庐四稿·文》卷二《戊戌吟草序》："往乾隆戊戌岁，余奉学使刘文清公之檄，至江阴使院，试以诗古文辞。"

法式善《清秘述闻》卷九《学政类》一："刘墉，字崇如，号石庵。山东诸城人。乾隆辛未进士。四十二年，以内阁学士任。"

在江阴时，与沈清瑞、赵基、王芑孙、张邦弼、景崟、张诒、韩崶等，皆邀殊赏。刘墉寓诸生于暨阳书院，执如遂与诸子结朋友之缘。

沈清瑞《沈氏群峰集》中《芙蓉江杂忆诗》序："《杂忆诗》，沈生怀旧作也。生自戊戌迄庚子春，先后游暨阳者五。暨阳号芙蓉江，山水绝胜。生偕六七同志，侨寄此间，坐咏游啸，呼俦狎侣。"

《独学文存》卷二《赵开仲乳初轩诗序》："昔文清刘相国之提学江苏也，尝檄大江南北士，试以诗古文辞，拔其尤者若干人。余与赵君开仲皆与，因此缔交于春申江上。"

《独学庐初稿·文》卷三《王念丰协府杂咏跋》："曩者着雍阉茂之岁，诸城刘石庵先生以少司农视学吴中，檄聚大江南北诸生，试以诗古文辞，拔其隽者五、七人，余与念丰皆与。是时，余初识念丰，彼此知不深也。既偕被先生之知，旅进退于庭，渐习其人，知为倜傥士。嗣以先生召，数数为澄江之行。先生命吏埽学官旁舍，为诸生寓斋。于是盍簪而食，联床而寝，以文字之役，结朋友之缘。"

韩崶《水明楼诗》执如序："昔予与先生为诸生时，奉学使文清刘公之檄，赴试澄江，侨寓暨阳书院，或刻烛联吟，或分曹射覆，投分追欢，夜以继日。"

按：张邦弼、景崟、张诒三人亦紫阳书院院生，沈清瑞《芙蓉江杂忆诗》及之。

道光《苏州府志》卷一百二《文苑》七："沈清瑞，字吉人，号芷生。长洲人。早慧，读书强识，一时有小鸿博之誉。诸城刘文清公视学中吴，清瑞应童子试。刘公呼至堂皇，命十二题，分咏吴中古迹。清瑞不移晷而成，文采斐然，刘诵之击节谓仙才。清瑞初名沅南，刘公曰：'此生如芝草凤皇，清时之瑞也。'因易其名。乾隆癸卯举江南乡试第一，丁未成进士。年未四十卒。诗文祖述齐梁，出入乎初唐四杰间。着有《群峰集》六卷、《韩诗故》二卷。"

同卷："赵基，字开仲，一字约亭。居吴江黄溪。岁贡生。早有文誉。刘文清公督学江苏，尝檄江苏士试以诗古文，拔其尤者十余人，基与焉。乾隆庚子、甲辰，两应召试。生平奋欲自见于时，累试辄绌，困甚。有田数百亩，斥弃殆尽。晚官金匮训导。卒年七十。著有《乳初轩集》《娄东吟》《味根小草》。"

同卷："王芑孙，字念丰，号惕甫。长洲人。幼有异禀，年十二三，能操觚为文。既冠，为诸生，不屑为时俗科举文字，独肆力于诗古文，纵横兀夐，力追古人。至京，馆于董文恭公邸第。乾隆戊申，高宗巡幸天津，迎銮献赋，召试入格，赐举人。以官学教习除授华亭教谕。所著有《渊雅堂诗文集》若干卷。"

同卷："张邦弼，字青城，号补梧。长洲人。幼敏慧绝伦。六七岁时，诣里中师授读，琅然如凤诵。未冠之年，文誉已藉甚。既入学，岁科屡冠其曹。刘文清视学江苏，最赏之。每言大江南北才士，必首及邦弼，次则沈清瑞、王芑孙。乾隆四十五年举于乡，明年会试下第，以母老归。五十二年，力疾上春官，复被斥。明年病剧，殁于家。邦弼于书舞所不窥，尤注力于诗，着有《补梧诗钞》八卷。"

同治《苏州府志》卷一百一《人物》二十八："景菼，如柏长子，字书常。增生。少有文誉，受知于刘文清公。早卒。"

道光《苏州府志》卷一百八《流寓》下："张诒，字景谋，一字南溪。崇明人。以避潮灾，奉父迁于吴。……为诸生，试辄冠军。乾隆己酉，以拔贡生入都，廷试罢归。嘉庆元年，举孝廉方正。历主靖江、安东、如皋、江阴书院。晚以疾卒于苏州尚书巷。诒虚己服善，笃于师友。工诗文。著有《观海楼集》十二卷、《古文》八卷、《毛诗释疑》八卷、《南圆杂缀》八卷、《崇明田赋考》一卷、《邑乘补正》二卷。"

车持谦生，

陶澍生（据魏源《古微堂外集》卷四《两江总督陶文毅公神道碑》），

吴慈鹤生。

(时事) 十月，戮以故举人徐述夔尸，并夺前礼部尚书沈德潜衔，寻戮其尸。

乾隆四十四年己亥〔1779〕二十四岁

是年，仍寓暨阳书院。

《独学庐初稿·诗》卷五《玉堂集》有《俞东川选士携示徐霞客像走笔题之》诗，跋曰："乾隆己亥，仆于役暨阳。"

刘墉出示家藏文征明绘山水图卷，作长诗报之。

《独学庐初稿·诗》卷一《云留旧草》有《刘石庵先生家藏文衡山画山水歌》："宣和书画散无踪，妙手近属衡山翁。皴山点树古法工，尺绡寸纸琬琰同。银笺迭雪墨采融，南王北董兼所宗。盘回鸟道开蚕丛，径路绝处风云通。当年收罗归禁中，临轩展卷天霁容。淋漓妙墨春云浓，赓扬上继唐虞风。诸臣燕坐重华宫，内官捧出紫泥封。口宣帝敕赐汝墉，藏之什袭黄罗重。君臣相悦古所崇，中外依重帝眷隆。寓意知水仁山中，岂惟邱壑娱心胸。"

按：执如自上年受知于刘墉，与诸子居暨阳书院，明年举进士入京，刘墉亦于乾隆四十五年改任他职，故此诗必作于上年或本年，姑系于本年。

秋，应本省乡试，中式第十三名举人。主考为谢墉与翁方纲。

《墓志铭》："乾隆己亥恩科，举于乡。"《独学庐初稿·诗》卷五《玉堂集》有《闻喜》第六注曰："余乡试第十三。"

法式善《清秘述闻》卷七《乡会考官类》七："乾隆四十四年己亥科乡试，江南考官，礼部侍郎谢墉，字昆城，浙江嘉善人。编修翁方纲，字正三，顺天大兴人。"

《独学庐四稿·文》卷二《谢东墅先生食味杂咏后序》："韫玉于乾隆己亥举于乡，实出嘉善谢公之门。"

阮元《研经室二集》卷三《吏部左侍郎谢公墓志铭》："公姓谢，讳墉，字昆城，又号东墅。十七年，赐进士出身，改翰林院庶吉士，授编修。四十三年春，调礼部左侍郎。四十六年，充会试正总裁。六十年，得旨以原品休致。四月，卒。所著《安雅堂文集》十二卷，以经、史、小学为本。《安雅堂诗集》十卷，格律凝重，直溯盛唐。"

按：翁方纲，字正三，号覃溪。直隶大兴人。乾隆壬申进士。历典江西、湖北、江南、顺天乡试。累官广东、江西、山东三省学政，内阁学士。博学宏览，精研经术，参与《四库全书》编纂。于金石、谱录、书画、词章，皆有所长。书法遒劲，为世所重。尤以诗名著称嘉庆间。著有《两汉金石记》《苏诗补注》《复初斋全集》等。事迹详《清史列传》。

长女生。

《吴谱》："长女生，三岁痘殇。"

（时事）六月，定盗杀一家数命律。八月，命和珅在御前大臣上学习行走。

乾隆四十五年庚子〔1780〕二十五岁

春，北上应礼部试。

《独学文存》卷三《顾德草诗序》："余于乾隆庚子、辛丑间，因候春官之试，留滞都门。"

至京，寓宣武门南松筠庵。庵即明杨继盛故宅。

《独学庐初稿·诗》卷二《江湖集》上《松筠精舍》诗注："杨椒山先生故宅。"诗曰："宣武城南路，椒山有故庐。松筠直臣节，花雨梵王居。昔读忠良传，曾陈痛哭书。至今观谏草，想见立朝初。"同卷又有《观明杨椒山先生谏马市及劾严嵩二疏遗稿》："抗疏中朝两犯颜，墨华狼藉血泪斑。当时未达圣明听，此义长存天地间。痛哭万言忧马市，指陈十罪斥铃山。所嗟昏主安炀灶，狐鼠盈庭不辨奸。"

按：杨继盛，明嘉靖间直臣，首劾严嵩十大罪，为严氏所害。事迹详《明史》。

会试未第，仍留都城。与同邑张吉安定交。

《吴谱》："会试未第，留京师。"

《独学庐五稿·诗·燕居集》三《张莳塘大令挽词》有"金石论交五十年"语。按：其诗作于道光九年，上推五十年即本年。张吉安时亦在京应试。

张吉安《大涤山房诗录》卷一《闱中寒热交作二场曳白而出几濒于危瞑眩之中得诗二句少闲足成一律》"知交良药赠，感激泪还重"下注："钱湘舲丈暨石琢堂诸君见惠参药。"

《独学庐五稿·文》卷三《张君墓志铭》："君讳吉安，字迪民，号莳塘。吴县人。少颖悟，读书习科举之业。工诗善书。乾隆丁酉年十九，举顺天乡试。乙卯，以大挑一等，分发浙江，以知县用。历署淳安、象山、新城、永康、丽水、浦江,所至有声。补余杭。至嘉庆己巳,因亲老思乡土,遂引疾归。君之惟政,一以慈惠为本,不沽名,不喜事,与民相安而事无不举。既归田,余杭人犹岁时踵问起居不绝也。君为人,孝于父母,友于兄弟,信于朋友,终其身如一日。辛于道光九年,春秋七十有一。"

同邑友人顾道楔假馆于东城杨泽山家,与执如过从甚密。

《独学文存》卷三《顾德草诗序》:"余于乾隆庚子、辛丑间,因候春官之试,留滞都门。吾友德草顾君,适假馆东城杨冠军家,所居密迩,昕夕过从。每谈论古人诗文,即自出所著相质。余性疏脱,诗文皆信笔而出,而德草苦心孤诣,不惊人不休。如是者两年。"

《独学庐初稿·诗》卷二《江湖集》上《云麾使杨泽山索镌石章作长歌报之》"云麾使杨泽山",即前述"东城杨冠军",其生平俟考。

吴翌凤《印须续集》卷一:"顾道楔,字继武,号德草。吴县人。诸生。有《拙诚轩诗草》。"

岁末,有诗怀赵基。

《江湖集》上《岁宴怀赵二开仲》:"吴江枫业落,其上有潜夫。佳日花盈座,良宵月满湖。贫犹支鹤俸,闲自课鱼租。故交悲零落,知公健在无?"

彭蕴灿生。

(时事)正月,高宗南巡。七月,班禅额尔德尼自后藏入朝。九月,以嵇璜为东阁大学士。

乾隆四十六年辛丑〔1781〕二十六岁

春,会试,复下第。

《独学庐初稿·诗》卷二《江湖集》上《客夜书怀》第二:"偶念求荣禄,轻装别故园。辞家双舄远,长物一毡存。落第文章贱,高门隶仆尊。徘徊燕赵市,何处吊平原?"诗为本年下第后作。按:乾隆四十五为高宗七旬恩科,是年会试为辛丑正科。

将归,友人吴树萱为置酒饯行。有诗留别。

《江湖集》上《留别寿亭》:"一尊燕市酒,双桨越溪船。且践归山梦,浑忘感遇篇。姓名存一刺,鸡黍约三年。望我南行路,吴淞烟水边。"

按：吴树萱，字春晖，一字寿亭，号少甫。吴县人。乾隆四十五年进士，改庶吉士，授编修，官至礼部郎中。尝典试湖南、河南、四川、广西，提督四川学政。嘉庆五年，卒于陕西咸阳。著有《霁春堂集》十四卷。传详同治《苏州府志》卷八十三。

归路漫长，与同邑顾礼琥同舟偕行，以遣落寞。

《江湖集》上《舟行杂诗》第八："春风赌酒刘伶巷，秋日题诗蒋帝祠。此夜丁香关外月，两人倚樯说相思。"末句注："时与顾西金同舟。"又第九："他乡爱听故乡音，水调吴歌度隔林。同是江南未归客，扣弦相对一长吟。"按：顾礼琥是年亦下第。

道光《苏州府志》卷一百二《文苑》七："顾礼琥，字西金，号茝庭。吴县人。为诸生时文誉满东南。学使四试，冠其曹，从游者百数十人，如潘世恩、吴廷琛，皆出其门。乾隆庚子举于乡，甲辰成进士，以知县用，需次在家。河督李奉翰闻其名，延至幕府，遂习宣防事宜。奏授泉河通判，升上北河同知。不久卒，年五十六。有《玉遮山房集》若干卷。"

秋至家。患疟疾，至冬始痊。

《吴谱》："是秋，公病疟甚剧，至冬始愈。"

（时事）正月，高宗幸五台山，杀大理寺卿尹嘉铨。兰州回民苏四十三反，陷河州。命大学士阿桂讨平之。七月，暹罗王郑昭请入贡，许之。

乾隆四十七年壬寅〔1782〕二十七岁

四月，与张邦弼、赵基、王芑孙、张诒、沈起凤、沈清瑞结碧桃诗社。

《独学庐四稿·文》卷一《南园授经图记》："余于乾隆庚子、辛丑，两试春官，不第而归，结碧桃之社。同社者：张青城，王念丰，沈桐葳、芷生兄弟，赵开仲及余与张景谋，当时所谓碧桃七子者也。"

《独学文存》卷二《赵开仲乳初轩诗序》："余举于乡，试春官不第，归结碧桃诗社。同社者七人：张氏清臣，王氏念丰，张氏景谋，沈氏桐翊、芷生，其二则余与开仲也。每月一会，会之日，晨集宵散，不立程课，惟纵谈古今事，于经史百家不能通处，辄相与质疑辨难。晚设肴酒小饮，时时以隶事为觞政。"

赵基《乳初轩诗选》卷三《四月望与补梧南溪茝亭铁夫琢堂芷生结碧桃社

课第一集分韵得风字》。同卷《九月二十五日集碧桃社课于织廉居用王文恪公玉延亭看菊韵呈诸君子》。

沈清瑞《沈氏群峰集》卷二《碧桃诗课序》:"昔建安之英,振奇于邺下;典午之贤,标轨于竹林。良由兰芝共气,则芳馨之烈远;篪瑟同音,则繁会之变尽。古人问学,必求友生,倘违于野,终惭丽泽。春日迨暇,旧雨忽来,同志数公相与为文酒之会,坚金石于幽契,閟元儒之惠心。盖希大夫登高之赋,庶几诗人《伐木》之意。唯以作者七人,同符囊士,风雅之怀,矜尚斯在。适新制碧桃笺成,遂以名课。可以坐霏烟以瞑写,盥绛露而寒吟者矣。与斯课者:长洲张邦弼青城,吴江赵基开仲,崇明张诒景谋,吴县顾礼琥西金,长洲王芑孙念丰,吴县石韫玉执如,长洲沈清瑞吉人。"

《独学庐初稿·文》卷二《雪鸿诗社引》:"诗社,非古也。古之诗人导扬风雅,歌咏太平而已,乌乎社?诗而社,将以联文酒、友朋之乐也。昔者阮籍竹林,顾瑛草堂,其人皆过江之秀,风流文采,焜耀江山。吾等希风竹林、草堂之游,安见今人之不古若也?况吾侪交游寥落,旧雨星辰,间奔走四方,如漂萍之不可聚,偶聚矣,又各绊于尘事,终岁曾不几相见。至于诗酒留连,晨欢宵宴,又乌可多得也?今幸而诸子皆无恙,无离群索居之慨,爰选春秋佳日,以诗会于碧桃书塾,不立坛坫,不程甲乙,蕲畅吾友朋性命之乐焉尔。设更数年数十年之后,或直庐槖笔,或开府建牙,或键户著书,或入山修道,回思此会也,不犹雪中之鸿爪矣乎!"

按:执如所谓"碧桃七子"中无顾礼琥而有沈起凤,而赵基、沈清瑞所记七人中则及顾氏。盖顾礼琥与沈起凤皆曾与是会,此姑从执如之说。又《云留旧草》有《碧桃书塾与张补梧、赵开仲、张景谋、王惕甫、沈桐威、芷生伯仲分课得如字》七古一首。

石执如《沈氏四种序》:"先生名起凤,字桐威,号宾渔。工于词,故自号红心词客。少以名家子,博学工文章。乾隆戊子科,举于乡,年纔二十八。累赴春官不第,抑郁无聊,辄以感愤牢愁之思寄诸词曲,所制不下三、四十种。当其时,风行大江南北。梨园子弟登其门而求者踵相接。岁在庚子、甲辰,高庙南巡,凡扬州盐政、苏杭织造所备迎銮供御大戏,皆出先生手笔。顾生平著作不自收拾,晚年以选人客死都门,丛残遗草,悉化灰烬。"按:起凤所著存《沈氏四种曲》《谐铎》《续谐铎》。

是年，为同邑石廷辉题所绘《春江觅画像》。

《云留旧草》有《题家云根自写〈春江觅画像〉》："云郎工画兼工诗，谁为其师源与维。模山范水性成癖，诗写不尽画继之。……云郎力扫旧町畦，求之造化皆成师。偶开素卷作小影，十水五石消丸麑。我闻吴头楚尾山九疑，大孤小孤云委蛇。我欲寻诗子觅画，我将于子平分烟霞泉石之奇姿。"按：此诗排于《碧桃诗课》诗后，姑系于本年。

李浚之《清画家诗史》戊上："石廷辉，号云根，又号铁华岩客。吴郡人。善书、草虫、花鸟。为吴补斋入室弟子。"

是年，有书寄客居西宁之景荄。

《独学庐初稿·文》卷三《与景书常书》："与书常别三年矣。别绪缕缕，想同之也。近在念丰斋中，见书常手书，知迩来动静，甚慰。书常晨夕侍鲤庭，又新得佳妇，想情况自佳，不若畴昔凄婉。丈夫遨游，最能开拓胸境。……仆去夏南旋，颇键户读书，境亦不甚恶，但家益空乏耳。仍与二三旧雨相与为诗古文词，结七子之会。当年旧人，独少书常一人。倘有近业，能寄示一二否？念丰札详述诸子状，故不赘。明年冬，当与书常相见于长安，不久也。"按：景荄于乾隆四十四年赴西宁，侍其父甘肃安肃道景如柏。执如书中言"别三年矣"，又言"去夏南旋"，则是书定此年作而寄景荄者。

是年，著《读左卮言》一卷。

《吴谱》："是年，著《读左卮言》一卷。"

按：是书乾隆六十年执如附刻《初稿》后。乃读《春秋左氏传》之心得。其中颇见其考据之功。如隐公元年"庄公寤生"条，杜预注曰："寤寐而庄公已生。"执如曰："如此，则《诗》所谓'不坼不副，无菑无害者也。姜氏当爱之不暇，何恶之有？愚谓'寤生'，横生也。'寤'古'卧'字，《史记》云，生之难是矣。"

是年，次女珊枝生。

《吴谱》："是年，公之次女珊枝生。后适仁和诸生许乃嘉。"

按：许乃嘉生平不详，俟考。

卓秉恬生。

(时事)七月，《四库全书》成，命续缮三分，分藏扬州、镇江、杭州等处。

乾隆四十八年癸卯〔1783〕二十八岁

春，馆昆山县令王应中幕。

《吴谱》："馆于昆山县署，主人为莱阳王应中。"

《独学庐初稿·诗》卷一《云留旧草》有《昆山县斋作》："绿尽江南瑶草丛，东皇归去太匆匆。偶寻花墅偏逢雨，初脱貂衣尚畏风。隔院钟鸣僧寺近，当阶花落讼庭空。奚童问我春消息，春在禽声树色中。"又《独学庐初稿·诗》卷二《江湖集》上尚有《鹿城县斋》及《对玉山独坐有作》诗，皆是年客昆山所作。

光绪《昆新两县续修合志》卷十六《职官·县令》："王应中，字建五，莱阳人。乾隆二十一年举人。四十七年任。"

客夜怀友，作《春夜怀人绝句》十四首。

《江湖集》上《春夜怀人绝句》序："惟时客鹿城官署，被酒夜坐，忽怀及诸子，走笔成诗，丙夜而毕，得十四首。偶尔缘情，无关大雅，旁涉方外，兼及香奁，事杂言庞，略无伦次，题曰《春夜怀人》云尔。"

按：此十四首诗中，景苌、张邦弼、顾道楔、张诒、赵基、沈清瑞、王芑孙、吴树萱八人生平已见前谱。另及王鼎（条山）、陈元吉（星堂）、方城（谢山）、林桥、月渚、素琴六人。王鼎，字祖锡，号条山。吴县人。乾隆四十五年举人。著有《兰绮堂诗文集》。陈元吉，字次宣，号谢山。诸生。著有《三十六峰草堂诗集》。《独学庐初稿·文》卷二《三十六峰草堂诗序》："《三十六峰草堂诗》者，吾友方城次宣所作也，共五卷。"林桥，姓顾，名弗详。《花韵庵诗余》有《浪淘沙》一阕，题下注曰："都门送顾林桥南归。"末复有注曰："林桥将行，余作'明月满地相思'六字石章赠之。"则顾林桥，盖为执如同邑友，执如庚子、辛丑在京应礼部试，顾氏时亦在京。月渚、素琴，生平不详。执如怀月渚诗曰："愿作词人不羡仙，真君身住蔚蓝天。阁中记否长吟客，曾赋周瑜《古柏篇》。"怀素琴诗曰："学书今见卫夫人，三岁怀中锦字新。遥想竹烟梅雪里，年年寂寞度娇春。"观诗中所述，此二人当为女子。

暮春，归里，有诗。

《江湖集》上《暮春归里》："故园春识主人回，柳色花香扑面来。燕子经年仍旧至，鼠姑迟我未曾开。邻翁款户贻新笋，少妇当筵倒宿醅。自笑暂归浑似客,山中鸡犬尚相猜。"

得顾道禊成都所寄书信,甚喜,作长诗报之。

《江湖集》上《顾湘碧有书自成都来喜而有作即以奉报》:"禊也倜傥才轶伦,北走燕赵西走秦。我因射策至都下,相逢遂展平生亲。丰台三月花如茵,诗牌酒盏消芳辰。我今南归君入蜀,栈云峨雪伤我神。客贻锦江双锦鳞,故人尺书墨渖新。……我知君非终贫者,明年迟君魏阙下。"

秋,有诗送王芑孙、沈清瑞赴江宁乡试。闻沈清瑞得中解元,复作诗贺之。

《云留旧草》有《送王念丰沈芷生赴省试》诗:"骅骝道路逐风开,藉藉江南两秀才。璸院定看三战捷,星轺遥望九天来。王褒妙誉腾金马,沈约清词付玉台。却喜眼中人未老,龙门百尺浪如雷。"同卷又有《闻芷生乡举第一志喜》:"银榜秋悬耀路衢,官书一夜入姑苏。金瓯得士能如此,玉尺量才信不诬。谁说文章憎命达,试看科举负人无。醴泉芝草神仙种,伫听声华满大都。"

王芑孙《渊雅堂编年诗稿》(癸卯)有《与沈芷生清瑞同赴江宁乡试石执如韫玉自昆山县斋寄诗相送作此奉酬》:"使星南下省门开,会有飞腾冠古才。同辈早为青选去,鄙人还着白袍来。穷鱼屡掉登龙窟,病马空嘶市骏台。多谢故人敦劝意,欲教苏蛰起惊雷。"

闻王芑孙续弦,得新妇曹贞秀,作诗戏之。

《江湖集》上《戏答王念丰》四首,序曰:"念丰书来,甚夸其新妇墨琴诗笔之工,故戏之。"

王芑孙《渊雅堂编年诗稿》(癸卯)《银河篇》备述其妻墨琴诗笔之工,附录诸友和作,执如《戏答》之第二首亦在内:"琉璃砚匣珊瑚笔,春色淋漓十指尖。此后碧桃诗社里,又添佳句入香奁。"

《国朝闺阁诗人征略》卷六:"曹贞秀,字墨琴。休宁人。举人王芑孙继室。无金粉之好,能划梅,书法锺、王。所临十三行石刻,士林推重。有《写韵轩小稿》。"

是年,友人葛华卒,作文吊之,又乞王芑孙同作。

《独学庐初稿·文》卷三《葛尚虞哀词》:"仆生二十有七年矣,新旧雨未尝有所零落,不知伤逝感旧为何情。今年而葛生尚虞死。尚虞年齐于仆,踪迹昵,遭其丧,有不胜情者。尚虞幼怀贞敏,三十无闻。母早丧,取妇不期年而死,无所出。及其殁也,一弟尚幼,族无可为其后者。嗟乎!遇之穷,孰有如斯人者乎！尚虞之死以瘵疾，其疾也，毁于母丧，则贞疾也。贞疾而死，亦不恨，所恨抱偶傥过人之才，而蓝志以殁，搢绅不能举其名，史乘不能存其行，有足悲尔，爰为诔词以抒余怀。"

王芑孙《惕甫未定稿》卷二十二《葛生哀辞》："吾友石执如状好友葛生，乞言，诺之良久而不得。生元和县人，华其名，尚虞其字，别号春陂。其卒以乾隆四十八年。配朱氏。无子。生世吏也，至生，独不愿闻吏，愿读书，大要有所祈向，可喜人也。居母丧，毁甚咯血，坐是羸，羸七年以死。"

是年，校《前汉书》毕，著《汉书刊讹》一卷。

《吴谱》："是岁，校《前汉书》卒业，著有《汉书刊讹》一卷。"按：是书附刊于《独学庐初稿》后。又按：上图所藏《独学庐初稿》有清叶景葵临王芑孙批语，王氏批《汉书刊讹》云："班书之讹，不胜刊也。前人为刊误者，辄多在字句之间。此亦以事迹为主，颇有前人未发之覆。"

(时事) 十月，辑《古今储贰金鉴》。

乾隆四十九年甲辰〔1884〕二十九岁
春，北上应会试，复下第。

《花韵庵诗余·清平乐》题注："甲辰出都门作。"其词："两行邮树，马识曾经处。衣上柳绵黏不住，缠着又飞去。唧红尘雕尽朱颜，征人夜梦刀环。廿九年中心事，三千里外家山。"

三月，父熙载卒。

《吴谱》："是年三月，韬山先生卒。"

六月十六日，彭启丰卒，有诗挽之。

《云留旧草》有《彭芝亭尚书挽词》诗："尚书阀阅冠中吴，位望如公举世无。齿德并尊何况爵，佛仙同贯不妨儒。英灵应返三台座，风度犹存九老图。愿仗瓣香酬教泽，绛纱帏下旧生徒。"

彭绩《秋士先生遗集》卷六《清故兵步尚书彭公墓志铭》："致仕兵部尚书彭公年八十四，以乾隆四十九年六月既望卒于家。"

是年，友人林蕃锺卒，有诗哀之。

《独学庐初稿·诗》卷三《江湖集》中《得林毓奇孝廉凶问》："天道福善

人，颜渊竟夭死。造物何所私，修短偶然耳。良士不蒙福，古今类如此。此理不可知，欲问向谁是？""美玉无纤瑕，之子生廉让。束身名教中，抗志青云上。粹然百行备，蔚为儒宗望。行年未四十，嗒迹遭天丧。富贵如浮云，天寿亦空相。所嗟典型亡，令我增凄怅。""锺王去人远，书学久荒芜。后生不识字，率尔思操觚。老生病兔守，俗学嗤鸦涂。斯人起后尘，超越追前趋。六书资变化，八法勤规蘖。匠心苦经营，波磔锋棱殊。此事今遂废，拊膺生长吁。"

吴翌凤《与稽斋丛稿》卷十二《感旧诗》第五，序曰："林蕃锺，字煜奇，号蠡艖。乾隆戊子举人。童卯时，即能作擘窠书有名，后书日益工，名日益盛。见者谓入董香光之室，无异词。构书室曰'小宝晋斋'，曰'颐山楼'，中蓄法书名帖甚多。每有所得，必出以相赏。三日不见，互相过访，不则飞赤递相往还，两家童子趾错于道，如是者三十年。甲辰岁，补娄县学官。既至，郁郁不自得，所居行馆又著名凶宅，遂卧病不起。病革时，犹手书招余，未及往而讣至。隅买舟往哭，经理其器，为之作传。诗工五言。填词尤精，得草窗、玉田神髓，然知者鲜矣。"

是年，应同邑和州知府宋思仁之邀，入其幕府。

《独学庐三稿·文》卷五《山东督粮道宋公墓志铭并序》："余少习法家言，为幕府宾客，操刀笔，治案牍。岁甲辰，吾乡汝和宋公牧皖之和州，邀余偕行。余与公皆婿于同里蒋氏，于渊娅为丈人行。公顾与余为忘年交，凡兵刑、钱谷、簿书、讼狱诸事，无所不与其议。公讳思仁，字蔼若，汝和其号也。苏之长洲人。幼颖悟，好读书。年二十三，补博士弟子。学使试辄冠其曹。读书紫阳书院，山长沈归渔、廖南崖两先生皆器之。数举不利。是时，豫河兴大工，公输赀如例，叙授四川简州。庚子冬，丁母忧。服除谒选，得安徽和州。癸丑，迁山东粮储道。其居官也，廉静慈惠，勇于兴革，所至有声。性简约，室无姬媵，虽在官，饮食服饰如寒士。平居无丝竹六博之好，惟善弈，公余时一及之。嗜吟咏，所著有《橐余存稿》四卷、《广舆吟》二百篇。善画兰竹，顷刻数十纸，坐客争取，弗靳也。"

《独学文存》卷三《宋观察年谱序》："汝和宋丈之守和州也，予从事于幕府，凡刑名、钱谷诸物，皆得与闻。"

颜所居曰"萍舫"，且为诗文以记之。

《独学庐初稿·文》卷二《萍舫记》："乾隆甲辰之岁，仆佐和州幕府。所居之屋,纵十笏,横半之,三面皆窗,颇有肖乎舫焉者,名之曰'萍舫',且为之记曰:资江河之利者莫如舟,舫其小焉者也。若夫乘长风、破巨浪,一日而千里,周行天下而无不利者,必资乎万斛之舟,而舫则褊浅卑隘,不能任重道远,利于断港绝潢,不利涉大川者也。然而春秋佳日,放乎湖山花月之区,有燕波之胜,而无风涛之危,彼险而此夷,彼劳而此逸矣。植物皆有根,惟萍无根。季春之月,则萍始生,泛乎清波,漂泊而无所止也。然其性洁,故泥滓不能污;又无艳色芳香供世人之亵玩,故不贼于人而葆其生机。仆频年浪游,初非有王事鞅掌之责,又非同商贾趋什一之利,祇缘旅食依人,随其流转。然实无宠辱惊吾心,无菀枯劳吾形,虽险而实夷,虽劳而实逸,无惑乎居之有取乎舫也。九州岛之大,四海之远,而余兹蘧焉中处于天地之间,若一萍之漂泊于大海。加以萧然闲散之身,无德于人,不见其可忻也;无怨于人,不见其可憎也。又与萍适相适也,故以舫名吾斋,而又以萍名吾舫。"

《独学庐初稿·诗》卷三《江湖集》中《萍舫》:"萧斋匼匝缠方丈,俯仰真如一叶舟。犹喜诗篇恣啸傲,始知尘世有沧洲。"同卷《夜坐萍舫》:"霜落庭皋木叶红,流光惊叹隙驹同。夜长似岁偏宜月,屋小如船不畏风。客舍衾裯闲睡鸭,故园烟树送蜚鸿。自伤卑贱依人住,踪迹频年类转蓬。"

(时事)正月,高宗南巡至杭州。四月,还京。甘肃新教回人田五起事,以大学士阿桂为将军,尚书福康安领侍卫内大臣,海兰察为参赞大臣,率师讨之。七月,甘回平。

乾隆五十年乙巳〔1785〕三十岁

在和州宋思仁幕。春,游唐张籍桃花坞故居,有诗。

《江湖集》中《桃花坞访张籍故居》:"不识文昌宅,桃花深处居。树悬千岁实,室拥百城书。才子声名重,劳人岁月虚。至今春色里,想象旧蓬庐。"

按:张籍,字文昌,和州人。唐贞元十五年进士。曾官水部郎中、国子司业。有《张司业集》。传详《唐书》本传。

游州城西北之香泉,修禊其上,有文记之。

《独学庐初稿·文》卷二《香泉游记》:"香泉,温泉也,在和州城西四十里,相传昭明太子沐浴之所。吾闻晋元帝之渡江也,郭景纯筮之曰:'东南郡县有以阳名者，井当沸。是为中兴之应。'未几，历阳井沸。然则香泉，其沸井之遗乎？天下之温泉不胜计，最著者，骊山也。然骊山当西北往来之冲，轮蹄络绎，担夫邮卒，杂沓乎其间，岂若此泉僻处江滨，哗嚣所不至，以葆其天。此之晦，未必不幸于骊山之显。况乎华清之游，艳妻煽处，诲淫将禁闼，召祸边陲，识者过其地，指为不祥。而游斯泉者，缅想萧统、郭璞之风，流连不置。谁谓斯泉之不显也？《文选》之楼，《尔雅》之台，六朝旧迹，荡焉无存，独斯泉出荒村穷谷之中，千年而不湮没，显莫显于斯泉也。泉上有亭，故翰林学士朱公筠名之曰'进禊'，盖取《礼经》'沐浴饮酒'之义。仆于乾隆五十年岁阳旃蒙岁阴大荒落辰在大梁之次吉日戊午，修禊于泉之上。"

六月，和州旱甚。州人浚井，得宋治平时古砖。见而为之记。

《独学庐初稿·文》卷二《治平砖记》："和人浚井，获古砖一，其形如矩祇半，有文在上，曰：'治平四年五月初一夏至，廿七始雨。'考史，宋英宗建元治平，其四年岁在丁未，距今乙巳，实越七百十有九年。此砖不知何年沦落入井，至今始出。其文又不知何人所刻。首言夏至，既足为后世天官家之证，而记廿七始雨。维时小暑将尽，不雨则无禾，言得雨者，幸词也。言始得雨者，难词也。若深念夫稼穑之艰难，甚有忧而后喜者，斯何人哉？岂非有心人乎？盖不贤者识其小者而已。今年天旱，六月过半，尚无雨，田皆龟坼，果大雨时行，谁不思勒石以志喜也？乾隆五十年六月十九日记。"

九月生辰，客有来称寿者，作《古不庆生日说》。

《独学庐初稿·文》卷二《古不庆生日说》："古者臣子于君亲，时时摅其爱日之诚，如二《雅》所载《楚茨》以赛田祖而曰寿考，《行苇》以燕公尸而曰寿耇之类是也，而百姓爱其长上，亦往往托为祝嘏之词，如《七月》之卒章曰：'朋酒斯飨，曰杀羔羊，跻彼公堂，称彼寿觥，万寿无疆'者。大都岁晚务闲，民间乐其岁物丰成，因而念其上之休养生息，感恩戴德，形为歌祝。古之称寿，如此而已。至屈子作《离骚》，乃曰：'摄提贞于孟陬兮，惟庚寅吾以降。'盖人穷则反本，屈子当幽愁忧思之中，感愤无聊，而自溯其所生之辰，此犹《小弁》之诗曰'我生不辰'之意也。今人乃以生日称寿，不亦谬乎？仆少窃乡曲之誉，遭遇清时，初非有孽子孤臣之憾，而伏处衡茅，穷而在下，无功德及人，非有跻堂介寿之事，况乎生缠三十年耳。《曲礼》三十曰壮，甫届授室之期，果不戕贼以保其天赐之年，大都去日短而未来之日方长也，又何称寿之有？缘始生日之辰，客有以寿言者，故为之说，以辨其惑。"

是年，友人景荚卒于西宁。有诗悼之。

《江湖集》中《悼景书常秀才》："嗟哉景生胡不辰，盛年客死秦川滨。寻常虽死犹可说，嗟君独遭凶短折。忆君别我吴门道，当时分手殊草草。谓君与我皆少年，更为后会旦夕间。岂知一别七寒暑，畴昔风流散如雨。甲辰得君秦中笺，清言累幅文盈千。读知欢喜忘寝食，宛如对子之颜色。此后三年音信稀，忽闻凶问惊魂飞。初闻疑信方参半，道路传言犹诞谩。继逢赵子言之详，方知信矣非荒唐。君死吾不知日月，但闻梓归幽室。君之魂魄无不之，君其听我招魂辞。"

按：景荚与执如作别在乾隆四十四年，诗中有"岂知一别七寒暑"之语，知景荚卒于是年。

林则徐生。

(时事) 正月，赐千叟宴，与者凡三千人。五月，大学士蔡新罢。以梁国治为东阁大学士，刘墉为协办大学士。

乾隆五十一年丙午〔1768〕三十一岁
在和州。三月上巳，偕同幕五人作采石之游。

《独学庐初稿·文》卷二《采石游记》："姑孰距和，一江之隔也。岁在丙午，余客和州已两载，往往谋采石之游而未果。窃自思吾侨旅人也，未知明年又在何处，江山如此，安忍交臂失之乎？于是捐上巳之辰往焉。幕府诸君子始约偕行。质明，天大风，江水奋激，涛惊雪飞，同游者意阻，将自崖返矣。余坚欲行，得五人与偕，截流而渡，舟倾侧盘鸳，相触有声，波涛汹涌，帆尽湿。日中始抵南岸。绕翠螺山麓，谒太白祠，守祠僧瀹茗供客。坐移晷，问萧尺木画壁，则主者他出，楼镝不得观。出至燃犀亭，亭临江，古牛渚之遗也。又有峨眉亭，已圮，断碣仅存。缘石磴而下，有洞嵌峭壁间，土人号三官洞，故中丞喻公成龙建阁供佛，瀹妙远阁，广不盈丈，半架于江水上，上依千仞之崖，下临不测之渊。山腰有礮台，或云明常遇春顿兵处。登台，则江山烟树之胜一览可尽。日暮倦游，将返乎舟中，然共求所谓采石之名而不得。土人曰，昔有渔人于江渚，忽睹五色石浮水上，取而琢成炉，今在山上禅悦庵佛前蓺香者是也。余鼓勇再登，同游者或偕岱否。既至寺，则庵在寺旁，键其户，左右无所为计。登佛殿鸣钟，僧乃出。告之，启户而入，败屋三椽，不蔽风雨，炉果在，白质而五色，斑斓如锦，真稀世之奇也。还舟解缆，天已昏黑。乘夜渡而北，则舆夫已散。步行至州谯楼，四鼓矣。是日也，虽老于江湖者不敢行，余则游而已。"

以明年将入都赴试归里，行前，赋诗与宋思仁作别。

《江湖集》中《将偕计入都留别汝和太守》："三岁依蓉府，忘年结契深。梅花贻妙墨，兰草写同心。公自悬秦镜，侬因奏蜀琴。祇伤卑贱日，无以报双金。"

是年，第三女瑶枝生。

《吴谱》："是年，第三女瑶枝生。后适镇洋举人陆元文。"

民国《镇洋县志》卷九《人物》一："陆元文，字穗书。举嘉庆十八年乡试，官奉贤训导。甫之任，即病卒，年四十六。"

陈銮生。

（时事）闰七月，以和珅为文华殿大学士兼吏部尚书。十月，台湾彰化民林爽文起事。十二月，大学士梁国治卒。以王杰为东阁大学士兼礼部尚书。

乾隆五十二年丁未〔1787〕三十二岁

初春，偕妻蒋氏至邓尉山探梅。归，妻绘小影，执如则有诗、词题其上。

曹贞秀《写韵轩小稿》卷一《题石夫人小照六首》序："石琢堂孝廉嘉耦蒋夫人贤淑而才，藻韵双绝。乾隆丁未之春，偕孝廉探梅邓尉山中，折花而归，因作此图。"

《独学庐初稿·诗》卷一《云留旧草》有《为荆人题邓尉探梅小影》诗："世间若个可方渠，清胜梅花瘦不如。容我致君初愿了，携卿香雪结茆庐。"

《花韵庵诗余·减字木兰花》题注："初春携妇邓尉山探梅。"词曰："良宵三五，明月虽圆犹羡我。若个方渠，清胜梅花瘦不如。共眠一舸，说鬼谈天无不可。扶病登山，此是浮生半日闲。"

道光《苏州府志》卷四《山》："邓尉山，在府西南七十里，锦峰山西南。相传汉有邓尉隐此。"

将入都，邑人陈克广以诗送行，次韵奉答。

《独学庐初稿·诗·江湖集》下《丁未孟春之月偕计将行陈容园三丈赋诗送别即次元韵奉报》："丈人诗法追黄初，含毫四顾心踌躇。菑畬一经贻孙子，缾垒不谋旦夕储。双枝玉树生庭除，画师摩诘文相如。纪群两世缔交久，神密不妨形迹疏。郎君今年赋《子虚》，姓名上达承明庐。平生言行重乡里，文章小技乃其余。"

按：陈克广，号容园。诸生。居苏州城西濠濮里。力学工文。著有《无町畦诗集》。《独学庐初稿·文》卷二《无町畦诗集序》："吾乡陈容园先生少为诸生，有声庠序间。力学工文章，于六经、百氏之书，无所不窥。所居在城西濠濮间，里井多秀民，后生执一经，皆以得先生之门为幸，请业问字者趾相错于庭。"

会试因文中用《庄子》"抟扶摇而上"、贾谊《吊屈原文》"遥曾击而去"作对，同考官不知贾语所出，遂遭摈斥。

《江湖集》下《下第有感》："偃蹇真如上竹鱼，橐驼踵背话非虚。少年悔读长沙传，岂独《南华》是僻书？"末有注："予文中用贾谊'遥曾击而去'之语，遂为同考官所斥。"

《吴谱》："会试未第。是科《四书》题为：'子路共之，三嗅而作。'公文中用《庄子》'抟扶摇而上'，贾谊《吊屈原文》'遥曾击而去'作对，有司不知贾语所出，遂遭摈斥。"

归途逢月蚀，赋诗。

《江湖集》下《五月十五夜月蚀古之言月蚀者纷如聚讼诗以辨之》："双丸出没有常度，每当三五遥相望。青天万里无隔阂，譬诸宝镜交青光。青光有时蚀，亦属天运之寻常，其事初不关灾祥。不然何以天官家，推测曾不差毫芒。乃知月蚀非其蚀，乃山河大地之影适然隔于中央，如镜在匣光斯藏。如日天变乃至此，何以持筹布算可以测量。彼夫班生《五行志》，徒以私意窥苍苍，是未可以谈阴阳。"

舟过焦山，访瘗鹤铭，有诗。

《江湖集》下《焦山访瘗鹤铭》："偶过避风馆，言寻瘗鹤铭。临摹传翠墨，诃护仗神灵。月涌江潮白，云封石骨青。直思三日宿，宁忍遽扬舲。"

抵里门，喜而赋诗。

《江湖集》下《喜达里门》："他乡虽好不如归，喜趁晨光叩故扉。万卷藏书成敝帚，十年应举尚初衣。自怜道路风尘老，渐觉亲朋慰藉稀。差胜洛阳苏季子，闺中尚有妇停机。"

秋，入徐州知府永龄幕府。

《吴谱》："秋，就馆徐州府。幕主人永龄，蒙古人。"

同治《徐州府志》卷六下《职官表·知府》："永龄，正黄旗蒙古，（乾隆）五十二年任。"

九月十九日，与客游徐州城东之黄楼，瞻仰两苏遗像，慨然赋诗。

《江湖集》下《九月十九日登黄楼有作》引："楼在徐州城东隅，中祀苏文忠、文定两公像。考郡志，熙宁十年七月乙丑，河决澶渊，泛滥千里。八月戊戌，水至彭城下。时文忠为郡守，率民捍御，郡人以全。水既退，筑楼城上，垩以黄土，取土克水之义，名曰黄楼。乾隆五十二年九月十九日，余偕客登楼，瞻谒两苏先生像，周览河山，慨然有风景不殊之感。爰赋七言一章。是日，古人所谓展重阳节也。"诗："黄壑秋涛万壑风，升高望远意何穷。二苏清节重天下，九曲黄河行地中。才子声华终古在，异乡感慨几人同。云龙山色苍茫里，徙倚危栏落日红。"

同治《徐州府志》卷十八上《古迹考》："黄楼，在州城东北隅。宋苏轼为郡守时，增筑徐城以捍水，作楼，垩以黄土，曰土实胜水。"

是年，有诗寄王芑孙塞北。

《江湖集》下《寄惕甫》："山林锺鼎两因循，蠖屈龙伸总未真。马齿蹉跎如过客，嫁衣辛苦为他人。此生不信江河老，吾道常随日月新。我滞淮南君塞北，茫茫百感向谁陈。"

张金吾生。

（时事）正月，林爽文、庄大田分兵攻台湾府，总兵柴大纪御之，爽文败绩。二月，命闽浙总督常青为将军，至台湾督师。八月，以福康安为将军，海兰察为参赞大臣，驰赴台湾，代常青督办军务。

乾隆五十三年戊申〔1788〕三十三岁

在徐州永龄幕府。游放鹤亭、燕子楼，皆有诗。

《江湖集》下《登徐州放鹤亭》："乘马出郭门，苍然见山色。回峰联宛委，孤亭表奇特。行行度翠微，步步升盘级。憩息坐亭皋，豁然开胸臆。我怀苏长公，四顾寻旧刻。旧刻渺无存，岁久风雨蚀。今皇重文学，稽古补其阙。天藻寿琬琰，岿然亭中植。嗟彼元祐朝，党人受罗织。孰如我皇恩，暇及宋臣轼。"

同卷《燕子楼》："燕燕尾涎涎，双双栖玉楼。翩翩张公子，倜傥多风流。美人常怨别，明月常悲阕。妾貌娇如花，妾心洁如雪。妾死且不避，零丁安足论。良会难再期，盛颜非久存。孤馆闭婵娟，甘心就泯没。相逢地下时，不致改颜色。"

同治《徐州府志》卷十八上《古迹考》："放鹤亭，在云龙山上。宋云龙山人张天骥书，屡圮屡葺。"同卷："燕子楼，在徐州城西北隅。事见《关盼盼传》。"

是年，王芑孙自热河寄书、诗存问。喜甚，作和韵诗，积至四首。

王芑孙《渊雅堂编年诗稿》卷九《月夜寄石琢堂修撰韫玉用旧韵四首》序："琢堂丁未试礼部下第，出都之日，尝以册索予夫妇作书。其明年，予自热河以书抵琢堂于彭城，并写寄怀人之句。琢堂得书喜甚，一再用其韵为诗，诗非一时所作，而皆题册后，凡四首。其后琢堂编集未载，亦未见寄。予初不知。又二年，琢堂及第登朝，携家都下，予睹前册，始获知之。"王诗后附执如原作四首："秋灯如豆雨声疏，重展文园旧著书。交友不交杨得意，汉廷谁荐马相如？""似水交情久不疏，鸿来频带塞垣书。刘纲夫妇神仙侣，正恐鸥波未必如。""权奇骏骨类粗疏，谁解孙阳相马疏。十载盐车缠骥足，几时天厩看斑如。""落拓频年笔砚疏，巾箱犹有未成书。卢前王后凭安置，自分于人百不如。"

是年，第四女凤枝生。

《吴谱》："是年，第四女凤枝生。后适归安诸生张应鼎。"

按：张应鼎，字同甫。归安人。张师诚子。廪膳生。著有《杂体诗文》二卷、《鉴纲咏略》八卷、《咏两汉列传诗》三卷、《读史论略补》一卷、《青藜精舍诗钞》一卷。《青藜精舍诗钞》有同治间刻本，其弟张应昌识云："先兄同甫公博学能文，诗学、史学、制义、骈文、章奏、词曲、书法，无不工擅。一第未成，才华销掩，卒年止二十九。"

(时事) 二月，林爽文就擒，台湾平。九月，缅甸遣使奉表入觐。十月，安南内乱，高宗命两广总督孙士毅出兵讨之。十一月，孙士毅复安南，封黎维祁为安南国王。

乾隆五十四年己酉〔1789〕三十四岁

辞徐州幕府，北上赴试。道经泰安，有诗简泰安知府宋思仁。

《江湖集》下《过泰安留简郡守宋汝和二丈》："一别三年久，思君日郁陶。吏如夫子少，山见岱宗高。五裤真同乐，双旌又独劳。入疆知政教，路不拾锥刀。"

按：宋思仁乾隆五十二年升山东泰安知府，至五十八年调济南知府任。

会试下第，仍寓宣武门外松筠庵。时张吉安、刘凤诰、张问陶亦皆公车在京，过从甚密。始与张问陶、刘凤诰缔交。

石执如《大涤山房诗录序》："往予乾隆己酉之岁，计偕下第，留京夏课，寄居宣武门外松筠精舍，与张子迪民近在比邻，晨夕过从，修苔岑之好。维时江西刘君金门、西蜀张君船山，皆以公车在京，意气相投，无间也。……金门尝谓人曰：'予测交吴人甚夥，所至死不变者，惟张迪民与石执如两人耳。'"

《独学庐五稿·文》卷三《故宫保刘公墓志铭》："公讳凤诰，字丞牧，号金门。先世由安福迁萍乡。……生而颖悟过人，乡党尊宿皆异之。年十五，入萍乡县学。……应乾隆己亥科乡试，遂中式。五试春官，于己酉成进士，殿试一甲三名及第，授翰林院编修。辛亥大考翰詹，公以优等升翰林院侍讲学士。……睿皇帝亲政之初，夙知公名，简充日讲官起居注，纂修纯皇帝实录，兼咸安宫总裁。……辛酉，兼国子监祭酒，旋擢太常卿。……典山东乡试，即授山东学政。在任一迁内阁学士兼礼部侍郎，再迁兵部侍郎。甲子七月，充实录馆副总裁，专司进呈稿本。……丁卯，纯皇帝实录告成，赏加太子太保。七月，充江南正考官。……有徐、余二生联号舞弊。公未及察觉。事发被议，奉旨发往黑龙江效力。癸酉，恩释回籍。戊寅六月，特旨以编修起用。……道光十年正月初九日以疾终，春秋七十。……公于书无所不窥，尤深于史学。南昌彭文勤公有补注欧阳《五代史》之稿，未及成书，临终以草本及所采宋人书二百余种尽以付公，属为续成。公排比搜辑，历二十寒暑，晚岁始草录成编，梓行于世，可谓不负所托矣。所著有经进文八卷、骈体文二卷、古文四卷、古今体诗六卷、馆课诗赋五卷、集古诗三卷，藏于家。"

李浚之《清画家诗史》:"张问陶,字仲冶,又字乐祖,号船山。遂宁人。相国文端公鹏翮曾孙。乾隆庚戌进士,由检讨出为莱州知府。引疾,后侨寓吴门,自号药庵退守。状似猿,又号老猿,亦称老船。诗有青莲再世之目。山水秀逸,袭生亦笔政潇洒。尤喜画猿。书法险劲。有《船山集》。"

四月二十四日,与韩是升、宋简及崇宁禅院僧玺光,作西山之游。

《独学庐初稿·文》卷二《西山游记》:"乾隆五十四年岁在己酉,余试礼部被黜,闲居都门。韩旭亭二丈相拉作西山之游。四月二十三日,就宿听钟山房,韩所居也。翌日平明,乘车出城,西行十余里,渡浑河。浑河者,古桑干河也。……同游者,韩丈是升,号旭亭;宋孝廉简,号西樵,皆吾乡人也。及崇宁禅院玺上人。"

《江湖集》下有《初夏偕韩丈旭亭宋西樵孝廉及崇宁院玺上人游西山潭柘寺即事成咏》诗十首,兹录其第一:"泉石吾成癖,兹晨惬胜游。素心三益聚,清梦十年酬。土润农宜稻,山寒夏亦裘。始知人海外,别自有丹邱。"

韩是升《听钟楼诗稿》卷四《初夏偕宋西樵石琢堂僧玺光游潭柘三首》,其一:"幽寻寡俦侣,积想三十年。同志得二妙,决计穷林泉。参寥作导师,栴标横双肩。寒裳涉桑干,峻岭踰层巅。一径入空翠,数里无人烟。林梢露塔顶,暮霭时苍然。"

《畿辅通志》卷五十七《舆地》十二《山川》一:"西山在(宛平)县西三十里,亦名小清凉。北都惟西山为最奇峰。"

同治《苏州府志》卷八十三《人物》十:"韩是升,字东生。诸生。好读书,不问生产。历主金台、阳羡、当湖书院,学行为士林所重。为曾祖贞文先生建专祠,修大宗祠。先世有赐茔,没于他姓,告官赎归,并置田焉。又于盘门外买地为族冢,拓祀田以赡族人。先是,官收道馑,吏胥索钱,动辄数十千,小民有破家者。是升白大吏禁革之。以子封贵,封光禄大夫。嘉庆十九年,年八十,赐恩锡耆龄额。又二年卒。"

同治《苏州府志》卷九十《人物》十七:"宋简,字长文。乾隆庚戌进士。历官云南丽江、贵州玉屏、山东高密知县,清廉有守。其署大定府水城通判,时有土目犯事,以多金关说,简罚以充书院膏火,即定谳,自是无敢以贿赂尝者。年六十五,卒于官。"

访王芑孙、曹贞秀夫妇,并携妻蒋氏所绘图倩曹贞秀题诗。

曹贞秀《写韵轩小稿》卷一《题石夫人小照》序："石琢堂孝廉嘉耦蒋夫人，贤淑而才，藻韵双绝。乾隆丁未之春，偕孝廉探梅邓尉山中，折花而归，因作此图。其后二年，孝廉来试春官，携以索题，辄作断句六章，书于其帧。时己酉立夏后一日。"诗曰："残月堕溪坳，轻云带林缺。仙人携耦来，同咏蓬山雪。""翩然将侯妹，从以白家姬。疑是萼绿华，乘鸾向烟雾。""铜井径欹斜，寒山峰断续。收将一发青，添就两眉绿。""榆袖倚修竹，纫襟佩素兰。折花归去晚，相对共清寒。""梅花写侬照，侬较梅花瘦。祇取淡墨描，何烦买丝绣。""三千行筇路，三尺生绡春。言招北山隐，以浣东华尘。"

（时事） 正月，阮文惠袭安南，孙士毅败走。二月，阮光平奉表乞降。六月，诏封光平为安南国王。十一月，封诸皇子为亲王。

卷 二

乾隆五十五年庚戌〔1790〕三十五岁

元日，有诗志感。

《江湖集》下《庚戌元旦》："素衣如雪洛尘轻，六度金门射策行。偶感岁华歌坎坎，又逢星纪庆庚庚。万年云日人多寿，一统车书道太平。谁识江南老庾信，至今萧瑟尚初衣。"

是年，为高宗八旬恩科会试，榜发，中第十四名。主考为内阁大学士王杰、吏部侍郎朱珪、内阁学士邹奕孝；同考官为翰林院编修甘立猷。殿试，读卷官初拟第四，高宗亲拔擢为第一，授翰林院修撰。

《墓志铭》："庚戌，成进士。殿试，进呈第二甲一名，纯皇帝特拔置第一甲一名，授翰林院修撰。"

《独学庐初稿·诗》卷五《玉堂集》中《闻喜》诗第三首"君恩特赐魁天下"句下有注："韫玉试卷，读卷大臣初拟第四，仰荷圣恩，特擢第一。"第六首"早定男儿堕地时"句下注："余会试第十四。"

法式善《清秘述闻》卷八《乡会考官类》八："乾隆五十五年庚戌科会试，考官：内阁大学士王杰，字伟人，陕西韩城人，辛巳进士；吏部侍郎朱珪，字石君，顺天大兴人，戊辰进士；内阁学士邹奕孝，字念乔，江南无锡人，丁丑进士。"按：王杰，字伟人，号惺园，晚号葆醇。陕西韩城人。乾隆二十六年状元。三十六年，入直南书房，以文学受知于高宗。旋晋内阁学士。历工、刑、礼、吏四部侍郎，充四库、三通馆总裁，擢兵部尚书。五十一年，充上书房师傅、军机大臣。次年，晋东阁大学士。虽与和珅同列，然终不附。嘉庆七年致仕。著有《葆醇阁集》。事迹详《清史列传》。

又按：朱珪，字石君，号男崖，晚号盘陀老人。顺天大兴人。乾隆十三年进士。少与兄筠并有文名。历侍读学士、按察使、布政使等职。四十年，内召为侍讲学士，命在上书房行走，为仁宗师傅。后又任安徽、广东巡抚。嘉庆四年，入直南书房，军国大事，仁宗多与商酌。十年，拜体仁阁大学士。为官清廉正直。卒后，仁宗为诗吊之，有"平生惟独宿，一世不爱钱"之语。著有《知足斋诗集》。事迹详《清史列传》。

邹奕孝，字念乔，无锡人。乾隆二十二年进士，授翰林院编修。历官至礼部左侍郎，调工部，充经筵讲官，管理乐部。深通音律，郊祀大典中和韶乐，皆奉敕编写。五十八年卒。事迹详《清史列传》。

《独学文存》卷二《养云楼诗序》："乾隆庚戌岁，某成进士，实出江西甘西园先生之门。"朱汝珍《词林辑略》卷四："甘立猷，字惟弼，号西园，又号兰航。江西奉新人。乾隆四十五年进士，选庶吉士。散馆，授编修，官至吏科掌印给事中。著有《养云楼诗集》。"

接家人入都，移寓宣武门东，颜所居曰独学庐。

《玉堂集》有《迎家人入都》《家人至迭前韵》诗。又有《移居》："偶尔栖迟亦卜邻，廿椽茅屋背城闉。画梁燕似初归客，幽径花如待字人。朋得盍簪真可乐，俸能举火未为贫。门庭近市还如水，忘却槐街十丈尘。"

石同福《瘦竹幽花之馆诗存》卷一《初指集》有《随侍北上》："阿母兼诸妹，全家聚一舟。关河怀远道，风月对新秋。但计趋庭乐，何知旅客愁。故山无别恋，瞻望只松楸。"

《独学文存》卷四《独学庐并序》："余年三十五，以进士及第，供奉翰林，卜居京师宣武门东，颜其所居之室曰独学庐。"

张问陶亦得隽，馆选庶吉士，与执如酬唱往来颇密。

《玉堂集》有《船山以诗见遗奉答四绝》："遂宁太史以诗鸣，小草何嫌换旧名。试看峨嵋山下水，出山不减在山清。""静掩荆关镇日眠，偏能踏月去朝天。醉中骑马长安市，错被人呼李谪仙。""冰雪聪明铁石心，诗名远播到鸡林。太平黼黻将谁属？司马高文冠古今。""言佛言仙不碍儒，眼中人物似君无。更闻一语堪千古，科第功名是两涂。"

张问陶《船山诗草》卷五《赠同年石竹堂》："太和春殿紫云齐，灵鹫飞来众岭低。不待胪传夸际遇，姓名早已入宸题。""入幕何须讳旧游，求生一念足千秋。替人删尽申韩术，祇把仁心夺状头。""一官清冷万缘轻，铁石心肠宋广平。识得人间忠孝字，头衔才称好蓬瀛。""古寺松筠有旧邻，卜居我是后来人。到门不用谈今昔，同采霜花荐直臣。"

秋日，于姜晟宅赏菊，有诗。

《玉堂集》有《杜芗先生斋头赏菊即席赋呈》："霜华新到菊花丛，鬖几瓷盆位置工。恰喜素心三益聚，偶逢佳兴一尊同。灯围瘦影萧疏里，诗结神交淡泊中。留取余香荣晚节，肯教容易过秋风？"又"坐对群芳摇落辰，秋花艳绝胜于春。胜成有品非关傲，淡到无言亦可人。曾在山中耐霜雪，纔离篱下便精神。主翁别抱栽培意，珍护幽姿迥出尘"。

同治《苏州府志》卷九十《人物》十七："姜晟，字光宇，（号杜芗）。……乾隆丙戌进士。分刑部，授提牢厅，补主事，历官右侍郎、湖北、湖南巡抚。……嘉庆三年，苗疆事竣，加太子少保，升湖广总督。调直隶，以永定河决，革职。奉旨发永定河工效力。工竣，给主事衔，刑部行走，旋授刑部侍郎，擢尚书，赐紫禁城骑马。……以前在直隶任内失察藩库虚受银两，降四品京堂。乞休回籍。……尤爱惜人才，为巡抚，未尝轻劾一人。常曰：'人各有能，有不能。弃短取长，人人可用。若因一事之失而斥之，后来者未必贤于前人也。'"

按：是年，姜晟以刑部侍郎充殿试读卷官，执如实亦其门下生。

八月十五日晚，与翁方纲、谢墉、吴玉纶、彭绍观、刘凤诰，同集钱棨之环翠书舍茶话。

翁方纲《复初斋诗集》卷四十（庚戌）《中秋夕东墅香亭镜澜金门琢堂集话湘舲殿撰环翠书舍》："苑树交光写一轮，空庭淡共水粼粼。天教对榻逢佳节，月入疏帘似故人。河汉微云依鹤禁，画图古木半龙鳞。桂枝十载东堂梦，蓉镜重圆记凤因。"

张维屏《国朝诗人征略》卷三十八："吴玉纶，号香亭，河南固始人。乾隆二十六年进士，官兵部侍郎。有《香亭诗集》。"

同治《苏州府志》卷八十九《人物》十六："彭绍观，字镜澜。乾隆丁丑进士，选庶吉士，授编修。历官侍读学士。在史馆二十余年，谙悉掌故，随时问答，无少舛。竟岁纂集，无间寒暑。论者比诸唐吴兢、元欧阳原功。"

同治《苏州府志》卷八十九《人物》十六："钱棨，字振威，一字湘舲。……

专举子业，夜率读至五更。应童子试，辄不利。乾隆三十一年，补长洲学生第一。六试棘闱不售，志益锐，文益纯。四十四年，举乡试第一。……四十六年，会试、殿试皆第一。……我朝开国以来，三试皆第一者自棨始。除修撰。丁父忧，服阕，入京，奉命在上书房行走，充三通馆纂修、武英殿分校。五十四年，充会试同考官，拔钱楷、李钧简，皆知名士。……嘉庆三年大考，入优等，升侍讲学士。……四年，补内阁学士兼礼部侍郎。是年八月卒于滇，年五十八。棨事亲孝，持躬介，亲病，割股以疗。通籍后，不游权贵之门，人皆重其品。"

十一月十九日，同年李赓芸赴浙江孝丰县任。作长诗送之，以清正廉明相勖。

《玉堂集》有《送同年李许斋之官浙江》："酌酒与君别，送君出国门。人生离别偶然事，临歧何必言消魂。吾闻古之贵人赠人财，贫者无财赠以言。……浙水东西半山县，居民风俗犹廉敦。乡村父老畏官府，葡匐讼庭舌自扪。虽有隐微不能达，豪厘一谬冤覆盆。贤侯听讼如家人，临轩颜色常温温。耕夫织妇之疾苦，但所能为勿惜手为援。更有一语备君采，俭以养廉古训不可谖。布衣蔬食亦佳话，何必貂襦被体、方丈恣炮燔。爱君不觉语郑重，诤乃士友君可原。"

按：李赓芸《稻香吟馆诗稿》卷二有《十一月十九日出都阮编修元张吉士问陶陈户部登泰张大令时霖朱公子锡经洪明经坤烜王明经泽相送广宁门外》诗。

徐世昌《清儒学案小传》卷九："李赓芸，字生甫，又字书田，号许斋。江苏嘉定人。少事继母孝。从钱竹汀学，通六书、《苍雅》《三礼》。乾隆庚戌进士，官孝丰、德清、平湖知县。巡抚阮元以守洁才优荐，累迁嘉兴知府，以忧去。起授汀州知府，调漳州，擢汀、漳、龙道，迁福建按察使。先生能勤其官，所至有政声。其在漳州，属县龙游民械斗，知县朱履中不能治。先生以兵往，事定，费帑与履中分任之。监造战船，饬驳重修。会受代，家人贷于履中，竟其事，先生不知也。及权布政使，以甄别致履中教职，履中指前事讦先生，谳屡不定，总督汪志伊持之急，先生自经死。事闻，上遣大臣熙昌、王引之按治得实。履中等抵罪。福建生民请为建祠。著《炳烛编》四卷、《稻香吟馆诗文稿》。"

十二月十三日夜，与钱昌龄、洪亮吉、朱锡经，集于张问陶寓斋，通饮达旦。次日，张以诗分致四人。

张问陶《船山诗草》卷五《十二月十三日与朱习之石竹堂钱质夫饮酒夜半忽有作道士装者入门视之则洪稚存也遂相与痛饮达旦明日作诗分致四君同博一笑》："胜侣偶然合，何妨一举杯。南邻朱老声如雷，大呼僮仆无迟回。曼卿亦复隐于酒，钱郎濯濯如春柳。……何处微风入，开帘若有人。羊裘毡履五柳巾，庄严妙相如天神。大叫取酒来，四座皆逡巡。疑是唐朝酒人李太白，不然定是荷锸刘伯伦。屋漏之神忽大笑，公等无凿混沌之七窍。樽有余沥且浇之，乾坤浩浩知为谁。吁嗟乎！乾坤浩浩知为谁，醉中各化飞云飞。"

盛繝《清代画史增编》卷十一："钱昌龄，字质甫，号恬斋。载孙。嘉庆时进士。入词林，官云南布政司。兰竹深得家法。"又蒋宝龄《墨林今话》："钱恬斋方伯，初名昌龄，改名宝甫。箨石宗伯孙。善画，尤工写兰。颐道居士诗云：'仙露坊南旧寓存，百年翰墨重清门。高风仿佛金门长，家学流传付稻孙。'"

赵怀玉《皇清奉直大夫翰林院编修洪君墓志铭》："君姓洪氏，讳亮吉，字君直，一字稚存。……阳湖人。……举庚子顺天乡试，庚戌成进士，殿试一甲第二人，授翰林院编修。……充壬子顺天乡试同考官，督学贵州。……高宗纯皇帝升遐，赴都哭临，充实录馆纂修官，教习庶吉士。时川陕未靖，……君目击状况，欲有献替，顾翰林例不奏事。于是上书成亲王。……语过激，有旨交军机大臣与刑部会鞫，谳上，当君大不敬，拟斩立决。特恩免死，发往伊犁。……庚申四月，京师旱，上亲书谕旨，释令回籍。……自此遂游山水，枕菲坟典者十年。……君厚于天禀，情性过人，然明好恶，别是非，无所回护。议论慷爽，有古直臣风。诗文涉笔有奇气，举世称之。生平所著书凡二百六十余卷，训诂地理，尤所专门云。嘉庆十四年五月二十日卒，春秋六十有四。"

按：朱锡经，字习之，大兴人。朱珪长子。乾隆四十四年举人。官至太仆寺少卿。嘉庆十五年卒。事迹附《清史列传·朱珪传》。

冬夜，闻张问陶得病将卒，夜赴张寓所问讯。

张问陶《船山诗草选》卷四《去年冬夜忽有讹言谓余陡病将死同年石竹堂三鼓扣门惶然问讯余固无恙也竹堂忧予沈溺诗酒终不免销磨于此规劝久之乃去今年春夜病咳不寐念良友之言如在目前而交好之情直可通于身后作诗志感》："卧闻飞语惧然惊，死友君真范巨卿。万里凭谁怜病骨，百年从此见交情。关生意厚心如醉，逆耳言多梦有声。纵酒攻诗今渐悔，读书从汝赞升平。"

按：是诗作于乾隆辛亥春，则题中所言"去年"，当即本年。

除夕，邀张问陶至寓斋饯岁。

张问陶《船山诗草》卷五《竹堂斋中饯岁二更归松筠庵灯下不寐口占》："荒祠守岁不成眠，官冷无家亦可怜。天下人难留此夕，眼前景已入明年。灯移僧影来窗下，春逐乡愁到酒边。安得东风真解事，翩然吹我到三川。"

按：张问陶所居松筠庵，即执如赴试时之寓所也。张问陶《赠同年石琢堂》诗第四首末有注："予所居，即琢堂旧寓也。"

（时事）正月，以八旬万寿，普免天下钱粮。七月，安南国王阮光平入觐。八月，暹罗国王郑华遣使入觐。

乾隆五十六年辛亥〔1791〕三十六岁
奉职翰林院，且充武英殿协修官。

《吴谱》："充武英殿协修官。"

二月十九日，应朱锡经招，与张问陶、王泽、洪亮吉、陈登泰、钱昌龄、陈预，同游钓鱼台。

张问陶《船山诗草》卷六《二月十九日习之招同子卿竹堂稚存琴山质夫立凡携酒游钓鱼台》："东风日日吹车尘，人欲共处忘天真。出郭始知春已半，卷须小蝶来无算。……四围观者如堵墙，西山那肯遮斜阳。就中我是将归客，也从杯底忘离别。痛饮不妨十日醉，更呼四座邀重游。主人腾山客上树，醉后相寻不知处。"

盛纕《清代画史增编》卷十七："王泽，字润生，号子卿。芜湖人。交情辛酉翰林，入词垣，为赣州知府。与黄左田为师生，时有联吟，合作诸图。喜画山水，工诗文，精篆刻。"

按：陈登泰，字琴山。浙江仁和人。乾隆五十五年进士，官至户部主事。著有《拜石山房诗集》五卷。

又按：陈预，字立凡，号笠帆、笠枫。北平人。乾隆五十五年进士。嘉庆四年，拣发四川，以道员用。十年，授山东兖沂曹济道。十九年，官山东巡抚。因任内积案不能清理，降刑部郎中，复降主事。道光三年卒。事迹详《国朝耆献类征初编》卷一百九十五《疆臣》五十七。

二月朔，张问陶乞假归蜀，为之饯行，且赋诗送之。后张于涂中亦作诗

寄怀。

《玉堂集》有《送同年张船山吉士乞假归蜀》："怀贤惜别不胜情，草草离筵饯子行。拔帜同登真幸事，著书自乐岂求名？文章命达千人见，君父恩深一第荣。报答圣明从此始，莫将诗酒误平生。"

张问陶《船山诗草选》卷四有《二月二十九日出都述怀》诗。同卷又有《将入函谷关好阳河上寄石琢堂殿撰》："相看无语亦欣然，杯酒时时累俸钱。一屋儿童争索画，满衣星月共朝天。蓴鲈话别将归日，风雪论交未遇前。细栈雄关山万迭，尺书休惜衍波笺。"

与蒙古法式善缔交。

《玉堂集》有《陶然亭燕集奉次时帆前辈元韵》诗四首，其一："官闲人事少，佳日共衔杯。一世知心几，三生识面缘。云山如有约，车笠总无猜。但得朋簪盍，何妨不速来？"同卷又有《答时帆前辈》诗二首："新诗如锦满希囊，澹荡真疑古漫郎。吟到梅花寒亦可，梦随蕉叶幻何妨。十年同举初倾盖，五字长城独擅场。莫道引舟风力恶，蓬莱清浅近栽桑。""如此风流信我师，非徒儒雅冠当时。椠铅自订千秋业，文献将存一代诗。旧雨半成鸿爪雪，新霜初到菊花枝。怀贤感逝无穷意，留俟扬云后世知。"

张维屏《国朝诗人征略》卷四十七："法式善，本名运昌，奉旨改今名。字开文，号时帆，蒙古人。乾隆四十五年进士，官侍读。有《存素堂稿》。时帆自登仕版，即以研求文献、宏奖风流为事。在词垣，著《清秘述闻》《槐厅载笔》，记载成均，著备遗录，余有资典故，著而未刻者甚多。所居在厚载门北，背城面市，一亩之宫，有诗龛及梧门书屋。室中收藏万卷，间以法书名画。外则移竹数百本，寒声疏影，修然如在岩谷间。经师文士，一艺优长，莫不被其容接。为诗质而不瞿，清而能绮，故问字求诗者往往满堂满室。"

为秦瀛题《横山丙舍图》。

《玉堂集》有《题秦小岘侍读横山丙舍图》："山势缭而曲，柴门桧柏深。诛茅才子宅，誓墓古人心。庭不容旋鸟，林多反哺禽。薜萝无限好，可许易朝襟？"又"强与鹤相和，亦知鸥不驯。言从大夫后，梦绕故山春。有酒朋簪盍，无田祭器新。伊人方黼佩，且结画中因"。

按：秦瀛《小岘山人文集》卷四有《横山丙舍图记》。横山丙舍者，瀛为其父母营葬之处。后请长洲曹锐作是图。

陈用光《太乙舟文集》卷八《予告刑部右侍郎秦公遂庵墓志铭》："公讳瀛，字凌沧，一字小岘，晚又号遂庵。……年三十二，以贡入京师。是年，遂举京兆。丙申春，纯皇帝巡幸山东，公献赋行在，……拔置一等，赐内阁中书。未几，入直军机处。……擢内阁学士兼礼部侍郎，迁兵部右侍郎，调刑部右侍郎。以目疾乞归。自是家居者十有一年，卒时享年七十九。……所著有《淮海公年谱》六卷、《己未词科录》十卷、《无锡金匮县志》四十卷、《小岘山人诗文集》三十六卷。"

与同馆伊秉绶定交，互有酬唱。

《玉堂集》有《江亭雅集图和伊秋曹墨卿韵》："絮飞萍著各西东，偶尔相逢向此中。衮衮群公多旧雨，萧萧双鬓易秋风。蒹葭在水霜华白，琥珀浮尊玉色红。画手诗肠谁最胜，伊人高致永和同。"又"秋到平林黄叶飞，白云出岫不知归。一时主客皆丹毂，十载风尘自素衣。寒树萧疏初月上，夕阳明减远山微。尺绡貌取江亭景，蘆荻骚骚带水围。"

赵怀玉《亦有生斋文集》卷十六《扬州知府伊君秉绶墓志铭》："君讳秉绶，字组似，又字墨卿。唐末自河南迁福建之宁化，遂为宁化人。……由县学生中乾隆己亥本省举人，甲辰举中正榜，己丑成进士。授刑部额外主事，补浙江司，迁直隶司员外郎。……（嘉庆）三年，典湖南试。明年，出守广东惠州。甫下车，问民疾苦，裁汰陋规。……旋遭光禄公丧。及还闽，邑中城圮，君出千金倡修，上书大府，以不经营、不邀议叙、不委估核为请，城卒完。……君工诗，尤善隶法，好蓄古书画，而以前贤手迹为重。"

铁保作草书相赠，作长诗奉谢，并乞书独学庐额。

《玉堂集》有《铁卿先生作草书见赠走笔奉谢并乞书独学庐额》："锺王妙迹天下无，后生意造人人殊。但从石本索髣髴，千模万拓异瘠腴。……吾师墨妙羲献徒，采撷精液遗其麤。临池忽奋苍鼠须，淋漓大笔满纸濡。飞龙天矫翔天衢，东云一鳞西一爪。变化出没力破拘，双管疾扫分生枯。秘密直摘骊颔珠，嗟乎妙哉百世模。百朋锡我生欢愉，锦绨十袭珍璠玙。悬之素壁日相对，手不能追心与摹。缘此更生无厌想，饕餮不惜如贪夫。宣南旧有独学庐，非公书额德恐孤。愿公擘窠更作此，长使丽藻辉孤芦。"

汪廷珍《铁梅庵先生墓志铭》："公栋鄂氏，讳铁保，字冶亭，一字梅庵。世为满州人。……年十九，举乾隆庚寅顺天乡试。二十一岁成进士，授吏部文选司主事。累迁至翰林院侍讲学士，仍兼部事。……八年，巡抚山东，加太子少保。十年，总督两江。……道光元年引疾，赐三品卿衔致仕。尝表进所辑八旗诗一百三十四卷，赐名《熙朝雅颂集》。晚岁家居，颐和多暇，自编年谱二卷。后第其所著为《文钞》六卷、《诗钞》八卷、《诗余》一卷。尤工书法，所刻《惟清斋帖》，艺林宝之。四年正月三日卒于家，年七十三。"

作《刻石经于辟雍颂》。

《独学庐初稿·文》卷一《刻石经于辟雍颂》序："乾隆五十六年辛亥之岁，皇帝出内府旧藏将衡所书《十三经》墨本，敕所司摹勒刊石，树之太学。臣文学之臣，伏睹盛典，职在纪载，敬申颂言。"

十二月，纳曹氏为妾。

《吴谱》："十二月，纳姬曹氏。"

是年，友人沈清瑞卒。作诗伤之。

《云留旧草》有《焚芝叹伤芷生而作也》："龙门之桐，高千寻兮。下有灵根，紫芝生兮。一趺九茎，状轮囷兮。含章在中，有辉光兮。异文秀质，举世以为祥兮。芳声既腾，锡贡明堂兮。众草非伍，唯蕙为友兮。……樵苏不察，野火焚兮。朝荣夕萎，生何为兮。作歌告哀，我心孔悲兮。"

按：沈清瑞自乾隆五十二年中进士，即归乡待铨。至是病卒，年仅三十四岁。

黄寿凤生。

（时事）十月，俄罗斯请续开恰克图市场，许之。十一月，廓尔喀入寇后藏。以福康安为将军、海兰察为参赞大臣，率师讨之。

乾隆五十七年壬子〔1792〕三十七岁

春，同李㮮游崇效寺、法源寺赏花，互有诗酬答。

《玉堂集》有《崇效寺看花和李沧云给事韵》："古寺花争发，新诗墨未干。闲云留客住，修竹许人看。石烂碑铭阙，苔深屐印攒。不知归路晚，初月挂银盘。"

李㮮《惜分阴斋诗钞》卷十《木鸡斋集》有《次石琢堂殿撰游法源寺看花原韵》："曾载春风萧寺过，天花散处赠维摩。一林云气分红萼，满径松阴覆绿莎。净土阶前闲似鹤,远山楼外小如螺。文人慧业真无匹,静趣传来妙蘡多。"

按:李集编年,此诗列于壬子正月至五月间。

《畿辅通志》卷一百七十八《古迹》二十五《寺观》一:"法源寺在燕山京城东壁,有大寺一区,名悯忠,廊下有石刻云:'唐太宗征辽东高丽回,念忠臣孝子没于王事者,所以建此寺而荐福也。……明正统中名曰崇福,世宗宪皇帝发帑重修,赐额曰法源。'"

毛庆善《湖海诗人小传》:"李棨,字沧云,长洲人。乾隆三十七年进士,官顺天府丞。有《惜分阴斋诗钞》。"

夏,赴李书吉寓斋小饮。席间李棨赋五言长韵,即席次韵奉和。

《玉堂集》有《李小云明府招饮即席和沧云给事韵》:"清风不择物,吹万皆成籁。吾曹聚散缘,每出不期会。李侯世所贤,与我昔倾盖。千里隔鱼书,十年证缟带。良辰集簪裾,高燕胪炙脍。偶开北海尊,暂缓南国旆。……鲰生拙言辞,陈义愧捣昧。将聆百里琴,先计三年艾。钦兹渊岳姿,妄欲效涓壒。愿踵龚鲁尘,早报循良最。"

李棨《惜分阴斋诗钞》卷十《木鸡斋集》有《家小云明府载酒邀同人寓斋小饮用竹坨岭海将归燕集五层楼分赋得会字韵》五言长诗,编于此年,且中有"闰夏被重光,闲斋开嘉会"语,知此会乃在夏季。

《国朝耆献类征》卷二百四十三《守令》二十九:"君姓李氏,讳书吉,字敬铭,小云其号。……君举乾隆庚子京兆试,以三通馆誊录议叙,授云南宜良县知县,署云南县,两署永北厅同知。丁母忧归。服阕,拣发广东,署丰顺县,补龙川,调澄海,以秩满升钦州知州。……年已七十二矣。决计引疾,遂不复出。……君虽勤于吏治,酷喜文字,尝谓俗之不淳,由教之不先。所至振兴书院,尤以养正之功,童蒙为亟。在粤时,遍设义学。十五以上曰志学,八岁以上曰幼学。悍鸷之俗一变焉。所著述有《寒翠轩诗录》六卷、《文集》三卷、《澄海县志》二十六卷。卒年七十有六。"

膺典试福建之命。将行,李棨有诗赠行。

《墓志铭》:"壬子,充福建正考官。"

李棨《惜分阴斋诗钞》卷十一《城南集》有《石琢堂殿撰典试闽中吴少府宗人典试蜀中忆予昔年奉使至蜀登历华岳栈道诸胜未经游历永嘉山水因用东坡次周邠寄雁荡山图二首以送两君之行》诗,其一赠执如:"登陟多惭着屐翁,画图想象赤城宫。曾观仙掌莲花雨,更倚云盘剑阁风。旧梦尚能追往昔,新诗相赠判西东。为君指点名山胜,半在耳中半目中。"诗系于本年六月至十二月间。

《独学庐初稿·诗》卷六《剑浦归槎录》有《奉命出典闽试》:"委蛇素食愧常生,忽奉纶言意转惊。风雨廿年怀璧久,简书五日著鞭轻。文章憎命元虚语,山水多缘又此行。欲报圣明持底事,愿罗良士赞升平。"又"鹅湖鹿洞旧规模,快睹皇风畅海隅。众口如川诚可畏,我心似秤不教诬。白珩自献终非宝,沧海能求定有珠。濂洛渊源流彼土,不知薪尽火传无?"

至闽,偕副考官兵部主事蒋师爚,率同考各官,取士如额。

《独学庐初稿·文》卷二《福建乡试录序》:"皇上御极之五十七年,岁在壬子。是岁当大比天下士,仪曹循故事,以次上请。臣与兵部主事臣蒋师爚,奉命典闽试。……爰戒装载涂,阅六旬而达省。……及期,进学臣所录士七千四百八十人,扃门三试之。臣与臣师爚率同考各官,矢公矢慎,殚心校阅,凡二十余昼夜,录士如额。"

《国朝耆献类征》卷一百四十七《郎署》九:"仁和蒋公师爚,字慕刘,一字晦之,号东桥。……乾隆己亥举于乡,庚子成进士,选庶吉士。以疾归主三衢讲院,士数百里外担簦从。病瘳赴都,散馆,改工部主事,后选兵部武选司主事。性恬退,遇开缺,必以让人。……壬子,典福建试,得人称最盛。性端毅,读书正坐,如对圣贤,研经证史,寒暑不辍。卒年五十六。著《周易精义》二十卷、《尚书精义》二十卷、《毛诗精义》二十卷、《三礼精义》六十卷……《阮嗣宗咏怀诗注》四卷、《敦艮堂文集》十二卷、《诗集》八卷、《答记》十卷。"

闱中适值中秋,邀分校诸同人夜饮衡鉴堂,有诗。

《剑浦归槎录》有《闱中遇中秋邀分校诸公夜饮衡鉴堂即席赋此》:"朗月当空一鉴悬,风檐万烛夜生烟。初心不负有如日,直道自行休问天。彼土山川终古秀,吾门衣钵几人传。明珠美玉争先睹,莫使沧波铁网偏。"

时魁伦为福州将军,为题所藏画册。

《剑浦归槎录》有《为魁将军题小影卷八首即次卷中自题元韵》八首。同卷复有《魁将军以家藏女史许素心画册见示索题即选册中许自题诗韵三首》。

按:魁伦,完颜氏,字叙斋,满州正黄旗人。乾隆五十五年,擢福州将军。喜声伎,制行不谨。嘉庆四年,起署吏部尚书,请赴四川剿办白莲教事,屡为教军所败。赐死于京师。《清画家诗史》谓其工画能诗。事迹详《清史稿》卷三百五十五《列传》一百四十二。

试事既毕，自闽还京，道出乡里。旋奉命提督湖南学政，即由京口溯江而上赴任。

《剑浦归槎录》有《自闽还京道出乡里略与亲友相见旋奉命提学湖南之命遂由京口溯江而上述事纪恩恭成一律》："一片归帆笠泽云，吴江枫冷对斜曛。却缘绛节还朝便，自草黄封告墓文。南海沧珠波底出，北门荣绋日边闻。三湘九皋骚人地，搴取兰荪报圣君。"

《墓志铭》："壬子，充福建正考官，旋即视学湖南。未散馆而简放学政，前此未有，真异数也。"

按：又据中国第一历史档案馆藏《清代官员履历档案全编》记载，执如于"是年八月，内简授湖南学政"。

至皖，适座师朱珪时任安徽巡抚，邀游大观亭。

《剑浦归槎录》有《朱石君先生邀游大观亭》，题注："时公方抚皖。"诗曰："偶然冠盖此盘桓，如许江山信大观。云抹峰峦皆入画，春生杖履不知寒。登临翻觉征程促，感慨应思后会难。俯仰鸢鱼无限趣，客中吟望一凭栏。"

舟行过琵琶亭、赤壁、黄鹤楼、岳阳楼诸胜，皆有诗记焉。

《剑浦归槎录》中先后有《和琵琶亭壁间王梦楼前辈怀白乐天先生之作》《赤壁怀古》《雨中至黄鹤楼》《岳阳楼》诗各一首。其《岳阳楼》七律，尤为后人推许。潘焕龙《卧园诗话》："东吴石琢堂韫玉廉访《独学庐稿》，诗极秀洁。《岳阳楼》云：'萧萧木落系兰舟，遥指君山一髻浮。孤雁一声天在水，斜阳千里客登楼。鱼龙浪静沧江晚，橘柚霜寒白屋秋。生遇圣明全盛日，江湖廊庙两无忧。'"

腊月，始抵任。

《独学文存》卷三《湖湘采风录序》："余于壬子腊，持节至楚南。"

是年，纳妾高氏。第五女湘蘅生。

《吴谱》："纳簉室高孺人。第五女湘蘅生，后适山阴何如龙。以上女皆蒋淑人出。"

彭蕴章生(据彭蕴章《诒毂老人自订年谱》)，

潘曾沂生(据潘曾沂《小浮山人手订年谱》)，

龚自珍生。

（时事）六月，福康安收复后藏，进征廓尔喀，大破之。八月，廓尔喀降。十月，御制《十全记》成。

乾隆五十八年癸丑〔1793〕三十八岁
在湖南学使任。春，往岳州校士。

《独学庐初稿·诗》卷七《湘中吟》有《岳州校士毕偕幕中宾客燕坐岳阳楼即席作》："万顷春涛望渺然，晚山一桁起苍烟。偶因湘水经行日，恰遇兰亭禊事年。终古常存斯气象，谁能不俗即神仙。兴来草写苍梧句，醉墨淋漓粉壁间。"按：诗中"恰遇兰亭禊事年"句下注："是年岁在癸丑"。

时巴陵费志学致仕家居，闻执如至，携所著《兰谷诗钞》来见，并以序为请。

《独学庐二稿·文》卷中《兰谷诗钞序》："费君兰谷，吾旁邑故侯也。家巴陵。余于岳阳校士之余，侯惠然修士相见之礼，出其平生所著诗二册，丐序于余。读之，粹然醇雅，有古人之遗。侯于斯事深矣。然余所知于侯，非徒诗而已也。……侯所宰皆通都沃野，其先后官，辄舆金辇璧以去。侯归，囊箧萧然。今老矣，两足蹒跚，犹课生徒，藉束修之入而后举火。余于是知侯之学之勤也。……余故因其请而述所知于简端，以为序。"

杜贵墀《巴陵人物志》卷七上《费氏三世名人传》："吾县连三世科目，而并以文学名世，各著有诗文集者，首推费氏。……一为履斋公子，乾隆癸未进士，讳志学，号兰谷。历任上元、常熟、昆山知县。其集曰《观本堂今文稿》，曰《兰谷诗钞》。"

既归长沙，为姜晟题《又一村图》。

《湘中吟》有《自岳州归省》："杨柳花飞江上村，鹧鸪啼处雨倾盆。长沙城外春如昼，一路湘山绿到门。"同卷又有《抚院西偏有园曰又一村中丞杜芎先生为图见示因题四律》，兹录其第一首："兵卫森严护戟门，以村为号本非村。修篁种到三分足，奇石移来一品尊。辋水云山原入画，平泉草木亦知恩。此中景物新年好，惠政如春著便温。"

按：姜晟是年官湖南巡抚，详《清史列传》。

秋,赴衡阳校士。

《湘中吟》有《衡阳道中作》,其首二句曰:"新秋风日尚余温,水曲峰回趁画轮。"则知时为秋季。此首之后有《校士衡阳经南岳之麓而未登赋此自嘲》:"翠微窈窕绕岩城,翘首云峰无限情。几许青袍如鹄立,可迁丹毂作山行?禹碑斑驳苍崖字,郢曲荒凉白雪声。灵岳当前缘底失,从来泉石厌簪缨。"

复往永州校士,有诗记"三吾"之胜。

《湘中吟》有《三吾怀古》序:"元结为道州刺史,爱其溪山之胜,分锡以名,各以吾为义。溪曰浯溪,台曰峿台,亭曰吾亭,其意将据岩壑秀灵之所锺,以为己有也。其地在今祁阳县东南五里。乾隆癸丑,余将之永州,过此。"

在永州游淡山,有诗次宋黄庭坚韵。

《湘中吟》有《永州淡山岩石有山谷诗刻追次其韵兼效其体》:"淡山之岩势幽阻,洞门虚敞无纤尘。行客舒啸发清响,摩崖读碑思古人。撑霄怪石胪万状,凌霜乔木应千春。神皋显晦亦有托,涪翁诗笔辉贞玟。"又"此翁健笔超千古,小谪宜州竟不归。熙宁朝局殊反复,端礼党碑亦然疑。晨星落落耀世宙,谷风习习吹征衣。我来欷嘘一凭吊,黄叶满山人迹稀。"

读张问陶《船山诗集》,有诗。

《湘中吟》有《灯下读同年张检讨船山诗集书后》:"一番开卷一番新,活色生香一指春。天地有情成世界,山川闲气得才人。蚤知青史归迁手,愿聚黄金铸岛身。风雅性灵中孝旨,由来狂简道能亲。"

是年,与子同福重次兰亭字,作《暮春修禊序》。

《独学庐二稿·文》卷上《暮春修禊序》题注:"重次兰亭字。"

吴锡麒《有正味斋骈体文》卷二十《石琢堂修撰重集兰亭字题词》:"其年,琢堂修撰持湖湘之节,收杞梓之才。山邮正长,波路或阻,虑无暇冥求往迹,劬思昔贤。乃端面匪遥,晤之于山水;轻綦用绍,赴之以性情。今年春,出所集修禊序示余,即癸丑作也。鈲揽兼呈,椎拍无迹。文采流溢,宛在永和之年;风湍潆洄,如行山阴之道。知其神明相结,信有味焉,非可强同矣。"

吴树萱《霁春堂集》卷八《石琢堂迭前韵见投哲嗣叙民亦有和作仍迭韵二首》中第一首"春禊风流羲献续"句注:"琢堂近有重排兰亭叙字春禊文,叙民同编。"

汪端生,

邹奕孝卒，

吴玉纶卒。

（时事）三月，内大臣海兰察卒。八月，英吉利使臣马戛尼入觐。十一月，诏永停捐纳例。

乾隆五十九年甲寅〔1794〕三十九岁

春，赴辰州校士。

《湘中吟》下有《入辰州界遇雨》及《新绿以方春和时四字分韵》四首，题下注："辰州课士题。"

时奉贤陈廷庆任辰州知府，惠以盆兰。作诗谢之。

《湘中吟》下《陈桂堂太守以盆兰见贻赋谢》："空谷经年孕此身，纔经拂拭便精神。生同众草元非伍，赏到同心鉴始真。数典首征燕姞梦，采诗先及郑风人。瓷盆髹几安排好，相对常如坐主宾。"

卢荫溥《皇清诰授朝议大夫湖南辰州府知府护理辰沅永靖道前翰林院庶吉士户部广西司主事迁员外郎己酉山东副考官桂堂陈公墓志铭》："公讳廷庆，字兆同……早岁声隽一黉。乾隆丁酉选拔入成均。……旋中己亥乡试。辛丑成进士。……庚戌四月，简放辰州知府，丁碻庵公忧，扶梓归里。服阕，念母顾太恭人年高，遂乞终养。……甲子，阮中丞芸台莅浙，聘主戢山书院，继主崇文，奖掖后进，不遗余力。"

辰州虎溪书院新葺落成，陈廷庆以记为请，遂作《辰州虎溪书院记》并诗。

《独学庐初稿·文》卷二《辰州虎溪书院记》："书院，古之学校也。……辰州，古黔中之地也。其在湖南为边郡，苗民杂处，士风不振，登贤书者仅矣，甲第则久无闻焉，通人达士又无论也。云间陈公廷庆守是邦，悯其俗之乔野，而士之偃塞也，思所以鼓舞而作兴之。城西旧有虎溪书院，乃因旧谋新，率先经始，邦人踊跃，不日告成。……乾隆甲寅春，余以按部校士至辰，适逢院之落成，以记为请。余因于公事毕后，亲至其地，则见夫楣宇高轩，林木蔚秀，讲堂中植，斋舍外环，背山面水，气象一新，诸生萃处其中，弦诵之声相闻也。……劝学惇诲，亦使者责也，敢不述所由，以告方来。……"

《湘中吟》下《虎溪书院谒阳明先生祠堂》："桃李新阴绕郭稠，升高远望倚危楼。纱笼诗在还争读，泮藻香生亦可饎。儒与佛仙元一贯，言非功德不千秋。门前百折清溪水，直到庐山山下流。"

校士既毕，将之永顺，辰州官吏饯行于龙泉山墅，赋诗留别。

《湘中吟》下《将之永顺辰州官吏饮饯于龙泉山墅赋此留别》："画船已系绿杨津，暂借僧寮祖席陈。南浦莺花蛮子市，东山丝竹宰官身。汉廷循吏悬蒲治，鲁国诸生佩韘新。自是此邦风俗古，骊歌远近逐行尘。"

校士永顺，舟经会溪，见五代楚王马希范所立铜柱，作《会溪铜柱述》并诗。

《独学庐初稿·文》卷三《会溪铜柱述》："乾隆甲寅之春，余校士永顺，舟出会溪。榜人告予曰，岸上有马将军铜柱，因缆舟往观之。盖五代时楚王马希范所立，柱围四尺强，高出地六尺许，文凡四十二行，环柱八面刻之。……希范为殷第四子，兵力强盛，南中诸蛮皆附之。此柱文涉夸张，字犹拙丑，本不足重轻，特其中所载平蛮事迹，有可以订史传之讹者，故述而存之。"

《湘中吟》下有《会溪铜柱歌》长诗。

八月，妻蒋氏病卒于长沙使署。

《湘中吟》下《悲秋六十韵》："琼宇秋萧瑟，璇闱夜寂寥。伤心佳偶失，倭指古欢饶。……松柏期偕老，荆菲誓久要。偶然蒙雾露，谁料入肓膏。怊怅危弦绝，凄凉故剑抛。诔从潘令撰，魂倩楚巫招。妙子稠桑问，崔徽尺幅描。薤歌篙里咽，緷旗大江飘。遗世人难再，宜家事易挠。有诗赓雉子，无意觅鸾胶。寡鹄悲何已，鳏鱼恨怎消。长歌聊当哭，敢效鼓盆谣。"同卷又有《银床辘轳曲》："梧桐叶落秋云冷，鹡鸰一夜啼金井。银床百丈悄无声，佳人对影心悲哽。当时抱瓮人如玉，双垂蝉鬓澄波绿。缠绵古绠似人心，百岁为欢忧不足。珠襦玉盘去人间，银瓶落水不知还。稠桑路远知何处，泪浣罗衣石竹斑。"同卷尚有《哀湘曲》："我所思兮潇湘，秋月澹兮无光。蕙之带兮荷裳，思婵娟兮不能忘。……解余佩兮山椒，弃余玦兮江渚。美人暮兮不归，湘之波兮容与。悲风起兮洞庭，抱愁心兮终古。"

石同福《瘦竹幽花之馆诗存》卷一《壬戌五月廿日出都述怀五首》之第二首"浪迹燕台畔，伤心楚水头"下有注："太夫人甲寅年八月，终于家大人长沙使署。"

九月，韩封抵长沙，为题《还读斋诗稿》。

韩崶《还读斋诗稿》有执如题诗，题下有注："乾隆甲寅九月题。"诗曰："六载别如雨，相逢楚水浔。流光一弹指，举世几知心。陈迹鸿留雪，清声鹤在林。翻增离合感，把卷重沈吟。"

按：《湘中吟》下亦有《读韩二观察桂舲诗草书后》，诗句稍有出入，曰："小别六寒暑，相逢楚水浔。流光一弹指，举世几知心。陈迹鸿留雪，清音鹤在林。载歌山水曲，古调和牙琴。"

韩崶《还读斋年谱》："是岁九月抵星沙，杜芗师馆余于'又一村'，遂留度岁。"

复往郴州、桂阳州校士。

《湘中吟》下《郴州》："山城秋苍莽，鼓角夜清严。关对秦时月，船通粤海盐。芦笙蛮女曲，鸡骨野人占。清浅郴江水，闲中饮自甜。"其后复有《桂阳州作》："征轺百折入蚕丛，桂水东南此郡雄。巫女琼箫荆俗古，市人银饼粤商通。山风落木秋原绿，石灶烧铅夜焰红。闻道铜官今罢冶，庙谟深远果无穷。"

除夕，有诗。

《湘中吟》下《除夕》："明朝四十岁峥嵘，急景凋年意转惊。椒酒无心消此夕，凤箫有愿祝他生。香烟画省传金柝，灯火鳌坡听玉声。独有潇湘未归客，篷窗风雪数寒更。"

陈裴之生。

（时事）八月，诏免天下漕粮一次。

乾隆六十年乙卯〔1795〕四十岁

春，饯韩崶还吴，赋诗赠行。

《湘中吟》下《〈湘江送别图〉赋送韩二观察崶还吴》："春风澹兮将归，瑶草碧兮千里。击兰楫兮中流，湘之波兮如绮，饯之子兮江皋，跂故乡兮若咫。折杨枝兮未青，望停云兮四起。"

同邑吴翌凤在姜晟署中课其子，执如索观其诗稿，且为题《借书图》。翌凤亦请执如书与稽斋额。

吴翌凤《与稽斋丛稿》卷十三《湘春漫兴》上《石琢堂学使索观近稿附呈长句》："我昔称诗戒浓纤，一字百易格律严。要如酒醴淡弥旨，又如食蜜中边甜。……去年无赖鄂城居，一月编摩得小胥。深觉蕴含终有味，总然驰骤不如初。故人作别十寒暑，索我新诗意良苦。自惭嫫母见西施，譬若雷门持布鼓。……附诗聊博一笑粲，莫道狂夫老更狂。"按：吴氏是集编年，起乙卯尽九月。

同卷又有《乞琢堂书与稽斋额揭诸楣间赋此》："束发事章句，澹然寡所谐。惟此箧中书，日分相与偕。文章虽糟粕，圣贤之所家。心与古人接，缕人无睽乖。积久觉深造，旷荡无津涯。稽考讵有极，虚灵扫烟薶。契彼《曲台》语，用以名吾斋。"又"壮岁游江湖，陈编任残缺。祇余耿耿心，梦寐不能释。为案玉堂书，漫向行窝揭。朝来开卷坐，湛然心朗徹。丹黄别谬讹，捃拾自恰悦。况其古之人，相对忘言说"。

《湘中吟》下《吴枚庵借书图》："萧瑟秋林落木初，白云深处子云居。更无余事关心在，访遍人间未见书。"

《独学庐四稿·文》卷五《吴枚庵墓志铭》："先生讳翌凤，字伊仲，初号枚庵，晚岁又自号漫叟。江南吴县人。少禀异姿，读书五行俱下。既冠，以试院《升楼赋》受知于学使曹秀先祭酒，食饩于庠，贡入成均，所交皆一时知名士，声华藉藉艺林。先生视青紫若敝蹝也，年四十，即绝意于干禄之学，惟仰屋著书，获一未见书，必手钞，所钞书盈筒箧，皆校雠精核，无一讹字。诗宗唐贤三昧，书法董香光，善写生，草虫花木，落落纵笔，入徐熙之室。工篆刻，古雅有法，蓄金石文甚富，一一能道其存亡真伪。间作山水，亦高简无俗韵。故尚书姜公既抚楚，远致羔雁，延课其子。先生遂作楚游。姜公既去楚，先生为楚中士大夫所挽留，坐皋比教授诸生，凡往来于楚南北者二十有七年，然后归故土。嘉庆二十四年夏，偶感暑疟，既愈又发，遂不起，以七月初三日卒，春秋七十有八。……所著书有《与稽斋丛稿》《吴梅村诗注》《唐宋金元诗选》《怀旧》《印须》二集，皆有刻行世，其未刻尚有二十余种，世未及见也。"

四月，校士澧州，于童子科得老诸生梅自馨，年已近九旬。为其《幼学翼》作序。

《湘中吟》下《梅生》有序："澧州校士，于童子科得梅生自馨，鬓发皓然。询之，春秋八十有六矣。耆年博学，著书万牍。其子久举于乡，生裹足场屋有年矣，谓我知言，惠来请试，针芥竟合，事岂偶然，爰赋诗四章以述其事。"诗曰："伏生八十尚横经，饱食神仙蛊欲灵。天使松筠荣晚节，肯教肉眼未君青。""弄墨燃脂老此身，云霄差喜凤毛新。菊芳兰秀寻常事，且向空山问大椿。""杖履飘然两鬓霜,芃兰重逐佩觿行。退之晚识张童子,七十年前弱冠郎。""海上蟠桃花实繁,更从故冶见梅根。久甘冰雪山中老,触着春风又觉温。"

《独学文存》卷二《幼学翼序》:"乾隆六十年四月,余校澧州之士,获梅生自馨于童子科,生八十有八龄矣。以所著《幼学翼》一书,请序于余。余方校士常岳之间,未暇也。秋八月将省试,生先期至会城,又申前请。生老矣,余悲其志之笃而力之勤也,不忍违其请,则为弁一言于简端。……生老矣,尚殚精竭虑、孜孜矻矻如此,今而后,澧湘子弟能笃志如生,奚患业之弗精而道之弗成乎哉!余故序生书,且告楚之从事于学者。"

同治《直隶澧州志》卷十《人物》一《儒林》:"梅自馨,字秉芳。未冠,补博士员。著有《奇耦典汇》三十六卷,及《石鼓文辨略》《幼学翼》二书。"

得闻嵇璜上年卒讯,诗以挽之。

《湘中吟》下《嵇文恭公挽章》:"山颓梁坏我心忉,端揆勋名昔禹皋。廿载中书居上考,六官遗爱偏诸曹。玉棺降日卿云散,石马嘶风宰木高。吴楚东南烟水隔,墓门无计荐溪毛。"又"少年曾被魏公知(注:公精相人之术,初见予,即曰,子当以第一人及第。继余累黜有司,凡六试而竟如公语),旧事重陈泪满颐。太史河渠三策在,欧阳碑版九成奇。琼林接席培黄发,芸馆闻诗入绛帷。艸下赏音今有几,死生契阔不胜悲"。

按:嵇璜,字尚佐,号黼庭,晚号拙修。无锡人。雍正八年进士。乾隆三十二年,授河东道总督,曾主黄河改道北流,未被采纳。后累官至文渊阁大学士,充《四库全书》馆、三通馆、国史馆正总裁。五十八年六月卒,年八十四。谥文恭。有《锡庆堂诗集》八卷。事迹详《清史列传》。

有诗寄王芑孙京师。

《湘中吟》下《寄和惕甫》:"道在天地间,频遭学者蠹。始缘标榜心,渐入膏肓痼。……方今著述家,偻指不知数。夜郎各自尊,雄辩无惭怍。椎轮尚无方,动曰显庆辂。谈艺薄曹刘,述史傲迁固。纷拏金石笺,琐碎虫鱼注。谁将苦海航,引之登觉路。"

于童子试得安化陶澍。

陶澍《陶文毅公全集》卷五十四《题石琢堂师〈独学书室图〉》:"昔我年未冠,入学初释奠。巍巍数仞墙,缀行皆北面。维时大宗师,长揖进群彦。霁景谽春霎，神眸炯秋电。论文绝点尘，光彩生顾盼。……"末有注："乙卯入县学，师批余卷云：'清新无半点尘氛气。'"

按：陶澍，字子霖，号云汀。安化人。嘉庆七年进士。历官监察御使、按察使。道光五年，任江苏巡抚。十年，升两江总督兼管两淮盐政。任内勇于兴革，河漕、盐运，皆有殊绩，为朝野所重。道光十九年，卒于任。谥文毅。著有《奏议》七十六卷、诗文集五十六卷。卒后，两淮士民为其公刻《陶文毅公全集》。事迹详《清史列传》。

使事既竣，独往岳麓书院，与院长罗典及诸生话别。

《独学庐二稿·诗》卷一《玉堂后集》有《过岳麓书院和诸生送别诗韵兼简罗慎斋前辈》："濂洛渊源仰数公，名山坛席古今崇。供传薪火归吾党，常使弦歌集此中。四面烟萝衡岳近，一时风咏舞雩同。白云红树秋容绚，始信文章大块工。"又"登山临水客将归，闲坐篮舆陟翠微。河岳英灵思夕秀，颒林衿佩忆初衣。程门雪里春常在，郢曲人间和未稀。几辈凤鸾犹息羽，此心常绕楚云飞"。

陶澍《陶文毅公全集》卷五十四《题石琢堂师〈独学书室图〉》中"颇忆岳麓山，大块文章绚"二句下有注："先生使事竣，屏驺从，游岳麓，罗慎斋前辈赠诗云：'红尘隔断平沙外，清福流连好日中。'先生留和云：'白云红树秋容绚，始信文章大块工。'一时传为风雅盛事。"

光绪《湖南通志》卷一百七十九《国朝人物》五："罗典，字徽五，号慎斋。乾隆丁卯乡试第一，辛未成进士，选庶吉士，授编修，转吏、工二科转应给事中，擢鸿胪少卿。两主河南乡试，一为四川学政。……以母老乞养，归主岳麓书院二十七年，教学者以坚定德性，明习时务，门下士发明成业者数百人。……及主讲席，修脯所入，除给饔飧外，悉以增葺书院。嘉庆丁卯，重宴鹿鸣。是年卒，年九十。祀乡贤。"

将行，致书驻节辰州之姜晟。于苗事之措置、钱局之章程、洞庭之水利，一一胪陈己见。

《独学文存》卷一《与姜中丞书》："三岁相依，诸邀庇荫。比闻新任范比部业经入境，拟于初五日交替，一二日即可成行矣。唯是苗事未蒇，终节驻辰，不获瞻叩尊前一别，殊为歉然。伏计将来肤功告竣，一切善后之方，正烦筹略，而尚有管见所及一二事，敢奏笺于左右。……"

按：此书大略，谓平苗之后，当于其地之用人，道路、城池之修建，增加重视，以弭后患；又指出钱局之章程，宜加更订，洞庭之水利，宜加修浚云云。

祁阳诸生廖元魁、元旭兄弟，追及涂中，以宗祠之记相请。

《独学文存》卷一《祁阳廖氏宗祠记》："祁阳廖氏元魁、元旭兄弟，皆余所取士也。岁在乙卯，余受替将行，生兄弟不远千里，追攀道周，殷然修相见之礼。既见，以宗祠之记请。……今廖氏世居祁阳，祁阳为楚南荒僻之壤，文教未盛，非有乡先生为之典型，而其宗独能五世同居，敦尊祖敬宗之文，而毋忘收族之义，又于其间教养子弟，俾成人小子共知礼教孝弟，以跻于秀良，而广桑梓敬恭之谊，此正官斯土者所当诱掖奖劝以成其事者也。虽不我告，犹奖表章焉。乃允两生之请而为之记。"

是年，刻《独学庐初稿》，编《湖湘采风录》。

按：《独学庐初稿》总目后镌："乾隆六十年岁在乙卯，刊于长沙官舍。"《初稿》诗文合刊，文三卷；诗分《云留旧草》一卷、《江湖集》三卷、《玉堂集》一卷、《剑浦归槎录》一卷、《湘中吟》二卷，共收古今体诗六百五十三首；末附《读左质疑》一卷、《汉书刊误》一卷。

《独学文存》卷三《湖湘采风录序》："余于壬子腊，持节至楚南，于今三年，校九府四州之士，周行郡县者再。……及观诸生之作，则清深者有之，奇奥者有之，幽而险者有之，旷远而绵邈者有之。凡吾所触目会心之境，无不托其豪翰以传，虽谓楚风至今日极盛可也。余校录既周，荟萃二百余篇，又为雠焉。凡袭者剿者、平无奇者、瑜而不免瑕者，皆去之，共得八十一篇、作者四十四人，名曰《湖湘采风录》。"

是年，张问陶在京有诗见怀。

张问陶《船山诗草选》卷三《乙卯六月二十日雨夜怀石琢堂同年湖南学使》："秋色连云梦，因君动别情。三苗犹梗化，六月未休兵。士气宁无恙，文心定不惊。衡阳何处雁，将相久南征。"

（时事） 正月，贵州苗民石柳邓叛，陷湖南永绥厅，诏云贵总督福康安、四川总督和琳率师讨之。九月，立皇十五子颙琰为皇太子，以明年丙辰为嗣皇帝嘉庆元年。即于元旦，举行授受之礼。

嘉庆元年丙辰〔1796〕四十一岁

回京,充日讲起居注官;卜居法源寺旁之听钟山房。宅为谢墉旧第。翁方纲为题额,并赋诗以赠。

《墓志铭》:"丙辰,充日讲起居注官。"

《独学庐二稿·诗》卷一《玉堂后集》有《卜居听钟山房》:"三年蹋遍楚江春,重赁衡茅着此身。穷巷不知人似海,冷官合与佛为邻。琴床茶臼安排好,候鸟花时次第新。回首东山旧丝竹,风流谁继谢公尘。"末有注:"此屋为谢金圃先生旧第。"

翁方纲《复初斋诗集》卷四十八(丙辰)《听钟山房歌为石琢堂修撰赋》:"听钟山房数椽屋,谢子来题初小筑。法源开士作邻家,日夕钟声饭与粥。……流光敲火又一纪,琢堂使节旋楚南。燕语贺来花信卜,莺迁喜为钟声拈。花作佛香钟佛偈,偈子入座香入帘。我题重跋檐楣额,我诗重作禅化参。横街西头新月上,西峰雨后来飞岚。花时拟更湘舲约,蒙蒙香雾霏春衫。"

重晤张问陶,为题画。

张问陶《船山诗草》卷十三《与石琢堂同年夜话》:"梦冷虚堂旧雨来,几年怀抱暂时开。君能磊落心千古,我岂猖狂酒一杯。幻境尽容苍狗变,天机应免白鸥猜。竟无知己身方贵,听到时名愧不才。"

《玉堂后集》有《题张船山补梅书屋画卷》:"张郎示我补梅图,水墨萧疏近世无。谁可与花作知己,孟襄阳外只林逋。"

春日,应陈预之邀,偕张问安、施均、查堂、查有圻游圣安寺。

张问安《亥白诗草》卷六《丙辰集》有《陈笠帆邀同石琢堂修撰施琴泉编修查兰圃小山昆仲午饭圣安寺随步至琢堂斋与惕甫小话即别》:"市尽古寺迎,楼阴深巷曲。人语野外清,铃声静中觉。小松幂如笠,圆定一围绿。觞咏亦复佳,萧闲此间足。归涂欣晚步,日影上墙角。遂此高斋逢,清谈谢羁束。煎茶聊命盏,读画重燃烛。旧雨如更来,新诗傥容读。"

民国《遂宁县志》卷五《学行》:"张问安,字亥白,一字季门,文端公元孙,顾鉴长子。乾隆戊申举人。天性孝友,澹于荣利,例授教职,不就。家居奉母,以图史自娱,凝尘满席,泊如也。诗才超逸,随涪陵周东屏侍郎视学岭南,遍览名山胜水,格律益进,与弟问陶有二难之目。主讲华阳、温江书院,诱掖后进，多所成就。卒于家。著有《小琅环诗集》。"

朱汝珍《词林辑略》卷四《乾隆己酉科》："施朽，字鲤门，号琴泉。顺天大兴人。散馆，授编修，官至侍读。"

按：查堂，字瞻高，号兰圃，又号木铃。海宁人。有圻兄。其余事迹不详。查有圻，字止千，号小山。海宁人。席先世业，称巨富。性奢侈，人呼之以"三朦子"。喜蓄砚，不惜重价，积数十年，选其尤者百方，装潢藏弆，所费巨万。又喜交名士，京师知名人士多与之游。详易宗夔《新世说》卷七《汰侈》。

《畿辅通志》卷一百七十八《古迹》二十五《寺观》一："圣安寺在圣安寺街，金时所建。明正统中，易名普济。乾隆四十一年重修。"

五月，王芭孙将就华亭教谕之任，作文慰勖之。

《独学庐二稿·文》卷中《送王惕甫之华亭校官序》："嘉庆建元之岁，某自楚旋都。其五月，吾友王君惕甫将之华亭校官之任。……盖余交惕甫垂二十年矣，知之深，信之笃，故离别之感同，而愿望之情异也。……由俗情观之，余方居清秘，而惕甫偃蹇外僚，或悲惕甫之不遇而幸余之遇。即儒者论之，惕甫膺师儒之寄，而余缀禁近之班，素位以行，皆可以报国。此二说，非不近情，而其实皆目论也。今之翰林，有制作之任乎哉？而今之校官，有乐育之效乎哉？木天之署，荒如古刹，官无任使，尸位持禄，询以朝常国故不知，访以民俗吏弊不知，循资限格，荏苒以老。……彼庠序之废，何独不然乎？学者不解经义治事为何物，袗佩子弟有终岁不登博士之门者，而居此官者，亦往往自托于古者抱关击柝之流，苟以藜贫养老其中，有豪杰隽迈之士，耿介自守而已，不能有所为也。而谓可以兴贤育才，储菁莪、械朴之选，能乎？虽惕甫贤能有文行，吾决其不能以自异也。不能自异，而可守此以终老乎？造物生材，必有所用，《易》'蹇'之'初六'曰：'往蹇来誉。'言君子修德，不终蹇也。'复'之'六四'曰：'中行独复。'言时未至而理所当然也。惕甫毋谓世之不我知而岁之不我与，正谊明道藏器以俟时，终为国家有用之身，斯可矣。区区聚散升沉之说，均不足道也。"

与伊秉绶、吴锡麒集饮于阿林保寓宅适园。

《玉堂后集》有《雨窗比部招饮适园即席分韵得梅字》："休沐有余暑，群贤不速来。忘形相尔汝，揽胜此亭台。花券先春署，书仓任客开。酸咸诗味好，妙不在盐梅。"

伊秉绶《留春草堂诗钞》卷二《雨窗曹长阿林保招同吴穀人侍读石琢堂修撰韫玉小集适园》："我是高阳旧酒徒，醉来步屣倩人扶。绮疏似坐烟波舫，佳士同披主客图。四面芸香推武库，一春花事到文无。朝回过此休嫌数，陶写方须丝竹娱。"

民国《杭州府志》卷一百四十六《文苑》三："吴锡麒，字圣征。钱塘人。乾隆四十年进士。迁侍读，累官国子监祭酒。性嗜饮，无下酒物，则以书代。少壮至老，未尝离笔砚。生平不趋权贵，亦不拒，招之往，一揖退，然名著公卿间，日下交重其品学。……乞养归，主安定、爱山、云间诸书院。再入都，补原官。寻告归，主扬州安定书院，校刊《全唐文》，称善本。作诗古文辞，如万斛泉源，不择地而写。天性淡泊，笃于内行，无疾言遽色，喜周人急。……年七十三卒。诗文集风行海内外，高丽、琉球使臣争以重金购归其国。"

《满汉名臣传续集》卷二十九："阿林保，正白旗满州人。舒穆禄氏。乾隆三十一年，考中笔帖式。……嘉庆十一年五月，擢闽浙总督。……十四年十一月，卒于任。……寻赐祭葬如例，予谥敬敏。"

立秋日，与法式善同游极乐寺。

《玉堂后集》有《立秋日时帆祭酒招游极乐寺置酒东亭宴饮弥日归而有作》："迎秋偶叩梵王宫，凉院初飞一叶桐。选佛地高诸品上，谈经座列众香中。萍因水聚频离合，灯假薪传有异同。斜日在林人影散，咏归共趁舞雩风。"

《畿辅通志》卷一百七十八《古迹》二十五《寺观》一："极乐寺在安定门街东。明嘉靖辛酉重修，行人司尹校撰碑。"

七月一日，邀吴树萱、张问陶游法源寺，互有诗酬酢。

吴树萱《霁春堂集》卷八《孟秋之朔石琢堂翰撰邀集寓斋晚饭悯忠寺张船山检讨有诗索和久而未报琢堂乔梓以和作见示促迫成之一报琢堂一报船山》："有子奴隶蔡少霞，罗浮仙人鹿帻斜。挥散倾尽大地墨，布施珍积恒河沙。行厨啖客虀苋饱，故山招隐猿鹤夸。晨钟夕呗惯清听，隔墙拂拂交枝花（注：琢堂寓斋与寺毗连，有听钟山房额）。"又"诗人醉眼颓晕霞（注：是日船山后至，已面有酣色矣），长庚荧荧向日斜。神仙不信是乞丐（注：曩游蜀中，船山来问，云京朝官况味，神仙乞丐兼而有之。此语可为绝倒、绝倒），富贵自古同尘沙。谈禅要学无生好，吊鬼成吟七字夸（注：船山原唱"鬼雄何代不尘沙"，奇横极矣。余意颇訾其感激太甚耳）。佛心本是多情者，丈室春来现钵花"。

张问陶《船山诗草》卷十三《丙辰七月初一日石琢堂同年招同吴少甫吏部游法源寺斋罢得句》："清斋深悔别烟霞，吊古云堂日又斜。人境无情空梵贝，鬼雄何代不虫沙。酒名枉被残僧笑，诗笔难禁老辈夸。独抱闲愁谁解释，晚风凌乱合欢花。"

《玉堂后集》有《初夏偕寿庭船山同游法源寺》："闲携蔬笋煮烟霞，坐久松寮塔影斜。我室喜邻弥勒院，众生抟尽女娲沙。一灯传道今谁是，万甲同仇古亦夸。解得华严颂中意，飘茵堕厕总空花。"

按：题中"初夏"当是"初秋"之讹。其后尚有《船山见和迭前韵答之》《寿庭见和再迭前韵答之》《翌日复蒙寿庭酬和三迭前韵》诗三首。

石同福《瘦竹幽花之馆诗存》卷一《七夕侍家大人陪吴寿庭张船山两丈游法源寺奉和船山丈韵》："追随杖履访烟霞，竹里僧房一径斜。为吊国殇寻旧碣，谁云佛土隔恒沙。入门怖鸽机难静，列坐雕龙技共夸。独有寒山寺钟句，诗情高接浣溪花。"

按：题中"七夕"亦"七月朔"之讹。

秋日，与同人集饮曹锡龄紫云山房，有诗。

《玉堂后集》有《曹定轩侍御招饮紫云山房翌日赋谢》："紫云山房对清晖，容为招携共款扉。拥矢投壶风近古，藏花赌酒醉忘归。一庭松菊生秋爽，四壁烟峦弄夕霏。读画评书不知倦，米家秘籍世应希。"中有"一庭松菊生秋爽"句，知时在秋季。

法式善《存素堂诗初集录存》卷六《曹定轩前辈招同人集紫云山房石琢堂韫玉修撰即席有作轩次韵见示依韵》："人趁新凉坐夕晖，萧萧梧竹掩双扉。山光入画秋先到，酒气如云客未归。鸿爪却教蛛网护，鸦涂还怕雨丝霏。梅花茅屋分明是，谁写吾庐寄翠微？"

朱汝珍《词林辑略》卷四《乾隆己未科》："曹锡龄，学闵子，字受之，号定轩。山西汾阳人。散馆授编修，官至吏科掌印给事中。"

十一月，张问安将还蜀，与同人为之饯行。后张问安有诗奉谢。

张问安《亥白诗草》卷六《丙辰集》有《将出都门石琢堂伊墨卿洪稚存方茶山赵味辛言皋云陈笠帆远雯昆仲邵寿民查小山王春波王伯雨累日饮饯十五日彭田桥林雨亭陈晓峰周旗樵同船山复送出广宁门与船山洒泪作别即事有述寄船山兼呈诸君》诗四首。

按：张问陶《船山诗草》卷十三有《丙辰十一月二十三日怀亥白兄时还山西行当入秦栈》诗二首，则知张问安离京，即在是月。

是年，桂馥将之云南永平县令任，题《簪花骑象图》以送其行。

《花韵庵诗余》有《满江红》题注："题桂未谷《簪花骑象图》。"词曰："万里滇池，其风俗、皇舆同纪。此地是秦人象郡，劳君抚字。六诏叩关通佛筴，百蛮铸柱筹边计。算古今，不朽只书生，兼循吏。唧素丝约，如琴辔，绛花插，如螺髻。叹银青金紫，无非游戏。一阕芦笙番女曲，四方蓬矢男儿志。故山中，有草唤当归，吾将寄。"

按：桂馥，字东卉，号未谷。曲阜人。乾隆五十五年进士，选云南永平知县。居官多善政。嘉庆十年卒于任，年七十。生平博涉群书，尤潜心小学，精通声义。自诸生以至通籍四十年间，日取许氏《说文》与诸经之义相疏证，为《说文义证》五十卷。官滇南，追念旧闻，随笔疏记十卷，以其细碎，题曰《札朴》。他著尚有《晚学集》十二卷、《缪篆分韵》五卷、《续三十五举》一卷。事迹详《清史列传》。

又按：是年，桂馥就迁云南永平知县。图为罗聘为其所绘。

是年，甥吴嶙至京，受业门下，且以其父英玉《墓志铭》相请。

《吴谱》："是岁，嶙至京，受业公门下。"

吴嶙《红雪山房诗钞》执如序："及余回车辇下，生则访我于金闺。陆机入洛，闻者倾心；吕蒙在吴，见者刮目。由是脱略于公卿之会，跌宕于文史之场。陈蕃之于周璆，安床扫室；蔡邕之于王粲，倒屣迎门。筵间竞致车公，市上争看卫叔，则又声蜚日下，名在月中矣。"

《独学庐二稿·文》卷上《清故湘乡县丞吴君墓志铭》："君讳英玉，字玉泉，苏之常熟人也。……乾隆己亥岁，以赀起家，历试长沙、湘潭、衡阳县丞，补零陵县典史。……甲寅大计，以卓异闻。乙卯，楚氛不靖，苗顽作逆，君请缨麾下，执殳行间，挽粟飞刍，无爽乎晷刻；戴星沐雨，弗懈于寝兴。嘉勇郡王摠统戎韬，奖厉士绩，嘉君尽瘁，特予上闻。明年，升湘乡县丞。君感朝恩之拔擢，慨戎事之助襄，益矢勤劳，弗辞艰险。……以是年七月初九日戌时没于马鞍山下，春秋五十有一。孤子尚锦负剑从行，舆尸归第。……孤子将于某年月日卜葬虞山之先茔，请勒贞玟，用昭奕叶。……"按：执如有一姊，即适英玉。

同治《苏州府志》卷一百二《人物》二十九："吴嵘，字兼山。英玉子。少负异才。转徙川陕戎幕。入京上书当事，于民隐吏弊奋舌无所忌。晚就卑官，宦游河南、山东，历官至浙江绍兴同知。凡事有不获言者，辄见之诗，慷慨激昂，有幽并豪士气。"

是年，为甘立猷《养云楼诗集》作序，又刻《沈氏群峰集》。

《独学庐二稿·文》卷中《养云楼诗序》："乾隆庚戌岁，某成进士，实出江西甘西园先生之门。其后二年，某典闽试，先生赋诗以宠其行。洎自闽入湘，先生又寄诗相勖。越三年，归京师，先生始出其所著《养云楼集》以相示，且命为之序。"

《沈氏群峰集序》："亡友芷生既殁之后六年，余始获集其诗古文词而刻之。……余既闻芷生之殁，急就其家征遗草，而芷生在时，未尝收拾，丛残零落，散失者什九。余因遍告其所亲，为之搜访。昨岁，其甥林子衍潮始录其集寄我于湘中。余以瓜代将归，未及料理。兹乃检校而剞劂之，定为诗二卷，词一卷，赋一卷，奇耦文合一卷，外集词曲一卷。又《韩诗故》二卷，别为一集。其所著尚有《帝王世本》《史记补注》《孟子逸语》等书，皆未成，不及梓。若其诗文，则余所知而亡轶者尚多，观此亦可以知其余矣。……嘉庆元年岁在丙辰秋八月，吴郡石韫玉序。"

是年，购得钱选《花卉草虫图》、王维《江干雪霁图》临本、赵孟頫《罗汉卷》、仇英《后妃蚕桑图》。

《独学庐二稿·文》卷下《钱选〈花卉草虫图〉跋》："右钱舜举《草虫图》，见郎仁宝《七修类稿》中。盖本余杭人郁士端家藏之物。士端博雅好古，所藏《十爱图》，此其一也。别有王维《辋川图》、戴进《春晓图》，皆不知何往。其《望云》《正己》《水天一色》《城东别墅》四图，则归郎仁宝，所谓《凯风寒泉卷》者是也。今亦不知何在。予于丙辰在都门得此及王维《江干雪霁图》临本、赵松雪《罗汉卷》、仇十洲《后妃蚕桑图》，皆希世名笔，虽千金之宝不易也。但不识聚散之缘若何，能与吾终此残年否？"

（时事）正月，仁宗受禅即位，尊高宗为太上皇帝，立嫡妃徒塔腊氏为皇后。湖北白莲教起事反清。湖广总督碧沅、巡抚惠龄率师讨之。二月，四川白莲教继起。十二月，湖南苗酋石柳邓父子被擒。

嘉庆二年丁巳〔1797〕四十二岁

在京供职。二月二十五日，邀法式善、洪亮吉、赵怀玉集寓斋，饯吴锡麒归养，并撰序以赠。

吴锡麒《有正味斋日记》："丁巳之春二月二十五日，石琢堂修撰招同法时帆祭酒式善、洪稚存编修、赵味辛舍人，为余饯行，并赠以序云：夫怀金恋紫，楷竹垂鱼，进而不知退者，慕禄之夫也。左林右泉，岩栖谷汲，往而不知反者，嘉遁之士也。时止而止，时行而行，轩冕不加荣，山林不加悔者，惟有道之彦乎！惟我前辈吴侍读縠人先生，斯文金玉，吾党渊云，执牛耳于骚坛，渐鸿仪于皇路。风云之气，陶铸乎百家；金石之声，鼓吹乎六籍。方其著作承明，论思中秘，金谓以稽古之彦，登右文之朝，当剷《诗》缉《颂》，掌石渠天禄之藏；考礼征文，参灵台辟雍之议。若邺侯之才抱九仙，卫公之集成一品无疑也。乃一官落拓，廿载委蛇，虽称蓬岛之上流，祇似金门之大隐。鲁公墨妙，时传乞米之书；马卿赋成，谁荐凌云之牍？而问奇末座者，或跮踱于三阶；执策后尘者，或回翔于九列。昔人谓郊、岛以诗穷，籍、伶以酒隐，有由来矣。维时风夜在公，无关于三事；明发不昧，有怀于二人。于是坚养志之心，上陈情之表，以为《白华》洁养，先哲所长言；乌乌私诚，圣皇所弗禁。与其望白云而尚慎，孰如卜青山以遄归。人爵何荣，天伦斯乐。但承欢于二老，岂易介于三公。况承《诗》《礼》之宗，地擅湖山之美。谓礼先禄养，古有负米之崇朝，实菽水之真情，匪箪鲈之矫节也。夫君恩似海，两疏原无辞汉之心；人寿几何，百年不尽报刘之愿。芳春维暮，归路且修，怀贤者证以旧闻，惜别者要其后会。窃惟芜陋，幸接居游，聊述大都，以为小引云尔。"按：此序又见于《独学庐二稿·文》卷上，题为《送吴侍读归养序》。

光绪《武进阳湖县志》卷二十三《文学》："赵怀玉，字忆孙，号味辛。……乾隆三十年春，高宗纯皇帝四巡江浙，怀玉奏赋行在。四十五年复南巡，召试，赐举人，授内阁中书。出为山东青州府海防同知，署登州、兖州二府。丁父忧归，遂不复用。怀玉以世家，少负重名，交满天下，求文者自远而至。性坦易，无城府。……天下相望，群称味辛先生。著述甚富。"

为江宁王霖题《潇湘云水卷》。

《独学庐二稿·文》卷上《王春波〈潇湘云水卷〉题辞》："从来咏兰颂橘

者，必矜屈宋之奇；寻壑经邱者，每慕衡湘之胜。……王君春波，风雅方家，丹青能手，结想烟霞之外，游心水墨之中。作《潇湘云水图》一卷，志旧游也。夫其上肇零陵，下赜湘浦，岩罗九举，江导双流。写云树于南天，迷离同色；绘烟波于北渚，绵邈何涯。极十日五日之功，具千山万山之势，非精心冥契，妙想神游，乌能及此？仆曾持泽节，爰止星沙，两度征轺，三更岁钥。祝融峰下，手扪岣嵝之碑；正则祠前，口诵《蘼芜》之句。凡此山名云母，浦号铜官，峰标回雁之名，溪述捕鱼之迹，皆曾搜罗往躅，印证旧闻。忽睹斯图，宁无怅触？夫云烟过眼，常关游子之怀；邱壑凭心，必出化工之笔。藉兹神品，述彼名区。他时佽向顾厨，携归米舫，溯洄宛在，本非海上三山；舒卷相随，即是壶中九华。"

彭蕴灿《历代画史汇传》卷二十九："王霖，字春波，江宁人。国子生。善山水、人物、花卉。"

暮春，请铁保书癸丑年重排兰亭序文。

赵怀玉《亦有生斋诗》卷十五《同年石修撰韫玉重次兰亭序字为文栋鄂侍郎铁保为书一通因题其后》："兰亭一序系人思，千载重排绝妙辞。乞得侍郎书退笔，各疑腕下有羲之。"又"又近芳林祓禊天，风光却忆永和年。何当觅个流觞处，泥饮同携三百钱"。

按：此诗编于嘉庆强圉大荒落，即丁巳年。又中有"又近芳林祓禊天"语，则时为暮春。执如重排兰亭序文在乾隆五十八年癸丑，详该年谱。

八月十五日，邀吴树萱、周兆基、葛爱陶集听钟山房。翌日，复集周兆基宅。

《玉堂后集》有《七夕吴寿庭铨曹周廉堂司成葛爱陶少府同过听钟山房小饮次寿庭即席见赠韵》："瓜花乞巧闲庭院，滴沥铜壶换银箭。忽闻门外驻高轩，玉骢光耀吴门练。吏部文章举世宗，笔花五色当筵绚。江东公瑾本如醇，缟纻依依故人恋。况值长庚山右来，敢辞秉烛开宵燕。……忆昔相逢各少年，当时同订金兰传。后先踵武紫宸班，出者亦为文学橼。频年踪迹别离多，不及双星岁相见。今朝执手坐花阴，笑言自觉心相眷。绿竹红蕉四座间，清谈缱听忘倦。对酒当歌倍有神，一曲繁花落如霰。相期不醉总无归，兴已淋漓心未餍。诘朝再理旧杯盘，两家各向离亭饯。"其后又有《翌日集廉堂斋中和寿庭韵》二首。

同治《苏州府志》卷一百六《人物》三十三："周兆基，字廉堂。……寄籍江夏。乾隆己亥，举湖北乡试。甲辰成进士，选庶吉士，习国书，授编修，充山西正考官、陕甘学政。嘉庆二年，升国子监司业，历迁少詹事，视学安徽。由詹事升内阁学士兼礼部侍郎。丙寅，调顺天学政，升工部侍郎。丁卯，充经筵讲官。是年，奏请改归原籍。……甲戌，充会试正总裁。丙子，署兵部尚书，调礼部尚书。卒年六十一。兆基天性惇挚，视从兄如同胞。笃交游，奖士类，人无间然。"按：葛爱陶，生平事迹不详，俟考。

八月二十四日，为韩崶四十寿辰，有诗寿之。

《玉堂后集》有《韩禹三比部四十寿言》："贵胄多才子，郎官等列仙。曾于总角岁，共赋《采芹》篇。得路青霞上，登坛赤帜骞。策同庚信射，鞭让祖生先。北阙承恩日，西曹筮仕年。……车驱秦陇雪，帆挂楚湘烟。歧路缱分手，归朝又比肩。半生兰契密，四秩鹤寿绵。初过中秋节，爰开介祉筵。寿星方在次，卿月正逢弦。群美田荆茂，端知窦桂连。椿庭犹洁养，鸿案亦齐贤。钧乐笙簧奏，雄文黼黻宣。真储台鼎望，戬穀颂瑶笺。"

按：据韩崶自订年谱，其生于乾隆二十三年八月二十四日午时，则是年正四十岁。

重九日，有诗酬张问陶。

《玉堂后集》有《九日酬张船山检讨》："城中风雨为催诗，欲醉茱萸已后期。流水年华松并老，傲霜心事菊先知。结庐可惜陶公远，落木仍同宋玉悲。临水登山归去晚，萧萧短发不胜吹。"

九月十九日，与同人集周厚辕斋作展重阳会，有诗次何道生韵。

《玉堂后集》有《九月十九日集周载轩前辈斋中作展重阳会次何兰士韵》："登高已误菊花时，嘉会重詹十日期。自爱开尊因北海，几疑送酒向东篱。郇厨久说调羹好，邺架尤于问字宜。况遇工诗何水部，涛笺如锦界乌丝。"又"跌宕词场又酒场，不知尘海有炎凉。花开老圃风霜古，人到中年翰墨苍。官喜逃禅师粲可，诗能入画逼倪黄。谁家再启西园燕，好客从来说郑庄"。

何道生《方雪斋诗集》卷八有《展重阳日同人携尊集周载轩编修厚辕寓斋》诗二首。

朱汝珍《词林辑略》卷四《乾隆三十六年辛卯科》："周厚辕，字驭远，号载轩，又号驾堂。江西湖口人。散馆，授编修，官至户科掌印给事中。"又，李放《皇清书史》卷二十一称其"诗与书神似坡公"。

秦瀛《小岘山人续文集》卷二《宁夏府知府兰士何君墓志铭》:"君姓何氏,讳道生,字立之,号兰士,又号菊人。灵石人。……幼有异禀。与其兄广西太守研农并知名。乾隆四十四年举于乡,逾年,偕研农同榜成进士,授工部主事,累迁本部员外郎、郎中。以嘉庆二年擢山东道监察御史。……八年,授甘肃宁夏府知府。以十一年七月十八日没于宁夏,年四十有一。君镞厉名节,襮顺内方,和易退让而嶷嶷有立。……笃于学,尤肆力于诗,汉、魏三唐,靡不窥其堂奥,而得力在眉山、剑南之间。刻有《方雪斋诗集》。"

是年,得仇英《汉宫图》于一满州故令家,有跋。

《独学庐二稿·文》卷下《仇十洲〈汉宫图〉跋》:"此卷乾隆癸卯岁,余在玉峰县曾见之。唯时贾人索值四十绵,予囊空不果得。其后十五年,在都门复见之于一满州故令家,以钱八千易之而归。翰墨姻缘,亦迟速有时耶?唯初见时,卷首尚有周天球'汉宫春色'四大字,今已无之,不知为何人割去。大约十五年中,此物已数易主矣。近日工笔画皆托名于实父,此卷亦然。其实此卷设色古雅,尚非实父所能为,当是嘉隆以前名手所作。识者必以吾言为可信耳。"

是年,妾曹氏生次子嘉禄;妾高氏产第六女。

《吴谱》:"公次子嘉禄生,曹氏出。第六女生,高孺人出,两岁痘殇。"

(时事) 二月,以刘墉为体仁阁大学士,朱珪为兵部尚书。七月,湖广总督毕沅卒。八月,大学士阿桂卒。九月,以勒保为湖广总督,旋调四川总督。

嘉庆三年戊午〔1797〕四十三岁

二月,充上书房师傅,侍成亲王之孙奕缙读书。

《玉堂后集》有《奉命入直上书房恭记》:"十年簪笔侍枫墀,圣学高深不易窥。孔思周情符上德,星辉海润庆重熙。才疏忝与经师选,道大应教胄子知。却怪邹枚虚遇主,但将辞赋答明时。"

按:据中国第一历史档案馆藏《清代官员履历档案全编》记载,执如于"嘉庆三年二月,内保奏在上书房行走"。

《嘉庆十年勤政殿召对记》:"上(仁宗)问:'汝向在上书房行走,课读何人?'臣奏:'臣所课奕缙阿哥,是成亲王之孙,绵偲阿哥之子。'"

《清史稿》卷一百六十五《皇子世表》五："绵偲，永琔第四子，永琪嗣子。嘉庆四年封一等镇国将军。六年，晋贝子。道光十八年，晋贝勒。二十八年卒。"同卷："奕缙，绵偲第一子。道光元年，封三等镇国将军。二十九年，袭封贝子。咸丰六年卒。"

在内廷日，与定亲王绵恩、成亲王永瑆皆有酬唱，尤以与成亲王交为密，并请书独学庐额。

《玉堂后集》有《奉题定亲王〈清涟晚泛图〉应教》："清暑泛兰舟，芳洲选胜游。日华莲外净，风意柳边柔。为善平生乐，长吟天地秋。舒音扬令问，芜笔愧枚邹。"

同卷又有《奉和成亲王积水潭诗韵》《奉和成亲王极乐寺诗韵》《奉和成亲王澄怀园诗韵》三首，《二铁诗应成亲王教》二首。

《独学庐二稿·文》卷中《上成亲王书》："某向直内廷，日侍清光。仰蒙殿下谦济下交。"

《独学文存》卷四《独学庐铭并序》："及值上书房，请成亲王书额，归田后，揭诸两楹之间。"

按：绵恩，高宗长子永璜之子。乾隆五十八年，进封亲王。嘉庆二十年，授御前大臣。道光二年卒，谥曰恭。永瑆，高宗第十一子，淑佳皇贵妃金佳氏生。号少庵，又号镜泉，别号诒晋斋主人。乾隆五十四年封和硕成哲亲王。嘉庆初，命在上书房行走，总理户部三库。旋以不合定制罢值。后以过家居。精于书法，根于欧体，出入于王羲之、献之之间。创"拨镫法"，悬腕作书，名重一时。刊《诒晋斋帖》。兼擅诗文绘画。著有《诒晋斋集》《苍龙集》等。两人事迹详《清史稿》卷二百二十一《列传》八《诸王》七。

二月十三日，侍仁宗释奠于太学。礼既成，国子监祭酒法式善言及定武兰亭石尚在太学，因陪定、成二亲王审览。后法式善以拓本见惠。

《独学庐二稿·文》卷下《太学兰亭序跋》："嘉庆三年二月十三日，皇上临雍释奠，时韫玉备员翰林，当分献于后殿。礼成之后，成、定二王在彝伦堂茶话。司成法时帆言及定武兰亭石尚在太学，其背有赵临《乐毅论》，因奉陪两王审览移晷。既而法司成拓本进二邸，因并惠及予，浓淡拓本各一纸，及《乐毅论》。予因合装为一帙。"

二月二十七日，大考翰詹于正大光明殿。题为《井鲋赋》《春雨如膏诗》

《征邪教疏》。执如于疏内备陈破白莲教之策。试列一等，记名以道府用。

吕培等撰《洪北江先生年谱》："二月廿七日，大考翰詹于正大光明殿。钦命题为《井鲋赋》《春雨如膏诗》《征邪教疏》。"

《独学庐二稿·文》卷中《征邪教疏》题注："嘉庆三年考试翰詹题。"疏曰："臣闻陶唐御宇，征及有苗；姒后兴师，战于甘野。自古帝王之治，不废师旅之谋者，盖以天生五材，金有从革之用；国重八政，兵佐司寇之刑。邦禁所垂，古今一揆。近者六宇阜宁，四民安谧，生齿既庶，良莠不齐。楚豫之间，遂有奸匪，倡为邪教，煽我愚民。我皇上命将出师，屡加歼戮，而一二余孽尚复偷生者，良以奸徒生长草泽，凭险负崛，出没无常，鸟聚兽散。我兵之功守有常，而彼贼之窜逃无定。……方今贼匪蚁聚秦蜀之间，一闻官兵之至，则穷窜入山，稍有间隙，窥伺乡村，肆其焚掠。若就其所至而为之防堵，贼众东奔西逸，我兵赴之，是贼逸而兵劳也。所宜探其出没之踪，察其往来之径，彼遏其前，此截其后，四路期约并进，务为一鼓而擒之计。兵法曰：'胜兵先胜而后战'者此也。再者，贼氛煽动，已经两载，乌合之众，岂无胁从？解散其党，亦非难事。诸将诚能剀切著明，幼以自新之路，谕其从逆之非，豚鱼可孚，何况人类？若党羽既散，则渠魁自得。兵法有'先声而后实'者此也。又，今贼目已有数人，奸徒争利，易生嫌隙。诸将若能相其机会，加之诱掖，诸贼必有起而相噬者。此亦以贼攻贼之计，因其相噬，我兵乘之。兵法'乘瑕'，此之谓也。至于山林相阻，宜用火攻；原野相遭，利于驳击。广设侦候，以求贼踪；慎选向导，以穷贼薮。贼若入山，则设伏以邀之；贼若薄城，则清野乙待之。慎赏以劝勤，严罚以惩情，诸将当能仰导睿算，和衷集事，迅奏肤功，捷书之至，必在旦夕矣。臣谨疏。"

《吴谱》："京察一等，奉旨记名以道府用。"

同年李銮宣将之官浙江温处兵备道，有诗送其行，以为官明慎相期，且劝李氏及时续弦。

《玉堂后集》有《送同年李石农观察浙东》："昔年升士籍，与君两颉颃。相见意气投，因而肝胆向。稽古共冥搜，论今互遝访。推贤我独深，友谅君何让。君今承帝简，绣衣巡海上。……国家承平久，八瀛如庄衢。近闻草窃辈，啸聚海东隅。党羽累就戮，渠魁尚逋诛。坐令守土吏，束手相嘻吁。徒忧亦何益，所贵求根诛。……今惟严舶禁，粒米不使输。终当鸟兽散，奸灭等朽枯。

庭坚古刑官，素着执法名。执法岂云难，贵得法外情。茕茕我赤子，艰辛度晦明。一朝陷缧绁，哀鸣求其生。近世吏折狱，半由文致成。钩距以为巧，民命鸿毛轻。往哲有明训，百世不可更。我年未四十，遽抱奉倩悲。嗟君亦同病，中岁虚其帏。上有白发亲，下有黄口儿。贫官艰井臼，只身强支持。无何儿复殇，兴言辄涟洏。丈夫贵阔达，勿屑儿女思。中馈阒无主，何以成孝慈？劝君觅麟胶，及时续朱丝。"

按：李銮宣，字伯宣，号石农。山西静乐人。乾隆五十五年进士。嘉庆三年，由刑部主事出为温处兵备道，迁云南按察使，以谳狱失当谪乌鲁木齐。遭父丧释归。起官广东按察使、四川布政使。嘉庆二十二年，卒于云南巡抚任。著有《坚白石斋诗集》十六卷。事迹详秦瀛《小岘山人文续集补编》卷一《云南巡抚四川布政使石农李公神道碑》。

九月，充顺天乡试磨勘官。

《吴谱》："九月，充乡试磨勘官。"

十一月，奉旨补授四川知府。留眷在京，携甥吴嶙赴官。成亲王及友人韩是升、韩崶、韩封、张问陶、吴树萱、吴翌凤、王苏，皆有诗送行。

《吴谱》："十一月，奉旨授四川知府。是时川陕方用兵，公留眷在京，挈嶙赴官。"

按：据中国第一历史档案馆藏《清代官员履历档案全编》记载，执如于"本年十一月，内发往四川，候补知府。"

永珲《诒晋斋集》卷六《送石琢堂先生之四川知府任》："名第推词馆，风流映讲帷。生灵君子事，禄俸古人思。暇写游岷帖，兼题入蜀诗。书生行作吏，清本畏人知。"

韩是升《听钟楼诗稿》卷七《送石琢堂殿撰出守剑南二首》："高占蓬莱第一峰，闽湘多士荷陶镕。直温教胄书三箧，孝谨承家禄万钟。报国岂容分内外，守身难得似章缝。十年前记游潭柘，木榻同听午夜钟。"又"蚕丛困甲兵，此行何计奠民生。益州画像思无愧，司马题桥恐近名。耕凿倘能兴礼让，法廉原可致升平。酒浮桑落持相祝，莫负巍科忘短檠"。

韩崶《水明楼诗》卷四有《送石琢堂殿撰出守剑南即次家大人原韵二首》。

韩封《还读斋诗稿》卷五有《送石琢堂殿撰出守西川次家大人韵二首》，兹录其第二首："文战髫年接短兵，相看犹是就诸生。二千石俸难酬遇，第一流人自顾名。小胜至今劳旰虑，此行何以答升平。勤铭迟尔西清笔，要使操弓不反檠。"

张问陶《船山诗草》卷十四《送石琢堂殿撰出守川中》："举国谈经济，艰难有用才。宦情谁竟淡，民命绝堪哀。邻郡权尤重，酬恩世转猜。今心行古意，生面仗君开。……交久如昆季，同流不异源。尘劳多鹿鹿，丰采独轩轩。别思萦今夕，诗情达故园。看君行实政，愧我只空言。"

吴树萱《霁春堂集》卷十一《送石琢堂翰撰出守西川》："我昔三年香国住，看遍海棠十万树。秋风驿路过郎当，繁丰梦绕成都去。状元五马出长安，秦塞休歌行路难。……琴台百级浮云里，看君一麾西去驶。奇策须凭磨盾才，捷书伫报圣天子。"其后又有《又和石琢堂留别元韵》二首。

吴翌凤《与稽斋丛稿》卷十五《清浒杂咏》上《石琢堂修撰出守重庆赋别》："乍撒金莲下玉堂，一麾出守栈云长。巴江尽处犹屯戍，雪岭秋来敢望乡。须识残黎劳抚字，漫云报国在文章。春陵政绩成千古，应有诗篇继漫郎。"

王苏《试畯堂诗集》卷三有《送石琢堂韫玉同年典郡四川》四首，兹录第四首："寻春紫陌旧同年，裹饭高情继昔贤。韬略共知包九地，旌麾何意落三天。军容漫效宾人舞，乐府应翻蜀国弦。别后西南驰捷信，状元露布有新篇。"

光绪《江阴县志》卷十七《文苑》："王苏，字侨峤。……乾隆戊申，天津召试第一，赐举人。庚戌成进士，改庶吉士，授编修。擢御史，敢言，有直声。出守河南卫辉府，刚介严肃，尝捕治大滑丁某，有神明之称。以报最晋级。疾作假归。后以入都注选，遽疾卒。苏在翰林日，进奉之作，敏赡雅厉，其余诗文出入六朝、唐宋，才藻擅绝一时。著有《试畯堂集》。"

（时事） 三月，明亮、得楞泰大破白莲教军于郧西，齐王氏、姚之富陨崖死。七月，四川总督勒保奏擒教首王三槐。封勒保一等威勤公。十一月，额勒登保、得楞泰合击四川白莲教罗其清部于大鹏山，大破之。

嘉庆四年己未〔1799〕四十四岁
初春，将渡黄河，有诗寄简都门亲友。甥吴嵰亦有和作。

《独学庐二稿·诗》卷二《鹃声集》有《将渡黄河寄简都门亲友》："行尽蒲东路百盘，一封书寄报平安。清时不觉秦关险，世论多云蜀道难。节过上元风渐软,地经太华雪初残。前途日与青天近,十万峰峦足下看。"

吴嵰《红雪山房诗钞》卷一《将渡黄河简都门诸同人和石琢堂韫玉太守师韵》:"野径纡萦折百盘,冰棱石滑马蹄寒。放怀转觉青天近,行路不知何处难。鸿雁心情云外见,梅花消失客中残。万山迎我陈仓去,好寄新诗破题看。"

二月四日,行次宝鸡,逢有警,逗留经旬,至十五日始入栈道。

《独学庐二稿·文》卷中《上成亲王书》:"昨某二月初四日行次宝鸡,适逢有警,留上经旬,望日始入栈道。"

《鹃声集》有《宝鸡作》:"斗大陈仓接蜀邮,丽谯夜火列星稠。行人小住围城里,尚有书邮了不休。"复有《入栈作时方有贼警》:"书生岂有勒铭才,漫请长缨蜀道来。杨柳绿依戎帐近,樱桃红傍戍楼开。回溪转石喧如雨,飞骑穿林疾若雷。但愿及时洗兵马,敢求颜色上云台。"

按:宝鸡,秦时名陈仓,唐改曰宝鸡。清属陕西凤翔府。栈道在陕西褒城县北,傍山架木以通道路,为由陕入蜀必经之处。

行至七盘岭,从童叟之口得闻官军之无状有甚于白莲教军,感而有诗。

《鹃声集》有《七盘岭记事》:"夜宿宁羌州,朝登七盘岭。峻板崎岖高入云,过关卅里无人影。昨宵驿吏向我言,官兵半千关上屯。如何今日驱车去,匹马只轮无觅处。髯头童子草间出,戟手指天向余说,连日关头曾列营,旌旗蔽日刀鎗鸣。朝来忽闻有贼信,顷刻仓皇拔营遁。我闻国家设兵以卫民,如何贼犹未至兵先奔。道旁一叟向余泣,但怨官兵不怨贼。官兵避贼如避雷,贼去百里兵始来。贼来焚掠有余烬,官兵所过扫地净。佩刀不斩贼人头,但入村舍屠猪牛。战马无刍又无荳,中田群行麦苗秀。村居十室九无人,绣户文窗摧作薪。承平将吏工谐笑,不习戎韬习文貌。忽闻贼去心肠宽,整顿弓刀迎上官。上官问贼曰小丑,小丑至时大兵走。"

二月杪,始抵成都。补重庆府知府,所辖二州十一县,又兼护川东道印务,总理川东军务粮饷;经略勒保令都司以下,悉听执如调遣。

《独学庐二稿·文》卷中《上成亲王书》:"晦日,始抵成都。现在奉补重庆府,所属二州十一县,分跨江之南北。"

《墓志铭》:"时蜀中方用兵,公补重庆府,兼护川东道。经略威勤公知公才,川以东军事悉属焉。"

《吴谱》:"奉经略大臣威勤公勒保檄,都司以下,悉听调遣。"

道光《重庆府志》卷一《疆域》："重庆府附邑有巴县、江津县、长寿县、永川县、荣昌县、綦江县、南川县、铜陵县、大足县、璧山县、定远县、合州、涪州及江北厅。"

按：勒保，满州镶红旗籍，费莫氏，字宜轩。初以监生充清字馆誊录，累迁至兵部侍郎。乾隆六十年，调云贵总督，统领平苗事宜。嘉庆二年，迁湖广总督。次年，改四川总督，诱擒白莲教首领王三槐，晋爵威勤公。四年，授经略大臣，节制川、楚、陕、甘、豫五省军务。因采纳石执如提出之"坚壁清野"之策，屡败教军。后召回京，官武英殿大学士，充军机大臣。有《平定教匪纪事》。事迹详《清史列传》。

时川东被兵，人多移居渝城，疫情甚烈。以宋人医方一种，制药疗民，愈者甚众。

《吴谱》："时川东人多移居渝城避乱，比户病疟，公检得宋人治疫一方，用黑豆一升，甘草一寸，和丸给散，凡用药四万余丸，疗者辄愈。嗣后每当暑日，特制消暑一方，用藿香制半夏为君，花苓为佐，滑石、甘草为使，岁施六百斤以为常。"

是年，南川县令盛麟，奉讳将归常熟，至郡告行，为题《负米图》。

《鹃声集》有《南川盛尹〈负米图〉》："禄养本为亲，仕者每远游。吁嗟望云心，常怀万里忧。我行典巴郡，南川有贤侯。侯方奉讳归，百姓扳辕留。扳留父老情，遗爱古如此。孝子戴星归，固无可留理。至郡将告行，萧萧少行李。袖出《负米图》，欲语泪不止。感君菽水思，增我风木悲。我亲弃我早，我禄亲弗知。行役遍九州岛，怀归未有期。何时遂初衣，誓墓吴山垂。"

陈廷庆《谦受堂全集》卷二十五《题盛问沂明府〈负神图〉兼简石琢堂太守》："我访晚香居，窠石罗群芳。秋深一问讯，餐菊当糇粮。今披〈负米图〉，于役同感伤。君昨宰西蜀，我归自黔阳。……亲亡身许君，母在身暂藏。安我板舆奉，期君报国长。作忠在移孝，请语石琢堂。"

光绪《娄县续志》卷十七《人物》："盛麟，字问沂。乾隆甲午举人，以大挑任四川南川令。时川中教匪乱，麟督兵守，昼夜不解甲，南川得全。……丁外艰归。……著有《性理明言》《明心宝镜说》。"

道光《重庆府志》卷四《职官志·南川县知县》："盛麟，江苏举人。嘉庆三年任。"

是年，以十金购得明文征明《虎邱图诗卷》；江北厅同知李在文又赠明董其昌行草《畬山诗卷》。

《独学庐二稿·文》卷下《文衡山〈虎邱图诗卷〉跋》："吴中文、沈二老，皆得力于山谷。石田得其峭，衡山得其逸。余性喜山谷书，故于两公，若有神契。此卷余在重庆时，有乡人携来，以十金易之。其画不甚佳，二诗笔笔遒峭，真神来兴到之作。偶展一过，即增人无量妙悟。古人得妙迹数行，便一生受用不尽，非虚语耳。"

同卷《董香光行草〈畬山诗卷〉跋》："思翁书在世间，伪者十居其九。此卷尚是真迹，不过一时率意之作，非神品耳。笔意摧锋敛锷，虽不能如晚年粹然如玉，已非复拔剑弩张之态。自是此翁在词馆时中年一段境界，有真鉴者自知之。此卷乃余官重庆时，别驾李君所遗。李君名在文，汉军臣姓也。"

按：此两跋皆未言及确切时日，姑系于此年。

道光《重庆府志》卷四《职官志·江北厅理民督捕同知》："李在文，汉军镶红旗人。嘉庆二年，以通判署同知事。厅虽分驻有年，未建城郭。白莲教窜扰川东时，有逆贼辜兴舟、敖士栋聚千余人，踞辜寨坪为乱。在文单骑入寨，谕降其众，诛兴舟、士栋二人，余皆释之，卒无叛者。而巨贼方由川北肆掠而东，厅治危甚。在文捐金筑城防之，曰半璧城，率民勇且御且战，擒贼则以挺杀之。五年，奸贼首冉其寿等三十余人于悦来场，贼乃远窜。厅民为建生祠，造像祀之。在文自毁其像，改祀关帝焉。后从按察使方积剿凉山夷巢，擢绵州牧，寻升夔州守，卒。有《筱园诗钞》若干卷。"

韩崇生（韩崶《还读斋自订年谱》："十二月廿四日，七弟崇生于京邸，为庶母林太孺人出。"），

钱棨卒（据《独学庐四稿·文》卷五《内阁学士钱公墓志铭》）。

（**时事**）正月，高宗崩。大学士和珅有罪赐死，籍其家。七月，褫勒保职，以明亮为经略大臣，魁伦为四川总督。八月，复罢明亮，以额勒登保为经略大臣。夺翰林院编修洪亮吉职，遣戍伊犁。

嘉庆五年庚申〔1800〕四十五岁

在重庆知府任。正月，白莲教军雷士旺、冉天元二股率众五六千人，由开

县犯及重庆。执如率兵民拒守，又与总兵许文谟协作防守嘉陵江，令教军无从窥伺。率兵于土沱地方击溃教军，**擒雷士旺之副将甘某而诛之**。至夏，官兵大集，冉天元被擒，教军始退回川北。

《墓志铭》："嘉庆庚申，贼过嘉陵江，将犯重庆。公与总兵许文谟防守周密，贼不敢窥。尝率精兵击贼于土沱，获贼渠甘某而诛之。"

《独学庐五稿·文》卷一《守渝记》："嘉庆己未，余出守重庆。时白莲教妖人作乱，余奉经略大臣檄，总理川东军务。明年正月，贼人雷士旺、冉天元二股领众五六千人，由开县扰及重庆。初九日，至江北静观场。余闻警，即亲赴江北镇，集其众而告之曰：'贼踪虽近，此镇有城可守，尔等勿轻动。吾有船三百号，泊鲁班庙。城果危不能守，吾当以舟接汝等过江。若不候吾号令而擅动者，必以军法从事。'众皆曰众皆曰：'诺。'余又调渝城兵三百各赴镇协同防守，由是人有固志，贼亦不敢犯。其渝城有兵二千，余尽令出城，创二营于浮图关，扼贼北来之路。其防江，则调乡勇一千五百人分为三营，檄委举人刘国辅、武生袁凯、监生汪文元分令之。设卡江干，相去十里为一汛，彼此会哨联络声势。江中渡船皆拘南岸。初十日，贼至江北锅厂，袁凯等乘夜以炮隔水击之，杀贼三十余人，有一贼骑马游奕江干，炮穿马腹过，折贼一足，生擒之。贼气馁，遂焚尸而遁。所擒贼，姓甘，雷士旺副也，解送军门伏法。……历十旬而至夏，官兵大集，冉天元被擒，贼始退回川北。"

按：许文谟，四川新都人，先世出回部。自武举袭爵，命在头等侍卫上行走。以平白莲教功，累迁至福建水师提督，再调浙江提督，卒。谥壮勇。事迹详《清史稿》卷三百三十四。

防守重庆之时，将城中烟户编保甲，复设团练之法。由是盍邑安堵，无风鹤之惊。

《独学庐五稿·文》卷一《守渝记》："方余之守城也，城中绅士问计，余曰：'渝城三面临江，金汤险固，苟无奸细内应，贼不能破也。'于是申明保甲之法，设十家牌，每夜输一家守夜，城中禁夜行。天向晦，居人即闭户。城上雉堞各燃烧一盏蓬贝。贼知有备，不敢犯。自正月戒严至五月解严，城中人得以安堵无恐也。"

《独学庐外集》（即《守渝公牍》）有《通饬所属牧令团练轮操之法以资征调答》："照得州县乡勇一项，与兵丁相为表里，而往往不能得力者，其事盖有二难。欲常川安设，则经费不赀；若随时招募，则乌合无纪。本府详悉筹划，拟立团练轮操之法。其法令每一州县挑选精壮三百人，每十人设一什长，每五十人设一队长，以娴习火鎗弓箭之人充之。凡队长六人，分领三百之众。以百人为一团，分作三团，每团在城操演十日，即遣归二十日。如第一团初一日操起，至初十日止；第二团即十一日起，至二十日止；第三团二十一日起，至三十日止。其人每月操演十日，技艺不致生疏，仍可回家二十日，亦不至荒本业。其在城操演之日，人给口粮一分，是以一百人之费而得三百可用之人。即以重庆所属计之，十三属，每处三百人，可得三千九百人。倘缓急征调，较新募者自为得力。至其经费，壮勇每人给六分，队长每月给银二两，统计每月只需银一百九十四两。有津贴之州县，即于津贴开销；无津贴之州县，另行设法办理，可以不费官帑。将来教匪平后，此项人即作为团练名目造册，归州县管束，自不敢散而为匪，且可以充缉捕之用。如此立法，似乎费少而功多。"按：《守渝公牍》所载皆本年事。

《墓志铭》："又立团练法，习技勇三班，分班训练，更番休息，有警，一呼毕至，渝城遂得晏然。"

五月，以防守重庆功，加道员衔。

《守渝记》："五月，有旨询重庆防守官职名，督府具闻。余因蒙恩加道衔。"

七月，长寿县令武进余钰应执如之嘱，始筑长寿新城。

《独学庐二稿·文》卷中《长寿县新城记》："川东重庆属邑曰长寿，旧无城郭。三年冬，贼氛入境，公私廨舍，一时俱烬。积粟毁于高廪，罪人逸于圜扉，邑人流亡，妇子无归。四年三月，余自翰林出守重庆，窃维设险守国，古皇所训，重门待暴，非城何恃。爰于下车之始，遄臻兹境，周览原隰，相度厥基。旧治濒江，不可营建。其迤北勿六里，地名铜鼓坎，有故明废城，其址尚在，前临斗崖，后拥重冈，表里巩固。实为形胜。乃绘图贴说，请命大府。会戎务方殷，度支不给，事不果行。四年十二月，武进余君钰来宰是邦，谒府之日，余首以此事相属。君至县，期会邑人，爰究爰度，富者输财，贫者力役，众情翕然。……始事于嘉庆五年七月，至七年三月讫工。……是役也，余虽倡其说，而余君实成其事。……绅衿耆老与有劳者，另石题名，共垂不朽。"

道光《重庆府志》卷四《职官志·长寿县知县》："余钰，江苏武进人。嘉庆四年任，创移城垣卫民，著有循声。"

为政之暇，至东川书院考课诸生。感此地向无题名记，因制科甲题名记额，东川书院之有题名记，自此始。又见书院诸生中工诗者绝少，遂检同馆先后辈诗律之佳者，汇录百篇，以示诸生，为试贴之式。

《独学庐二稿·文》卷中《东川书院科甲题名记》："嘉庆四年，余自翰林出守重庆。其郡旧有东川书院。余以公余时，与诸生考课其中。其明年，值乡试之岁，在院诸生获隽者十一人。凡书院例有科甲题名记，此地独无，诚阙典也。因为制额，悬诸堂皇，即以此科为始，后有隽者，继而书之。夫乡举之典古矣，世谓之登贤书，举者谓之孝廉。登是选者，其顾名思义，相与兴孝兴廉，以蕲副乎贤书之称，勿徒以荣名高第，为宗祖交游光宠，斯不负余为尔等题名之意也夫。郡守吴郡石韫玉记。"

同卷《试帖偶钞序》："试帖之体，肇始唐贤。'明月夜珠'之句，赏自昭容；'湘灵鼓瑟'之篇，众称神助。谢华启秀，其来尚矣。历代相沿，其体盛于馆阁。本朝于乡会岁科之试，悉课诗篇，而后操觚之士无不肄业及之矣。蜀人素擅词章，往时名辈接武。余于去年来守兹土，尝以公余至书院考课生徒，则能文者甚多，而工诗者绝少，岂古今不相及乎？抑无人导扬风雅，遂致陵夷也乎？爰检旧日钞存同馆先后辈试律之佳者，汇录百篇以示诸生，为试帖之示。非敢云选也，偶钞其箧中所存者云尔。重庆郡守吴郡石韫玉序。"

道光《重庆府志》卷五《学校志·书院》："东川书院在重庆府治洪崖坊。旧在治平寺后、藏经阁左，名曰渝州书院。乾隆三年，知府李厚望捐建。……三十三年，川东道宋邦绥迁建今所，易今名，规制宏敞。"

秋，甥吴嵰离渝赴长沙，有诗留别。

吴嵰《红雪山房诗钞》卷二《发重庆呈石琢堂师》："亲老难为客，情深此亦家。万山来剑阁，孤棹去长沙。别意寒秋草，名心澹落花。赖传愁恨处，曾不在悲笳。"又"去路烟尘满，悲歌涕泪余。琴河七弦水，锦里几行书。预恐干人懒，重怜问字疏。佛国关外望，愁绝雁来初"。第一首中有"别意寒秋草"句，知时惟秋季。

是年，有诗寄怀宁远府知府方积。

《鹃声集》有《寄怀方有堂太守》："频年倾耳听长风，一昨相逢意气融。横草功名成马上，运筹韬略寓诗中。公卿久已知田叔，父老犹思借寇公。忠万近闻妖祲净，岁寒鸡黍候君同。"

按：方积，字有堂，安徽定远县人。拔贡生。乾隆五十七年，以州判分发四川。以军功赏戴花翎，擢宁远府知府。嘉庆六年，调夔州府。八年，升建昌道。十二年，升按察使。十四年，擢布政使。十六年，与修《四川通志》，书垂成而卒。有《敬恕堂诗集》六卷。事迹详《清史列传》。

是年，作《放言》诗，初见归隐之志。

《鹃声集》有《放言》："仕宦至二千石，古人以为荣名。今我忽忽不乐，毋乃不近人情。男儿堕地有志，此意真如耳鸣。独知不能共喻，他人安得相争。我生四十有五，平生有志无成。文不能调台鼎、赞襄密勿承明，武不能握兵符、风雷号令施行。坐享一州斗大，消磨秋蟀春鹂。何似拂衣归去，江湖放浪余生。杞菊一庐偕隐，鸥波万里同盟。"

是年，纳姬顾氏；妾高氏生第六女锦雯。

《吴谱》："纳簉室顾孺人。第六女锦雯生，高孺人出，后适定远拔贡生方四知。"

（时事） 正月，以阮元为浙江巡抚。六月，海盗入寇台州、定海，总兵李长庚击走之。七月，白莲教主刘之协被擒，湖南平。

嘉庆六年辛酉〔1801〕四十六岁

初春，偕英贵、谭光祜至蒙子园看梅，并访园主张锦。

《鹃声集》有《初春与英巴亭司马谭子受别驾同过蒙子园看梅并访主人张玉屏检讨》："绛雪苍霞一坞凝，幽人芳树若为朋。疏锺辋水招裴迪，新月柴门访杜陵。坐榻暖分茶灶水，吟毫香蘸砚池冰。不嫌冠盖经过俗，竹里呼门有鹤应。"

道光《重庆府志》卷四《职官志·重庆府通判》："英贵，字巴亭，正白旗举人。五十七年任。"

陈用光《太乙舟文集》卷八《宝庆府知府谭字受墓志铭》："字受，姓谭氏，名光祜，南丰古愚少宰之幼子。……少即以才见称公卿间。既不得志于场屋，乃入赘为通判，而擢至郡守。其宦于蜀、楚，绩甚著。楚、蜀之大吏有绝爱重君者，而亦有不悦君者。年六十而卒于宝庆，其遇不可谓困，而要不可谓得行其意也。……君既兼工骑射、篆隶，又善度曲，尝取《醉翁亭记》《赤壁赋》及唐人诗可被管弦者，傅以五音，悉中律。"

道光《重庆府志》卷八《人物志》："张锦，字春江。幼孤，家赤贫。奋志诗书，潜心理学。弱冠，补弟子员，食饩于庠。……乾隆甲午科举于乡，甲辰成进士。年五十二卒，人咸悼叹焉。"

按：吴树萱《霁春堂集》卷三《和惠瑶圃先生锦城留别原韵》中"闻说蒙园载酒游，梅花清绝迥消愁"二句，其下有注："渝州张氏蒙子园梅花极盛。"

春日，有诗怀甥吴嶘。

《鹃声集》有《春日对酒有怀吴生兼山》："玉杯珠柱庾公家，万里曾停问字车。红友频邀花入座，苍官解与石排衙。人情伸屈甘同蠖，世事公私苦问蛙。鸿雁不来之子远，羌无佳语寄侯芭。"

五月，入经略勒保幕府，专司章奏事，并总理行营事务。

《墓志铭》："勒公重莅蜀，调公赴营，专司章奏事。"

《吴谱》："五月，檄调公随营总理行营事务。是时，贼方蚁聚川、陕、楚三省之交，官兵追捕无定所。公从威勤公出入于万山之中，昼则马上追贼，夜则坐穹庐治文书，必三更方就枕，五更又起拔营，如是者三阅寒暑，直至癸亥之冬，贼平撤兵，然后已。"

《独学文存》卷三《董午桥遗草序》："既而奉威勤公之檄，召入幕府，与闻帷幄事。由是佩刀橐笔，日奔走于高牙大纛之间，南至夔门，北至剑阁，迢递二三千里，荒山穷谷，无所不履。"

《鹃声集》有《即事杂诗》十八首，末首后有注："是役也，余奉威勤公之檄，调入戎幕，总理行营事务，直至八年冬，撤兵凯旋，方回渝郡。"

秋日，驻营夔州，知府方积邀游白帝城。

《鹃声集》有《秋日偕方有堂太守放舟白帝城即事怀古》："白盐赤甲锁夔门，滟滪惊涛万马奔。八阵风云空节制，一军猿鹤自烦冤。江山旧事归筹笔，杞菊新香入酒樽。呜咽永安宫外水，英雄成败本难论。"

按：据《清史列传》，方积是年任夔州知府。夔州，梁时即置郡，明改为夔州府，清因之。属四川省。白帝城在四川奉节县东白帝山，三国时蜀汉以此为防吴之重险。

冬，军至云阳，谒汉张飞祠，有诗。

《鹃声集》有《云阳谒张桓侯祠》:"将军旧绩著西川,稗乘传闻误后贤。折节但居关羽下,论才不让马超先。壮夫裹革心长在,敌国归元貌俨然。父老烽烟今七载,可能灵佑楚江边?"

按:云阳,清时为县,属四川夔州府。

在云阳道中,所乘舟触滩石而败,几溺。

《吴谱》:"是冬,公在云阳道中,舟败,几溺大江中,遇他舟救免。"

《鹃声集》有《云阳道中榜人不戒舟为滩石所败诗以志事》:"自恃忠信涉波涛,击楫中流兴正豪。方喜水清能见石,谁知河广不容刀。青莲捉月吾非侣,赤鲤乘风尔莫骄。检点兰亭无恙在,等闲生死亦鸿毛。"

是年五月,次子嘉禄殇于渝城,仅五龄。

《吴谱》:"是年,公之次子嘉禄殇。"

《独学庐尺牍偶存》卷下《致成都太守赵少钝》:"唯五月间,幼子在渝暴殇,殊为不遂心之事。儿女寿夭亦寻常,惟弟仅有二子,而去其一,西河之戚,未易忘情耳。"

(时事)九月,续修《大清会典》。十月,永定河合龙。

嘉庆七年壬戌〔1802〕四十七岁

涪州陈伊言有诗寄怀,遂次韵奉答,并简方积。

《鹃声集》有《陈解元伊言自夔门寄诗见怀依韵奉酬并简有堂观察》:"贤者交游远俗氛,双鱼千里忽相闻。江山风月思三峡,猿鹤虫沙溷一军。耻与周人争鼠璞,喜从燕市识龙文。老夫衣钵将传子,记取承蜩志不纷。"又"肯将尺木斗帆鳞,镜里吟髯雪点新。弧矢难偿男子志,莺花空负故山春。风云得路非能强,竿木逢场亦未真。叹息班生今老矣,更无戏论可酬宾"。

民国《涪陵县续修涪州志》卷十四《人物志》四《仕进》:"陈伊言,嘉庆辛酉解元。甘肃泰安县知县,固源州知州。"

三月,为勒保定分兵策,兼用坚壁清野法;复作《守寨方略》十二则,檄行川东北。此后,白莲教军势大挫,至冬,川省大局初定。

《墓志铭》:"时贼方蚁聚川、陕、楚三省间,贼渠樊人杰别为十号,分路肆掠。廷议用兵歼一股尽,再剿他贼。公谓勒公曰:'今官兵仅经略、参赞及公三路耳，而贼至数十股，若专剿一股，余无兵掩捕，势其益炽。为仅计，莫若分兵，有一股贼，即有一路官兵迎捕，使贼无暇劫掠。贼不得食，当自溃。'勒公曰：'善。'即属草一疏陈之。壬戌三月，始定分兵策，兼用坚壁清野法。公作《守寨方略》十二则，檄行川东北，从此贼渐解，贼首次第就戮。是冬，即勘定大局。至癸亥冬，而三省廓清矣。"

《独学庐外集》有《守寨章程告示》十二则，详言守寨之法。

十一月，于川北白沙河涂次坠马受伤，牵于军务，仍力疾随营。

《吴谱》："十一月，公在川北老山坠马，肾囊受伤，因军务孔亟，仍力疾随营。"

《鹃声集》有《白沙河涂次坠马受伤诗以志之》："不施鞿勒骋飞黄，亲历王尊叱驭乡。但抱壮心瞻马首，岂知歧路入羊肠。千金自冒垂堂诫，百药先寻补骨方。从古王臣当蹇蹇，几人安步到康庄。"

按：白沙河在四川剑阁县北四十里，两岸有白沙如雪，故名。

是年，以军功赏戴花翎。

石执如《勤政殿召见记》："上（仁宗）云：'你的花翎几年上得的？'臣奏：'是七年大功告成，保举军营出力人员恩赏的。'"

是年，长子同福携在京家眷回籍。

石同福《瘦竹幽花之馆诗存》卷一《壬戌五月廿日出都述怀五首》，其一："十载春明住，携家返故乡。无缘掇科第，雅称作赘郎。触热熏风起，离愁潞水长。到时秋亦到，菱芡满横塘。"其二："我本江南客，栖栖耐远游。风光良可惜，星纪恰将周（注：自庚戌侍太夫人来京，至今已十有二年）。浪迹燕台畔，伤心楚水头（注：太夫人甲寅年八月终于家大人长沙使署）。天涯旧时月，犹是照归舟。"其三："闻道巴渝地，东风草不春。惊心诛将帅，翘首靖烽尘。归计青山在，忧时白发新。蘼瞻云合远，梦绕枲江滨。"其四："结客五陵道，心知只数人。情深感吴质（蔼人），年少爱汪伦（小竹）。妙语皆无敌，奇才自有真。临歧意珍重，杯炙话酸辛。"其五："共祝归帆稳，纶蒲十幅斜。此行如拔气，故是枿无家。白鹭闲成队，红蕖艳吐花。吴淞频怅望，烟水路还赊。"

（时事）正月，以额勒登保为经略大臣兼西安将军，专办陕白莲教事宜。额勒登保奏报川、楚、陕教军肃清。

嘉庆八年癸亥〔1803〕四十八岁

在勒保戎幕。正月十三日曾还渝城。

《鹃声集》有《正月十三日旋郡作》:"试灯天气月如银,花亚琼筵酹结璘。理曲调筝三妇艳,典衣置酒一官贫。小山《招隐》思君子,香草《离骚》念美人。谁似青莲李居士,解将词赋惜余春。"又"粥粥群雌在锦帏,赏春又分不妨迟。鑱从古渡迎桃叶,自谱新声付柳枝。酒味醲于初熟候,花光艳在未开时。彩毫草毕平蛮檄,归向妆台更画眉"。

、**暮春,有诗书怀,生倦宦之意。**

《鹃声集》有《暮春书怀》:"自从戎马蜀江湄,欲觅封侯苦数奇。春色渐随樊素老,宦情惟有杜鹃知。望云鹤已乘轩倦,上竹鱼犹纵壑迟。回首五湖烟水阔,黄金何日铸鸱夷。"又"当时解褐换朝绅,转烛光阴十四春。清佩曾趋三殿直,劳薪遍历九州尘。官逢邓禹应相笑,赋拟扬云未逐贫。闻道钧天张广乐,可知世有谪仙人?"

三月初二日,京师大考翰詹。闻信,有诗寄怀同馆诸子。

《鹃声集》有《闻三月初二日考试翰詹寄怀同馆诸子》:"瀛海蓬山路杳冥,漫将位业定真灵。几看卿士同明月,却讳郎官应列星。六鹢退飞过宋野,一夔率舞向虞廷。尘中人苦风花伴,听得神仙劫又经。"

按:《清史稿》卷十六《仁宗本纪》:"嘉庆八年三月丙申,御试翰林。"

合州知州龚际美罢官南归,作诗送其行。

《鹃声集》有《龚稼堂刺史罢官南归将就广文之职诗以送之》:"载石方知陆绩贫,一琴一鹤仅随身。共游宦海风涛里,心羡先登彼岸人。""诸公衮衮点朝班,方朔今居吏隐间。苜蓿一畦三径菊,秋光好处可归山。""壮心已写游岷帖,归计先成誓墓文。从此会稽王内史,精神专壹向鹅群。""得丧何心问塞翁,苦将阶级困张容。与君预订莼鲈约,一舸烟波笠泽中。"

道光《重庆府志》卷四《职官志·合州知州》:"龚际美,江苏阳湖人。嘉庆元年任。"又光绪《武进阳湖县志》卷十九《选举·举人》:"乾隆四十二年丁酉科,龚际美,四川合州知州。"

同榜友人陈预,时官四川永宁道,丁父忧北归。执如以诗赠别。

《鹃声集》有《陈笠帆观察奉讳北归赋诗送别》:"同乡同榜复同官,海内知交似此难。迹比浮萍时聚散，信随修竹报平安。姓名偕入山公牍，臭味应弹贡禹冠。今日临歧重赋别，几多悲喜集毫端。""白云亲舍隔春晖，将母初心通已违。《杕杜》赏功飘翠羽，《蜉蝣》雪涕洒麻衣。祗缘王事贤劳久，谁道天涯远宦非。回首京华瞻北斗，归骖未动早神飞。""忆昔宣南比屋居，逢花对酒必相于。旗亭同访新翻曲，邺架传钞未见书。我忽劳薪先鞅掌，君随借箸典储胥。通川五载重欢叙，敢说云龙乐不如。""妙手调羹五味和，等闲宦海静无波。军门磨盾偕筹笔，官阁投壶共雅歌。万里归家游子愿，七科同馆后生多。鲤庭尚有闻《诗》训，莫效元平废《蓼莪》。"

按：据《国朝耆献类征》卷一百九十五《疆臣》五十七载，陈预"嘉庆四年八月，拣发四川以道员用。十二月，补永宁道。八年，丁父忧。"

方积自里塘有诗寄示，次韵奉酬。

《鹃声集》有《有堂观察于役里塘赋诗寄示依韵奉酬时观察有陈情之请故诗及之》："兜鍪已解又专征，蛮女羌童识使旌。万里凿空通佛国，一方保障仗书生。得君命达功名早，将母情真仕宦轻。贤者行藏原自断，不须卜肆问严平。"

按：里塘，昔属青海。请置土司，属建昌道。

法式善自京师寄诗见怀，有诗答之。

法式善《存素堂诗集初集录存》卷十六《怀远诗六十四首》中有及执如者，题《石琢堂观察》："大廷对策名第一，上马提戈下马笔。见者诧为飞将军，岂知渠是苦吟身。毕竟读书人可用，事来心辄分轻重。听猿放鹤可无诗，手制铙歌媲《雅》《颂》。"

《鹃声集》有《和答法时帆学士》："昔校天禄书，燃藜队太一。宫锦锡臣衣，尚书给臣笔。一朝执策去从军，万里驰驱马上身。衅甲韬戈今不用，朝廷但识军容重。纷纷诸将各论功，书生亦上《云台颂》。"

秋，川、楚、陕教军势力，基本肃清。军务既竣，有难妇数千人无所归，众议欲分给从役兵丁。执如力阻其议，遍询伊等籍贯，令其中有亲属在者尽来相认领归。

《墓志铭》："至癸亥秋，而三省廓清矣。……大兵凯旋，有难妇数千无所归。众议欲分给兵丁。公力持不可，遍询原籍，有父母兄弟及夫若子者，檄各州县尽令来省相认，识以归之。咸感泣膜拜而去。"

八月，第四女奉枝归张应鼎。

张师诚《一西自记年谱》:"嘉庆八年癸亥八月,为长子应鼎娶石氏,吴县庚戌同年翰林院修撰、山东按察使韫玉公之第三女也。"

按:张师诚谓"韫玉公第三女也",盖以执如所生女存者排行计之。执如长女三岁即殇,此适张氏者,实第四女。

冬,回重庆,重摄郡事。

《鹃声集》中《即事杂诗》末一首后有注:"是役也,余奉威勤公之檄,调入戎幕。总理行营事务,直至八年冬,撤兵凯旋,方回渝郡。"

(时事) 正月,海盗蔡牵作乱,浙江提督李长庚击于定海,大破之。九月,工部尚书彭元瑞卒。

嘉庆九年甲子〔1804〕四十九岁

在重庆知府任。夏,患足疾甚烈,两月愈。

《吴谱》:"夏,公病足疾,盖连年从军在山谷,受雾露潮湿之气,至是始发。左足自膝下发水泡若痘,以针挑破出清水,酸痛入骨。两月方痊。"

八月,至成都,充乡试内监试官。闱中适逢中秋,锁院无事,因填小词八首,以纪平生踪迹。

《吴谱》:"八月,充乡试内监试官。"

《花韵庵诗余》有《望江南》八首,前系以序:"嘉庆甲子,承乏文闱。适遇中秋节,锁院无事,举酒独酌,因想半生奔走,足迹几遍九州,即此佳节,亦不知经历几地。追述旧游,各志小词,以纪平生踪迹云。"词曰:"中秋节,记得在家乡。绣阁香灯人拜月,画船箫鼓客传觞,跌宕少年场。""中秋节,秋试至秦淮。桃叶渡头千舫聚,桂花天上一轮开,人向广寒来。""中秋节,幞被客徐州。碧月婵娟衔岫出,黄河浩荡接天流,高燕古黄楼。""中秋节,奉职在春明。清跸传呼因祀月,周庐傈直听传更,人坐玉堂清。""中秋节,典试古榕城。万卷横陈云锦艳,一帘中隔烛花明,玉尺誓量平。""中秋节,持节楚湘滨。射圃弓刀秋校士,伎堂丝竹夜娱宾,回首若前尘。""中秋节,蜀道正从军。八阵风云归号令,一天珠璧看星文,丙夜捷书闻。""中秋节,于役锦官城。丹诏槐黄寻旧梦,青籍竹素证今生,甘苦记曾经。"

嘉兴沈昭兴尝与执如共事勒保戎幕,后在额勒登保营司笺奏事,以事成伊犁，至是赦还，适逢四十寿辰。诗以寿之。

《独学庐二稿·诗》卷三《学易斋吟草》有《沈砚畦四十初度占两绝寿之》："万里归来鬓未华，重携枯管祝生花。愿君读曲弹琴暇，勿忘龙沙夜听笳。""禄养原非宦兴浓，蓝田厅事强哦松。祝君但得如松寿，自有功名到鼎钟。"

《独学文存》卷二《广居楼诗集序》："嘉兴沈砚畦太守，向在蜀，与予共事戚勤公幕府，习其人，俶傥有经济才。"

《鹍声集》有《即事杂诗》，其第六首后注云："额帅摧锋陷敌，一将之才，不识汉字，胸无韬略。幸有翼长杨遇春左右调护之，始无偾事。额帅性惨刻，治贼有剥皮之刑。县丞沈昭兴在额营司笺奏，偶病落后，即参奏请戍伊犁。"

光绪《嘉兴府志》卷五十二《秀水列传》："沈昭兴，字砚怡，一字砚畦。以诸生游福康安幕，军功铨发四川。……屡蹶屡起，仕至泸州知州告归。……精书法，晚年犹能行楷，寿至九秩。"

九月，外孙张兴仁生，第四女凤枝所出。

张师诚《一西自记年谱》："嘉庆九年甲子九月，长孙兴仁生，应鼎出。"

朱汝珍《词林辑略》卷六《道光辛丑恩科》："张兴仁，师诚孙，字让之，号馨伯，又号惕斋。散馆，改刑部主事。官至江西建昌府知府。"

十一月，请咨入都。

《吴谱》："十一月，请咨入都。"

十二月八日，偕川东兵备道严士鋐探梅蒙子园。

《学易斋吟草》有《腊月八日奉陪严筠亭观察探梅蒙子园与主人张玉屏检讨茶话至暮而归偶成二绝句》："芳风吹绽向南枝，花气熏人欲醉时。却想孤山深雪里，乔柯如铁得春迟。""屏除车骑为寻春，竹里茶烟一缕新。步到衡门无鹤守，主人近状益清贫。"

《国朝耆献类征初编》卷百九十一《疆臣》四十三："公讳士鋐，字震叔，姓严氏。江苏丹徒人。……少端静。及长，性沉静，寡言笑，喜愠不形于色。工文辞，尤留心经世之学。乾隆丁酉科，公选拔以知县试用四川，摄秀山、内江，……以忧去。服阕，以军功擢资州，寻擢宁远府事，摄夔州府事，擢川东道，摄布政使。……嘉庆二十四年，疾剧在告。道光六年，就养于楚南官舍。八年夏，感热疾。秋不起，享年八十有三。"

按：据道光《重庆府志》卷四《职官志》载，严士鋐于嘉庆四年任川东兵备道。

冬，妾曹氏无子，请去。遣之。

《学易斋吟草》有《梁间燕》："翩翩梁间燕，春日曾将雏。营巢主人屋，辛楣玳瑁枦。呢喃引其子，闲暇集坐隅。饮啄有余乐，耦居无猜疑。忽然感秋社，辞巢将戒涂。主人喟然叹，汝往将安徂。天涯岁将晏，百卉亦已枯。不如守旧庐，暮景安桑榆。燕飞不反顾，主人言何迂？不见芳林树，花谢存空柎。万物有聚散，缘尽宜分趋。神离貌难合，何苦强虚拘？嗟哉巢中燕，不及屋上乌。乌生九子尾毕逋，哑哑夜啼守故株。"

《吴谱》："是冬，公姬曹氏无子，请去。公遣之。"

是年，四川布政使杨揆卒，有文祭之。

《独学庐二稿·文》卷中《祭杨荔裳方伯文》："嗟昊天之不吊兮，惊哲人之已萎。慈云倏其散彩兮，卿月闇其韬辉。……念我公之才器兮，实熙朝之栋梁。考我公之学行兮，洵清时之圭璋。果修德者获报兮，宜积善而余庆。何梁木之忽坏兮，怅人琴之顿亡。大星陨而成石兮，丛兰方茂而经霜。寮寀望之而凄怅兮，道路闻之而淋浪。某等备员于斯土兮，仰典型而矜式。悲庄生之藏壑兮，痛荣公之撤瑟。荐明德于椒馣兮，铭幽光于文石。陈芜词以大招兮，庶灵軿其来格。"

按：据赵怀玉《通奉大夫四川布政使赠太常寺卿杨公墓志铭》载，杨揆卒于嘉庆九年五月十六日，春秋四十有五。

光绪《无锡金匮县志》卷二十《宦望》："杨揆，字荔裳。乾隆四十五年南巡，召试，赐内阁中书，入直军机处。随大将军福康安征廓尔喀，迁内阁侍读，授四川川北道，擢按察使，升甘肃布政使，调四川。……以劳卒官。少工诗文，与兄芳灿并负才望。居官遇事果决，与军事相终始，赠太常卿。"

是年，四川大计群吏，执如名列一等。

《吴谱》："是年，四川举行大计，公名列一等。"

（时事）八月，李长庚大破蔡牵、朱濆于定海北渔山。十二月，大学士刘墉卒。

嘉庆十年乙丑〔1805〕五十岁

赴京师觐见仁宗。途中适值元旦，有诗。

《学易斋吟草》有《乙丑元旦》："人生百岁期，今朝我过半。盛颜既蹉跎，桑榆日已盱。昔我始生辰，丙子秋榖旦。山鸡集庭隅，羽毛五色灿。佥曰文明祥，余庆占爻象。六年就外塾，幼学解书算。十八衿如青，藻芹思乐泮。衣冠习揖让，《坟》《索》恣点窜。顷顷渐成人，既婚亦既冠。稽古钻故纸，励志寄柔翰。思贤咏《伐木》，学道未登岸。徒抱覆篑心，辄兴望洋叹。孤竹空自鸣，芳桐屡经爨。三熏韩愈赊，一刺弥衡漫。遭遇圣主恩，选士求桢干。弗以散木弃，且作祥金锻。射策登龙头，谈经入虎观。执简直冑筵，载笔侍香案。终非天庙器，遽被尘鞅绊。三接辞日边，一麾吟泽畔。粗官走牛马，俗士类冰炭。军符磨盾急，民俗怀砖悍。疮痍忧拊循，崔苻责守捍。百事虑丛脞，风夜我心惮。忽然逢伯乐，倾盖刮目看。屡陈山公牍，特设穆生晏。飞书马上传，借箸帷中赞。频称长卿才，弗较仲氏喭。坐是徇所知，星霜今六换。倦鸟恋山樊，劳人思里闬。荣枯虽在天，行藏贵自断。良庖善藏刀，大匠耻画墁。"

行次朱仙镇，有诗吊岳飞。

《学易斋吟草》有《朱仙镇吊宋将军岳武穆》："诸军奉诏反戎车，痛饮黄龙愿已虚。千里草青亡汉鼎，六宫麦秀弃殷墟。匹夫飞语成冤狱，厮主甘心受谤书。贤后清斋犹报德，中原父老恸何如。"又"九域烟尘战伐深，六桥花柳已成阴。两宫清跸无消息，十世神州竟陆沉。南渡自营盘石计，北征岂合庙堂心。清凉居士知机早，策蹇移家竟入林。"

按：朱仙镇在河南开封县西南，旧称仙人庄，至金改今名。南宋绍兴十年，岳飞大败金兵于郾城，乘胜进军至此。

座师王杰卒于京师。闻信，诗以挽之。

《学易斋吟草》有《座师王文端公挽词三十韵》："宿列三台座，山锺二华灵。拔茅占泰英，戴斗应文星。笔冢师羲献，经笥贯孔邢。……寿满八旬秋，图传九老形。上方颁锦罽，中驶骖云軿。虎拜容仍肃，龙光诏载聆。殿头前席对，门下小车停。麟倏来西野，鹏还反北溟。恩荣授几杖，锡赉及参苓。美谥书惇史，崇祠享上铏。室无余粟廪，家有赐金亭。绛帐音尘寂，苍生涕泪零。空留衣钵在，蒿里不堪听。"

按：《清史稿·仁宗本纪》："嘉庆十年乙丑春正月乙未，予告大学士王杰因赐寿来京卒。"

三月，始至都城。

《学易斋吟草》有《入都作》："宣武城西大道斜，垂阳夹路拂行车。六街玉树初消雪，三月缃桃未放花。南苑射坐春试马，北门待漏夜啼鸦。十年珥笔蜻蚴客，风景重来似旧家。"

四月十一日，以卓异人员引见。奉旨交军机处记名以道员用。翌日具折谢恩，仁宗召见于勤政殿东暖阁。

《勤政殿召对记》："嘉庆十年四月十一日，余以卓异人员引见。奉旨交军机处记名以道用。次日递折谢恩，蒙召见于勤政殿东暖阁。……上问：'汝在四川几年？'臣奏：'臣在四川先后七年。'上问：'汝在勒保军营办事，所办何事？'臣奏：'凡勒保答奏及一切文武文移，皆是臣办。又擒获贼匪，亦由臣审问供词。'上问：'贼匪也是你审，究竟他们因何造反？'臣奏：'贼以邪教煽惑愚民，蓄志已久，意在聚众抢掠。'上云：'有人言官逼民反，果否？'臣奏：'皇上圣明鉴察，贼匪蔓延五省，即如四川一省，扰及四十州县，岂有如许州县无一好官之理？实在多是好作乱之人。'上云：'两者都有，贼也可恶，官也有不好的。'……臣奏：'大臣们全仗圣明训示。'上微笑领之。臣遂叩头辞出。"

六月，乞假回籍省墓。出都，见田野旱甚，有诗。

《学易斋吟草》有《初出都门见田家望雨未得感而有作》："六月方徂暑，苍生望雨霖。大田鞠为草，旧井废无禽。树引蝉声远，沙留马迹深。不辞行役苦，望岁独愁心。"

闰六月至家。七月三十日，葬元配蒋氏于西碛山祖茔之西，并自营生圹。

《吴谱》："闰六月到家。七月三十日，葬蒋淑人于西碛山祖茔之西，并自营生圹。"

《学易斋吟草》有《到家示儿辈》八首，其第五首："结发荆妻死，星霜十载余。鼓盆悲未已，同穴愿犹虚。窆石新题字，诛茅旧卜庐。他时归隐去，谁共鹿门车？"

同卷又有《自封生圹毕作诗志感》："会稽识守先人墓，幽宅吾今卜此峰。妙子稠桑魂自返，司空生圹手亲封。月明华表思归鹤，雨满平湖看濯龙（注：是日午后骤雨，太湖龙跃，实生平所未见，故并纪之）。他日凌云应一笑，佳城环拥翠芙蓉。"

为长洲蒋业晋题《天远云归图》。

《学易斋吟草》有《题蒋立崖四丈〈天远云归图〉》:"世事茫茫何日了,白云惟有归山好。君不见天上卿云五色深,萧索轮囷世共宝。几时霖雨到苍生,因风牵率共颠倒。何以闲云一叶轻,山中自悦无人嬲。我亦身如岭上云,初心愿守青山老。一朝出岫本无心,欲归未归自烦恼。世人不解云何心,犹美从龙甚夭矫。观君此图忽枨触,话到故山归计杳。松菊柴门亦已芜,劳人难卜归迟早。丁宁重与白云期,一片野心当自保。"

毛庆善《湖海诗人小传》卷二十:"蒋业晋,字绍初,号立崖。长洲人。乾隆二十一年举人,官汉阳府同知。有《秦中》《吴庑》《楚游》《出塞》《归田》诸集。"

三过金匮学舍访旧友赵基。

《独学文存》卷二《赵开仲乳初轩诗序》:"嘉庆乙丑,余以重庆府报最入都,归家省坟墓,三过金匮学舍。每过辄盘桓终日,枯鱼焦腐,宾至如归。"

喜晤幼时友人沈复。时复丧偶两载,为幕糊口,境甚窘迫。

沈复《浮生六记》卷三《坎坷记愁》:"乙丑七月,琢堂自都门回籍。琢堂名韫玉,字执如,琢堂其号也。与余为总角交。乾隆庚戌殿元,出为四川重庆守。白莲教之乱,三年戎马,极著劳绩。及归,相见甚欢。"

按:沈复,字三白,吴县人。弃儒从贾,后又以习幕为业。兼工绘事。所撰《浮生六记》,以情韵见长。昔人评此书曰:"凄艳秀灵,怡神荡魄。"

又按:俞平伯《浮生六记年表》云,嘉庆八年,沈复佳耦陈芸病卒。十年,闲居苏州,状甚窘迫。

《微波词》卷一《洞仙歌》题注:"题沈三白夫妇《载花归去月儿高》画卷,时其妇已下世矣。"又同卷《疏影》题注:"为沈三白题《梅影图》。"

九月,纳妾陈氏。旋于重九日携家眷赴重庆之任,并邀沈复同往。

《吴谱》:"九月,纳姬陈氏,携家至四川。"

沈复《浮生六记》卷三《坎坷记愁》:"旋于重九日,挈眷重赴重庆之任,邀余同往。"

行至无锡,顺游秦氏寄畅园。

《学易斋吟草》有《游梁溪秦氏寄畅园》四首,兹录其第一首:"绿水红桥小榭深，丛生桂树碧成阴。我来疑入维摩室，天雨新花地布金。"

按：寄畅园在无锡县慧山寺左。明正德中尚书秦金并南隐、沤寓二僧舍为之，初名凤谷行寓。后副都御史秦耀易今名。高宗南巡，曾驻跸于此。

舟往常州，赵基追送及之，话旧甚欢。

赵基《乳初轩诗选》卷四有诗八首，题曰："乙丑九月，琢堂将入蜀中。余自梁溪追送毗陵，道中阻风话旧，即次近作八首元韵。"

九月初，行抵常州。值洪亮吉六十寿辰，以诗寿之。

《学易斋吟草》有《九月初舟过毗陵适遇稚存同年六十初度赋诗为寿》："寿觞举处酒如淮，诗史编年次第排。万里归来公未老，三天侍直我曾偕。共知名世文章贵，独羡还山岁月佳。闻说良规陈座右，主恩爱士本无涯。"

登舟将行，陈廷庆自松江来会，欢聚累夕。先是，廷庆闻执如归里省墓，曾有诗代柬；执如既至吴中，亦尝相晤，且同万承纪、洪亮吉、熊方受、伊秉绶诸人集饮唱和甚洽。

《学易斋吟草》有《登舟将发适陈桂堂同年自松江来欢聚累夕承以诗馈百迭诗册见示因次卷中元韵四首却寄》，兹录第一首："秋深重理旧征衫，一舸移家万里帆。嘉客题襟心画圣，贫客烧笋舌根馋。五丁开嶂通巴国，二酉探书入禹严。屈指萍踪几离合，新诗吟就手亲函。"

陈廷庆《谦受堂全集》卷十八《石琢堂观察将自书中归里代柬》："同为回雁客，独上佛图岩。沅澧怀珊网，巴渝稳布帆。壮君传羽檄，虚我转冰衔。寄语杲之辈，奚消画饼馋。"

同卷复有《石琢堂观察引觐归吴中晤闲出大稿见示作此报谢兼谢万廉山招集官舫顺询蜀中诸之好》："剖符乘传蜀兼湘，武纬文经备历扬。簪笔飞书皆第一，插花衣锦展重阳。昔虚剿抚陈苗事，今见谋猷达楚疆。小别十年重祝嘏，快参帷幄赞平皇。"又"胥江一夕聚文昌，官舫仙凫嘉燕张（注：谓廉山移尊唐陶山小三昧中，邀同洪、熊两太史，伊太守集饮）。梦忆诗馈小三昧，论倾筹笔迭连章。皋夔事业先麇出，奋庆勋名动帝阊。偻指西川燕寝客，几人叱驭若康庄？"

窦镇《国朝书画家笔录》卷二："万承纪，字廉山，江西南昌人。乾隆五十七年副贡，官江南河务海防同知。工诗文。簿书之暇，辄博综群籍，雅尚文翰，书画金石，悉能鉴别。篆刻得汉法。与罗两峰交，深悟画学，凡山水、人物、花鸟、兰竹，兴到命笔，率能摆脱时习，力追古法。"

朱汝珍《词林辑略》卷四《乾隆庚戌科》："熊方受，字介兹，号梦庵。广西永康人。散馆，授检讨。历官山东兖沂曹济道，降东昌府知府。著有《梦庵诗钞》。"

舟出京口，复与赵基往扬州，晤主讲乐仪书院之王芑孙于椁园。三夕话旧，珍重而别。

赵基《乳初轩诗选》卷四《翼日渡江与琢堂同访铁夫于扬州椁园款留三宿再次前韵》有跋："余与铁夫、琢堂交几三十年矣。中间出处离合，各居其半。琢堂入觐假归，旋复赴蜀，余亦因公有毗陵、邗江之行。时铁夫主讲乐仪书院，三人同宿椁园，俯仰身世，追念旧游，有不能已于言者，先后成诗录稿，以俟朋旧共览之。乳初居士跋。"

石执如《乳初轩诗选序》："既而方舟送我至金山，复同访王念丰于维扬，宿于椁园者三夕，追攀不疲，有足感者。"

王芑孙《惕甫未定稿》卷二十四《书独学庐二稿》："琢堂曾属余点勘《独学庐初稿》而藏之矣。今自蜀乞假过邗上，出示续稿。回忆前事，忽已十年。《初稿》之成，君骤起升朝，持节闽楚，意气甚壮。及是，余既自老田间，而君亦遽有山泽之思。萧骚相对，各非曩人，烧灯深话，珍重别去。辄从蕙风修竹间披咏其文，信笔点勘，归之行箧。君异日功成身退，真践偶耕之约，则柴门鸡黍，白首相扶，此又其陈迹矣。祝之仁之。"

舟行至武昌，与沈复冒雪登黄鹤楼。

《学易斋吟草》有《雪中登黄鹤楼》："画里江城万灶烟，城隅高阁对晴川。平临大壑云垂野，独倚危楼雪满天。徐步自登千仞上，旧游还忆十年前。神仙路远家山阻，渐看新霜到鬓边。"

沈复《浮生六记》卷四《浪游记快》："武昌黄鹤楼在黄鹄矶上，后托黄鹤山，俗呼蛇山。楼有三层，画栋飞檐，倚城屹焉，面临汉江，与汉阳晴川阁相对。余与琢堂冒雪登焉。仰视长空，琼花风舞，遥指银山玉树，恍如身在瑶台。江中往来小艇，纵横掀播，如浪卷残叶，名利之心至此一冷。"

冬十一月，行次荆州，得闻升陕西潼商道之信，遂留家眷及沈复等暂寓荆州，单骑入渝度岁，旋由成都历栈道之任。

沈复《浮生六记》卷三《坎坷记愁》："至湖北荆州，得升潼关观察之信，遂留余及嗣君敦夫眷属等，暂寓荆州，琢堂轻骑减从至重庆度岁，遂由成都历栈道之任。"

同书卷四《浪游记快》："是年仲冬抵荆州。琢堂得升潼关观察之信，留余住荆州。余以未得见蜀中山水为怅。时琢堂入川，而哲嗣敦夫眷属，及蔡子琴、席芝堂俱留于荆州，居刘氏废园。"

是年，表弟黄丕烈将城南经史巷石氏老屋重归执如。

《独学文存》卷一《城南老屋记》："乾隆庚戌，余以进士通籍，官京师，将移妻子入都。治装无资，不得已，质宅中表黄氏。历十有六年，嘉庆乙丑，余以重庆守入觐，因告归省坟墓，黄氏表弟绍武归余宅，而未偿其直也。"

石同福《瘦竹幽花之馆诗存》卷一《恭和家大人到家见示八首原韵》之第七首"择处原非易，安凄识故巢"下注："同福里居三载，今始移居经史里老屋。"

是年，妾高氏生第三子介福。

《吴谱》："七月，公之三子介福生，高孺人出。"

是年，刻《独学庐二稿》。

按：《独学庐二稿》总目后镌："嘉庆十年岁在乙丑刊于重庆官舍。"其中文三卷；诗三卷（《玉堂后集》一卷、《鹃声集》一卷、《学易斋吟草》一卷），皆编年，共收古今体诗三百三十九首；词二卷（《花韵庵诗余》一卷、《微波词》一卷）。

桂馥卒。

（时事）二月，协办大学士纪昀卒。四月，禁西洋人刻书传教。

嘉庆十一年丙寅〔1806〕五十一岁

在陕西潼商道任。二月，荆州之家眷及幕客始由水路往潼关。

沈复《浮生六记》卷三《坎坷记愁》："丙寅二月，川眷始由水路往，至樊城登陆，途长费短，车重人多，毙马折轮，备尝辛苦。"

同书卷四《浪游记快》："既而风传花信，雨濯春尘。琢堂诸姬携其少女幼子川流而下。敦夫乃重整行装，合帮而走，由樊城登陆。"

《独学庐三稿·诗·晚香楼集》一《潼关官舍题壁》："冯翊古王畿，官衙向翠微。有秋田畯乐，无讼吏人稀。望岳三峰近，临河百雉围。此邦风俗好，拟住十年归。"

甥吴嵊自河南来访，喜而作诗以赠。

《晚香楼集》一《喜吴生兼山来诗以赠之》："无计求金学铸颜，频年车马各间关。家移蜀道青天外，客至秦风白露间。逖听喜闻莺出谷，倦飞常羡鸟归山。萧郎刻烛莲花幕，百首新诗手与删。"

石执如《红雪山房诗钞序》："及余掌管潼关，生则期我于簿书之会。贾生年少，先登太守宾筵；汲黯官卑，早作将军挥客。余乃与生揽太华三峰之秀，乘黄河八月之槎。权舆无夏屋之嗟，铜辇有秋衾之梦。诵阴铿佳语，百幅珠玑；聆裴楷清谈，一宵琴瑟。未几而猎缨告别，折柳赠行。自此以后，生登仕版，余遂初衣，兰讯风疏，瑶音两绝。"

时值岁饥，山西荒歉尤甚，米价腾踊。或请禁陕米出关，执如不许，仍纵米出关。由是晋省得食，陕人亦获厚利。

《墓志铭》："值岁洊饥，晋中荒歉尤剧，米石白金十七两。或请禁陕米出关。公曰：'晋人亦朝廷赤子，吾不能为陕过余，坐令晋人饥馁。'纵之，晋省得食，而关中人亦获厚利。"

五月，擢山东按察使。濒行，辞巡抚方维甸。维甸问以治陕方略，因以复采买民间仓谷为请，后竟报可。

按：据中国第一历史档案馆藏《清代官员履历档案全编》载，执如于"嘉庆十一年五月，内用山东按察使"。

《墓志铭》："在任四月，擢山东按察使。濒行，辞方葆岩中丞。中丞访以治陕何者为亟，对曰：'往者长制府以州县采买仓谷累民，奏请永禁。然所谓累民者，不过年丰有谷之家不得善价耳，其患犹浅。今禁之，则仓廪空虚，遇俭岁及军需，仓无储，州县何以应命？'中丞以为然。是秋，请弛前禁。报可。"

又按：方维甸，字南耦，号葆岩。桐城人。总督方观承子。乾隆四十六年进士，授吏部主事。曾随福康安平定林爽文起事及抗击廓尔喀入侵。嘉庆八年，擢陕西巡抚，督捕白莲教余部。十四年，任闽浙总督。后官至军机大臣。卒谥勤襄。事迹详《清史列传》。

因宦囊乏资，留家眷等寓潼川书院。即先赴热河行在谢恩请训。蒙仁宗召见三次。逢中秋节，赏与内宴。

沈复《浮生六记》卷三《坎坷记愁》："抵潼关甫三月，琢堂又升山左廉访。清风两袖，眷属不能偕行，暂借寓潼川书院作寓。"

《墓志铭》："公赴热河行在谢恩请训，适宁陕中新兵滋事，及召见三次，言必及军务。公多所陈奏，事藏，皆一一如公言。"

《晚香楼集》一《恭与中秋节内燕纪恩诗》："禁门晓起听传呼，中外千官夹道趋。舞到象箾知舜乐，亲承薨脯出尧厨。签名引对仙阶近，鼎食分颁帝泽殊。疏逖小臣叨与会，明良如睹古唐虞。"

九月，抵任。十月，接家眷来济南。闻沈复幼子夭亡，赠一妾以慰之。

沈复《浮生六记》卷三《坎坷记愁》："十月杪，始支山左廉俸，专人接眷，附有青君之书，骇闻逢森于四月间夭亡。始忆前之送余堕泪者，盖父子永诀也。呜呼，芸仅一子，不得延其嗣耶！琢堂闻之，亦为之浩叹，赠余一妾，重入春梦。"同卷卷四《浪游记快》："十月初，琢堂自山东专人来接眷属，遂出潼关，由河南入鲁。"

时常熟蒋因培官县令于山东，来谒。为题《萝庄图》。

《晚香楼集》一《〈萝庄图〉为蒋伯生少尹赋》："读罢新诗念古欢，参军俊逸压词坛。碧山屋老牵萝补，翠袖人归倚竹寒。巨耐青齐堕钝士，竟教屈宋在衙官。即今朱邑桐乡社，犹作元卿旧径看。"

阮元《小沧浪笔谈》："蒋伯生因培，常熟人。以其父为汶上县令，卒官下，遂家焉。所居萝庄，花木交阴，有古槐七十二树，名其堂曰七十二槐堂。黄小松司马为作《萝庄图》，郭频伽上舍为作记，一时名士至山左者，题襟书壁，各有酬唱。"

黄安涛《蒋氏墓志铭》："君讳因培，字伯生。江苏常熟人。……君生而聪迈，读书过目成诵。十岁通韵语，十七以国子监生应顺天乡试，为乌尔吉祭酒法式善所激赏，由是知名。……嘉庆二年，援投效例，得县丞，分发山东，权费县巡检，补阳榖县丞，累署汶上、金乡、峄、滕、高密、巨野诸县事，真授泰安令。……补齐河县，所至循行乡村，周知民隐，胥吏敛手摄气，不敢为非。……以直忤上官，奉钦差查办，以曾刊改公牍故，谴戍军台，……未及期，蒙恩赦回。入关后闲游豫、楚、闽、粤，归遂杜门不复出，放怀山水，寓意诗酒，泊如也。……作诗数千首，悉随手散佚。晚乃掇拾残剩，为《乌目山房诗存》六卷，将刊行之。道光十八年闰四月十七日，以微疾终于家，享年七十有一。"

冬，署布政使。纳妾罗氏。

《吴谱》："冬，署布政使。十二月，公纳箧室罗氏。"

（**时事**）正月，蔡牵寇台湾。二月，李长庚击牵于鹿耳门，大破之。七月，宁陕新兵哗变，寻平。十二月，大学士朱珪卒。

卷 三

嘉庆十二年丁卯〔1807〕五十二岁

在山东按察使任。正月十七日，与孙星衍、张彤游趵突泉，有诗。

《晚香楼集》一《丁卯正月十七日偕孙渊如张萼楼两观察访趵突泉之胜追和赵松雪韵》："印篚封时吏牍无，翠微佳处共携壶。夕阳琐碎千波映，春帆昭苏百草枯。地脉潜通蓁龙井，泉声清入濯缨湖。昔贤觞咏风流在，暇日登临兴不孤。"

道光《苏州府志》卷一百八《人物·流寓》下："孙星衍，字伯渊，号渊如。阳湖人。乾隆丁未榜眼。散馆，改刑部主事，历升郎中，授山东兖沂漕道。丁母忧归。服阕，授山东粮道。年六十，以父老告归，卜居江宁。又于苏州虎邱建孙武子祠，拓其旁屋以为别业，奉祖母许太夫人香火。……自幼笃信好古，不为世俗章句之学。工诗，善篆书。虽居官，读书不辍。所著《尚书孔传注疏》《逸论语》《说文》，皆一生心力而后成书。生平奉汉儒为宗，在山东时，访得伏生后裔，请设五经博士一员，部议准行。又浚黄河故道，以泄运河之水，皆原本经术为之。"

石执如《芳茂山人诗录序》："予初入翰林，谒毗陵孙渊如先生于京第。当其时，泛泛而已。其后在山东同官，始知先生抱慈惠之心，守耿介之操，凡一事之有利于人者，无不为也；凡一事之有蠹于国者，无不革也。百姓爱之若父母，百吏尊之若师保。予罢官未久，先生亦以亲老归养，卜居金陵，而予适因张文敏公招课诸生，侨寄秦淮之上，无十日不与先生相见，肝胆相许，申以婚姻，古人苔岑之好，未有若斯者也。"

《独学庐五稿·文》卷三《山东按察使张公家传》："公讳彤，字虎拜，号荇楼。湖州归安人。……丙午，举顺天乡试。……乙卯春，黔楚苗变，嘉勇郡王福康安率师征讨，闻公名，檄入幕府。……凡一切文檄，必俟公检校而后行。……己巳秋，升山东按察使。山东健讼成习，公至，庭无留狱，民亦以为不冤。……壬申，疾复作，竟成黄疸之症，遂不起。予往时陈臬山左，与公同官且迭相交代，知公最深。公严以律己，宽以御众，以直道事上官，以和衷处僚吏，其于地方，不生事，亦不废事，庶几古之循吏焉。"

  时山东夏旱缺雨，运河浅涸，漕船阻滞，廷议雇民船驳运。执如以雇民船费巨且累民，又知此境运河之水，皆出泉源，因请于巡抚长龄，按籍疏浚泉源四百余处，河水骤长五尺，漕船得以无阻。

  《吴谱》："自春至夏，公两署布政使司。是岁，自春入夏，山东缺雨，运河遣涸，漕船阻滞，廷议多雇民船驳运。公谓雇船未免累民，且闸河节节间断，驳船难以转输，查东境运河之水，皆出泉源，因请巡抚委同知二员分赴各州县查照治河方略，所载诸泉疏浚，计疏通泉源四百处，运河之水于半月间顿长五尺，漕船得以无阻。"

  《墓志铭》："两摄藩篆。以夏旱，运河粮艘浅阻，议雇民船驳运，费大且扰。请于中丞长公，檄二郡丞按籍疏通四百余泉，河水骤长五尺，漕运以通。"

  五月，左都御史周廷栋、刑部侍郎广兴至山东治狱。守令请筹供帐之费，执如不允，且禁寮属不得纳贿。由是广兴衔之甚。遂因事草奏劾执如谳狱失当。于是，部议革职。仁宗念及川省功绩，赏给编修、国史馆行走。

  《吴谱》："五月，左都御史周廷栋、刑部侍郎广兴奉命至山东访狱。维时济南府张鹏升因命案误勘，将人致死。公请参劾解任质审，其狱尚未结，适两使至，守令请筹所以供帐之者，公不允，而广之治狱非贿不成，公又禁止寮属毋得纳贿。广衔之，张乘隙构于广。先是，有栖霞县民柳开生，控言有妹年十七岁，未嫁，黑夜为匪人窃去，越两日而归。女称被人挟至山洞，奸宿二日而送之还家，县令据其词详报。此十一年六月初二日事也。至九月间，县中缉获一形迹可疑之人曰王三，疑为此案凶犯。刑讯之，王三诬服定罪，至府翻供。府委蓬莱县覆讯，王三坚不承认。该令传柳氏赴县辨识，即夕，柳氏自缢死。此九月十三日事也。柳氏有族叔柳儒，诸生也，在省城书院肄业，至司控称女为官逼死。公呼儒告之曰：'尔不得咎县官。凡讼狱在官者，窃盗案须传失主，命案须传尸，亲奸案须传本妇质问。此照例办理，何谓逼也？'因于呈词批示曰：

'尔侄孙女柳氏，被人抢去，奸宿连宵，岂有不识之理？今该县既获犯到案，止须赴县一认即可，辨其真伪，有何畏惧？而遽短见轻生，且不死于被抢之时，而死于奸夫获案之后，其中难保无和诱同逃。今见事将败露，因而羞愧自尽，姑俟饬府审详察夺。'此生即俯首无词而去。十一年九月十八日事也。其后公提王三到省，委济南守金湘详讯，据供上年六月初二日在蓬莱地方行窃，查有事主失赃，其地距柳家二百里而遥，则奸犯非王三可知矣。公意将省释，而该犯尚有窃罪应科未释。时张与广欲构公而无事可乘，因贿嘱柳开生赴都察院呈诉，经院奏交二使者查讯。广遂草奏劾公故出人罪，总宪周公深为不平而不能阻也。于是部议革职。"

《墓志铭》："无何，而公缘事被劾，部议革职。仁宗念川省军营劳绩，赏给编修、国史馆行走。"

按：周廷栋，初名元良，顺天大兴人。乾隆三十七年进士，以刑部主事用。四十八年，升广西司员外郎。嘉庆七年，擢光禄寺少卿。嘉庆十二年正月，授都察院左都御史，与侍郎广兴同赴山东谳狱。为人庸懦无能，在山东时，有"周全天下事，广聚世间财"之谣。后广兴以赃败，仁宗以其瞻徇包庇，事上不诚，予以革职，永不叙用。十五年二月，卒。事迹详《清史列传》。广兴，字赓虞，满州镶黄旗人。大学士高晋第十二子。入赀为主事，补官礼部。敏于任事，背诵案牍如泻水。累迁给事中。嘉庆四年，首劾和珅罪状，擢副都御史。后官至刑部侍郎兼内务府大臣。数奉使山东、河南按事，益作威幅，中外侧目。初其为仁宗所信赖，后因赃败事发，伏诛。事迹详《清史列传》。

六月，受替将入都。时孙星衍权布政使事，与同人公饯于汇泉寺。

《晚香楼集》一《丁卯六月缘事受替入都门孙渊如观察饯我于汇泉僧舍即席赋别并订南归之约》："十年鞅掌苦劳薪，暂得今朝自在身。无恙云林应住佛，有情鱼鸟尚依人。霜前落叶先辞树，风里飞花不恋茵。话到故山松菊好，归田相约五湖滨。"

孙星衍《芳茂山人诗录》卷五《租船咏史集》有《石琢堂殿撰韫玉北行留别一诗次韵奉答》："已分横经又荷薪，名山未乞向平身。五云先后朝天客，一部旬宣假节人。有约筑鲈寻钓具，莫教尘土滞车茵。云岩别墅山塘路，孤负梅花在水滨。"

张绍南《孙渊如先生年谱》卷下："嘉庆十二年丁卯六月，石臬司韫玉被议降级，君权藩之省。"

袁洁《蠡庄诗话》："苏州石琢堂先生韫玉，任山东廉访，后以事左迁。濒行时，当道设筵，公饯于大明湖之上。先生留别诗云云，一时和者甚多。孙渊如先生时权方伯篆，和诗有句云：'五云先后朝天客，一部旬宣假节人。'"

至都，借居松筠庵。为翁方纲题《法源八咏画册》，复为法式善题扇。

《晚香楼集》一《借居松筠庵四迭前韵》："幽居花木未为薪，弥勒同龛愧色身。弹指去来成小劫，惊心老病作陈人。暂依方丈安书策，欲假员蒲换绣茵。十二因缘皆幻相，不须多恋爱河滨。"

同卷《翁覃溪先生命题〈法源八咏〉诗画册》："不听钟声已十年，重寻位业证诸天。闲拈枯管酬诗债，喜睹香林入画禅。色界常留花供养，文人都结佛因缘。公门依旧彭宣老，点点霜华到鬓边。"

同卷复有《书梧门前辈画扇三首》："采采菱花寄所思，绿云一朵堕湘湄。故人若问侬消息，笑指游鱼上竹时。""绿蓑青笠古元真，误向桃源一问津。满地江湖归未得，临渊尚有羡鱼人。""我本烟波旧钓徒，十年梦想在菰鲈。秋光正好人犹健，一片归心向五湖。"

七月，翰林编修齐鲲奉使册封琉球国王。作小令送其行。

《花间乐府》有《送齐北瀛编修册封琉球》一曲，分《双调新水令》《驻马听》《雁儿落带胜令》《沈醉东风》《折桂令》《清江引》六折。

按：《清史稿·仁宗本纪》："嘉庆十二年秋七月乙巳，命编修齐鲲、给事中费锡章册封琉球国王。"

朱汝珍《词林辑略》卷五："齐鲲，字澄潇，号北瀛。福建侯官人。散馆，授编修，官至河南知府。"

八月，逢韩崶五十寿辰，有诗奉贺。

《晚香楼集》一《韩桂舲司寇五十初度迭丁巳寿言元韵奉祝》："大衍推初祜，群公会集仙。鹤觞千里酝，锦字九如篇。……佳客欢联襼，良辰卜肆筵。廷评尊正鹄，士论佩韦弦。兰契山阴谢，琴思海上连。勋华裴相重，廉让范卿贤。赞化三台近，明刊五教宣。载赓介糜什，重写衍波笺。"

闻明年将大考翰詹，念久作外吏，不能复作小楷书，又软脚疾复发，遂于十一月引疾乞归。归时里中无田可耕，且老屋蔽秽，而长子同福时官浙江知县，因携家赴杭，卜居于紫阳山之麓。

《墓志铭》:"公因从军时受山岚瘴湿之气,得软脚疾,至是复作,遂引疾乞归。公仕官三十年,归乡时无田可耕。时长子同福以知县需次浙江,公遂就养焉。"

《吴谱》:"公留京五月,闻明年有大考之信,久任外吏,不能复作小楷书,因于十一月引疾乞归。"

《独学文存》卷一《城南老屋记》:"丁卯,余再入翰林,引疾归,而老屋芜秽,不蔽风雨。维时长男同福官于浙,因携家就之,卜居于紫阳山之麓。……凡官于中外者十有八年,曾无寸田以安八口。古人云:随身衣食,仰给于官,不别治生,以长尺寸。余亦庶几矣。"

同卷《翠微楼记》:"嘉庆十二年,余自翰林引疾南归,卜居杭州紫阳山之麓。紫阳山,地志所谓吴山第一峰者是也。所居不盈五亩,聊以栖妇子、蔽风雨而已。"

《独学庐四稿·文》卷二《林和靖诗序》:"嘉庆丁卯冬,予自翰林编修解组归田,寄居于杭城西南隅紫阳山下。"

至吴门拜谒病重之宋思仁。无何,宋即卒。

《独学庐三稿·文》卷五《山东督粮道宋公墓志铭并序》:"丁卯,余罢山东按察使,再入翰林。是冬,以疾乞归。公已病,拜公于床下。……既别,阅旬日,公竟谢世。……嘉庆十二年丁卯十二月十八日以疾卒于家,春秋七十有八。"

又至金匮访老友赵基。

《独学文存》卷二《赵开仲乳初轩诗序》:"余罢山东按察使,再入翰林,引疾南归。未至家,先过开仲所。开仲迎门笑曰:'吾固卜子之将归也。吾日夜跂闾而望子。'余曰:'公何以知之?'开仲曰:'吾曩岁读子蜀中诗,若倦鸟思息,一篇中三致意焉,知子友归心久矣,特机未至耳。今缘事小谪,则归为有辞。吾固日夜望子归旌之至也。'因相对大笑。古人云,天下有一人知己,可以不恨。知我者,非开仲而谁?"

友人张吉安官余杭令,欲访之而不果行,遂寄诗见怀。张亦有诗奉答。

《晚香楼集》一《寄怀余杭令张莳塘明府》:"十八年来宦辙分,重逢转更希离群。共惊须鬓经时改,却喜讴歌载道闻。百岁大椿多爱日,三春芳草企停云。余杭父老多藏酒,应解跻堂寿使君。"

按:张吉安于乾隆五十五年下第,与执如相别,至本年正十八年。

张吉安《大涤山房诗录》卷三《石琢堂廉访有约不至用坡公洞霄宫诗韵却寄》:"鼠有偻飞我自顽,天坛咫尺堕人间。即看院长诸公在,想见祠官一例闲。世事浮云苍狗变,溪流终古翠蛟翻。丹池潴水牛清如许,何不同来照旧言?"

冬,取明毛晋刻《六十种曲》点阅一过。

按:复旦大学图书馆藏有石执如评点之《六十种曲》残帙一部,共存二十五种。每种前均有评语。如,其评明张凤翼《红拂记》曰:"此剧是两人合传,一叙英雄之气,一叙儿女之情,其中蝉联处文心绝佳,曲文清园流畅,不腻不枯,允推词场隽品。独学老人点定。嘉庆丁卯十二月。"后有"消遣世虑""游戏三昧"白文二方印,及"芦中秀才"朱文方印。卷端有"韫玉琢堂"白文小方印,及"花间草堂"白文方印。又如,评王世贞《鸣凤记》曰:"此本填词,大率以《琵琶》为蓝本,然多失韵,平仄亦不合宫谱。此文人之笔,非曲子当行也。"评《玉环记》曰:"世传《金瓶梅》一书,为王凤洲所作。其书内已屡引此曲,则其所由来久矣。玉箫两世姻缘,原书情节极佳,此改得甚为不通。玉箫本是青衣,今改作妓女,大为无谓。"此书尚有"平江石氏图书""独学老人""独学老人曾读书""琢堂"诸印。

是年,妾罗氏生第八女。第四子延禧生。

《吴谱》:"六月,第八女生,罗氏出,即殇。十月,公第四子延禧生。"

《独学庐四稿·文》卷五《十一郎圹志》:"亡儿季常,余之第四子。寒门寡丁男,男女相伯仲,故呼儿为十一郎。儿生而慧其愿,甫能行,即昵就余。读书不异中人,而于诸技术无所不解,画山水楚楚有致。戏为篆刻,奏刀自然合度,学鼓琴,三日而成,良宵引一曲。然凡事得其大概即止,不肯竟学。其于音律,殆天授,不学而能。"

(时事)正月,西乡营新兵作乱,西安将军得楞泰讨平之。七月,以故琉球中山王尚温孙灏袭封琉球国王,遣使往封。十二月,浙江提督李长庚追击蔡牵于粤海,中驳死,牵走安南。

嘉庆十三年戊辰〔1808〕五十三岁
寄居杭州紫阳山麓。浙中当事闻执如至,延主杭州紫阳书院讲席。

《墓志铭》:"浙中当事知公至,延主紫阳书院。"

民国《杭州府志》卷十六《学校》三《书院》:"紫阳书院在紫阳山麓,康熙四十二年建。……其中为乐育堂,凤朱子木主。堂后有簪花阁、五云深处讲堂。东为近水楼、南宫舫、瀛洲榭。生徒于此弦诵焉。"

孙衣言《逊学斋文钞》卷二《紫阳书院景徽堂记》:"杭州紫阳书院,建于康熙四十二年,在紫阳山下,而输财为之者,徽州盐商也。徽则朱子之故乡,故曰紫阳书院,而为祠以祀朱子。"

春,偕子同福游理安寺,访寒石上人。

吴翌凤《吾与汇编》卷三有石执如、石同福父子游理安寺所作诗,题:"嘉庆戊辰春月,游理安寺,访寒石上人茶话,归后却寄。"诗曰:"绕寺松篁接天绿,绿阴小径若螺旋。一轮月满千波印,七佛灯明半夜传。伏虎诛茅留古刹,呼龙咒钵出灵泉。上人梦想吴山好,倚杖行吟夕照边。"又"儒门兼善佛门空,识得真儒万法同。问字人来梅熟后,谈经客坐桂香中。半天花落心无染,千偈澜翻辩不穷。谛听龙吟枯木句,万松颠上一龛红"。

按:此二首诗又见《晚香楼集》一,题为"游理安寺访寒石上人二首"。

《独学庐三稿·文》卷二《倚杖吟序》:"嘉庆戊辰,余卜居杭州紫阳山麓,始得与寒石大师相识,爱其真实平易,乐从之游。师向住吾乡支硎山之吾与庵垂三十年,吴中士大夫往往与之游处,而余奔走四方,未尝一登问,接謦咳之声。今师因浙中缁素之请,主理安方丈,而余适寄居杭城,遂得时时策杖入山相访。"

顾承《寒石大师小传》:"师名古风,一名际风,字澄谷,号寒石,晚号独树,俗姓王氏,浙之天台人也。年七龄,脱白于邑之禅林寺。越十六年,得法于杭州理安渔陆禅师。乾隆己亥,来吴门,士众请居荇溪天宁庵。庵颓败已久,仅蔽风雨,师以和平广大,为众所归,不数年,遂为丛林,江浙间无不知有天宁者矣。……及来吴门,尤为彭二林先生所重。天宁开丛林后不三岁,退息支硎之吾与庵。阅二年,复往天宁。未几,仍退吾与,题其室曰倚杖处,四方闻人游吴门者,必造吾与。师故得无师智,博通内外典,词翰事不学而能。既居吾与,诗益进,着《倚杖吟》,读之者辄能开发智慧。……师为人温厚易直,善启发人,随其高下而告语之;又善为辞说,使人意消。"

应杨昌绪之请,题嘉定陈诗庭所绘山水图卷。

《晚香楼集》一《题陈莲夫进士仿王石谷山水为杨补帆作》:"石谷画山水,

本朝第一手。杨子今画师,心契盖已久。此画出陈生,规模十得九。烟岚万千壑,颇自夸腴厚。……我不识陈生,杨则神交久。我与沈三白,六法有所受。后生张伯雅,昵我呼小友。两人述杨子,脍炙不去口。芳声耳焉熟,识面缘未偶。今来凤山住,忽友款门叟。手持一轴画,精神甚抖擞。口致主人词,索我标其首。画参南北宗,变化非墨守。邱壑惟心造,烟云供驱走。张我虚堂中,如人入林薮。宜乎赏心人,宝藏若琼玖。放言述颠末,芜语愧聱白。"

盛叔清《清代画史增编》卷十四:"杨昌绪,字补帆,号凤凰山樵。吴人。国子生。山水于浑厚中而仍遇秀逸,每入诗意。士女仿六如,雅韵有致。又善花卉。"

按:陈诗庭,字画生,号莲夫,又号妙士。嘉定人。嘉庆四年进士。授知县,不就。画山水宗娄江。著有《读书答记》《深柳居诗文集》。

同治《苏州府志》卷一百十《艺术》二:"王翚,字石谷,常熟人。幼嗜画,运笔构思,天机迅露,迥出时流。……自董巨而下,至黄、王、倪、吴诸家,尽得其用笔之法,由是其业遂冠一代。"

九月九日,与董国华、陈文述集鸥隐园,钱王泽还徐州。

陈文述《颐道堂诗选》卷十七《重九日同石琢堂董琴涵两太史集鸥隐园钱子卿太守还彭城》:"宦海苍茫几白鸥,邺中词赋忆清游。采香篱落寒花晚,饯别园林落叶秋。壁上画图横采石,尊前词赋动黄楼。使君应是苏和仲,夜雨疏桐忆子由。"

同治《苏州府志》卷八十四《人物》十一:"董国华,字荣若。嘉庆戊辰进士,选庶吉士,授编修。以御史出知山东莱州府,官至广东雷琼兵备道。……既归田,于所居旁辟园种花缀石,优游十年。道光庚戌重游泮宫。卒年七十有八。国华少工词赋,与长洲陶梁齐名,有陶、董之目。"

民国《杭州府志》卷一百四十六《文苑》三:"陈文述,原名文杰,字云伯。钱塘人。嘉庆五年举人,官繁昌知县。少与族兄鸿寿为阮元所赏,时称'二陈'。……后客京师,与杨芳灿齐名。试礼部屡不售,就吏职,所至有惠政。工诗,长于歌行,才藻富有,雄视一世。近体亦韶秀。"

时长子同福就官义乌县令,因邑中士绅之请,重修忠孝义祠。既成,为文以记其事。

《独学文存》卷一《重修义乌县忠孝义祠记》:"古云十步之内,必有芳草,十室之邑，必有忠信。自古秀民善士，不择地而生，然而遐陬僻壤，往往寂寞无闻者，非无人也，无人振起之也。义乌地分婺女之次，今隶金华府。秦时有孝子颜乌，葬其亲，群乌衔土来助，县之得名由此始。……嘉庆戊辰，余长子同福奉上官之檄，权知县事……既至官，邑人请曰：'县旧由忠孝义祠，建于雍正五年，载在祀典者五十人，岁久寝废，栋宇倾颓，庭户已芜秽不治，惧无以妥神灵而昭口响，愿及时修复之。'于是鸠工庀材，缮宇葺墙，四郊闻风，踊跃襄事。既成，同福率邑之人士落之，而请余为记。……余不敏，方代罪史馆，宣教化，励风俗，悖史职也。故书其辞于丽牲之石，以告方来。"

潘曾莹生（据潘曾沂《小浮山人年谱》）。

（时事）七月，仁宗秋狝木兰。十一月，罢吴熊光两广总督职。免直隶、四川等省十三厅州县灾赋逋赋。朝鲜、琉球入贡。

嘉庆十四年己巳〔1809〕五十四岁

主杭州紫阳书院讲席。正月，广兴以赃败，处斩，籍没家产；周廷栋亦以徇情获咎。闻信，作诗讽之。

《晚香楼集》一《双旌谣》："双旌摇摇辟路人，白面少年乘朱轮。道旁观者屏气立，云是中朝执法臣。去年治狱河南道，太守郊迎先进宝。河堤使者礼貌轻，一纸封章达天表。财入县官身戍边，草索牵连及襁褓。今年星轺临济北，守令闻声齿先击。但愿使君勿作威，不惜兼金万千镒。城西车马喧如雷，骆卒传呼使节来。肥甘充庖马盈厩，百官旦夕趋行台。守令入门望尘拜，大小之狱评价卖。大狱论万小论千，听者遵依不敢懈。……使者归朝报至尊，封疆大吏多阘耳。微臣所谳民无冤。天子临轩赐颜色，举朝若个如卿直。宫中府中积弊多，百事皆资卿整饬。从古强梁有尽时，高高上天听则卑。诸人在位千夫指，中外籍籍多微词。祸机一发不可避，霹雷无私待时至。时至回天技亦穷，百口流离五行备。缇骑到门妻子散，狼藉金缯堆满地。内而臧获外田园，一物以上皆入官。哆啰呢积一千版，他物称是不待言。天子临轩亲决问，问汝谤讪实可恨。平时历诋众公卿，汝身何自干国宪。褫去朝衣赴东市，朝士咨嗟国人喜。……御史大夫尚风采，汉廷颇重周昌在。追锋车出比匪人，牵率老夫如傀儡。当时冰炭不相能，此日饮章同得罪。有司簿录馈金人，重戍边关次鬼薪。

岂无弥缝漏网者，依然正色到冠绅。"

按：《清史稿·仁宗本纪》："嘉庆十四年正月壬申，广兴有罪处斩，子蕴秀戍吉林，籍其家。缘以降黜者多人。"

二月十九日，浙江巡抚阮元邀同顾宗泰、陈廷庆、郭麐、何元锡、顾翰、赵魏等，集灵隐寺食蔬笋。众人议于此设藏置书，阮元赞成其事，并为文以记之。

阮元《揅经室三集》卷二《杭州灵隐书藏记》："《周官》：诸府掌官契以治藏。《史记》：老子为周守藏室之史。藏书曰藏，古矣。古人韵缓，不烦改字，收藏之与藏室，无二音也。汉以后，曰观，曰阁，曰库，而不名藏。隋唐释典大备，乃有《开元释藏》之目。释道之名藏，盖亦摭儒家之古名也。明侯官曹学佺，谓释道有藏，儒何独无，欲聚书鼎立。其意甚善，而数典未详。嘉庆十四年，杭州刻朱文正公、翁覃溪先生、法时帆先生诸集将成，覃溪先生寓书于紫阳院长石琢堂状元，曰：'《复初斋集》刻成，为我置一部于灵隐。'仲春十九日，元与顾星桥、陈桂堂两院长，暨琢堂状元，郭频伽、何梦华上舍，刘春桥、顾简塘、赵晋斋文学，同过灵隐寺食蔬笋，语及藏《复初斋集》事。诸君子复申其议曰：'史迁之书，藏之名山，副在京师；白少傅分藏其集于东林诸寺；孙洙得《古文苑》于佛龛；皆因宽闲远僻之地可传也。今《复初集》一集尚未成箱箧，盍使凡愿以其所刊、所写、所藏之书藏灵因者皆裒之，其为藏也大矣。'元曰：'诺。'乃于大悲阁后，造木厨，以唐人'鹫岭郁岧峣'诗字编为号，选云林寺玉峰、偶然二僧簿录管钥之。别订条例，使可永守，复刻一铜章，遍印其书，而大书其阁扁曰'灵隐书藏'。盖缘始于《复初》诸集，而成诸君子立藏之议也。遂记之。"

《晚香楼集》二《观阮芸台中丞灵隐书藏赋此奉简三首》："龙威灵宝香难求，别有琅嬛福地留。积古似开群玉府，崇文不让百城侯。心追白傅同千古，志在班生集九流。此地天龙森护卫，不虞帝敕六丁收。""开府文章许与燕，清才盛事领时贤。邺侯插架签三万，崔氏书钞纸八千。讲艺曾窥石渠秘，谈经尝借竹林禅。风流再作西湖长，共说当今玉局仙。""覃溪夫子鲁灵光，手写金经贝叶香。学坐蒲团依绣佛，寄将诗卷到云房。著书同享名山寿，韫椟无烦汲冢藏。异日湖壖征故实，恍疑天禄睹琳琅。"

按：阮元，字伯元，号芸台。仪征人。乾隆五十四年进士，改庶吉士。官至体仁阁大学士，加太傅。历官内外，所至以提倡学术自任，在史馆倡修《儒林传》，在粤设学海堂，在浙建诂经精舍。又校刊《十三经注疏》，汇刻《学海堂经解》一千四百卷，尤为嘉惠士林。卒谥文达。著述丰富，计有《揅经室集》《定香亭笔记》《小沧浪笔谈》《畴人传》《两浙金石志》《山左金石志》及《经籍篡诂》等。事迹详《清史列传》。

同治《苏州府志》卷一百二《人物·文苑》七："顾宗泰，字景岳，号星桥。元和人。登乾隆四十年进士。为诸生时，试辄冠军。与吴县诸生刘璜齐名。家有月满楼，文酒之会无虚日。袁枚谓其诗才清冠等夷，海内知名士无不投缟纻，今之郑当时也。官吏部主事，洊擢高州知州，罢归。"

同治《苏州府志》卷一百七《人物》三十四："郭麐，字祥伯，号频伽。芦墟人。生而右眉全白，丰标秀异。年十六，补诸生。三十后，绝意进取。所至森森自振，其风格蜕然出尘埃之表。家贫客游，文采照曜江淮间。性通爽豪隽。好饮，酣嬉讥骂，时露兀傲不平之气。少游姚鼐之门，鼐许为豪士。晚迁嘉善东门江家桥，卒年六十五。"

民国《杭州府志》卷一百四十六《文苑》三："何元锡，字梦华。钱塘人。国学生。精于簿录之学，家多旧书善本。嗜古成癖，雅意金石，尝于曲阜访求汉刻，绝幽凿险，务获乃已。"

光绪《无锡金匮县志》卷二十二《文苑》："顾翰，字蒹塘。敏恒子。少承家学，诗才清绝，人品狷洁儒其诗。嘉庆十五年举人，知舍山泾等县。晚岁主讲东林书院。粤匪之乱，受伤而殁，祀泾县名宦。"

民国《杭州府志》卷一百四十六《文苑》三："赵魏，字晋斋。仁和人。恩贡生。书法精妙，尤擅篆隶，时誉隆起，而魏谦不自足。考据金石文字，别具特识。其《竹崦盦金石目》，搜采精博，允推大家。"

又按：阮元文中所述及之刘青桥，生平事迹弗详。

初夏，应云林寺僧品莲之招，同顾宗泰、陈廷庆、顾翰、蒋炯赴蔬笋之会，徐鈵因绘《云林看雨图》。既而众人复游洞霄宫，因故未偕行。后闻彼处石壁题名有宋人亦名石韫玉者，感而赋诗。

顾翰《拜石山房集》卷三《品莲上人招同家星桥陈古华两太守石琢堂殿撰蒋蒋村学博集云林寺徐西涧茂才绘〈云林看雨图〉因题二律》："遥看灵鹫绕云根，万绿溟蒙到寺门。凉雨洒巾轻垫角，晓烟拍袂澹留痕。风高桧影有归鹤，香远桠林正饭猿。听到琴言忘世虑，心清不碍冷泉喧。""六时清课闭松关，钟磬琅琅木石间。梦入水晶依净域，发晞苍翠近烟鬟。世间文字最能寿，物外禅心只是闲。惆怅尘缘一弹指，徐熙愁墨画春山。"

陈廷庆《谦受堂全集》卷二十一《晨起喜晴将赴云林寺蔬笋之会作诗以订星桥太守琢堂廉访同游》："出梅纔断雨丝牵，一月湖楼搅客眠。蕉战绿窗残故纸，山撩青眼入新烟。来贤涌翠皆闲地，灵鹫呼猿即洞天。更报虎头征异事，曼卿先我蹑飞仙。"

《晚香楼集》二《蒋生炯约游大涤洞天余不果赴其归也言石壁题名有宋人与余同姓名者因赋诗寄之》："有客亲探大涤春，归来与我话良因。卧游秀乐天中境，坐证庄严劫外身。小字分明题石壁，几生旋转入风轮。湘东鋠补同名录，都恐传疑误后人。"

按：云林僧品莲事迹不详，俟考。

民国《杭州府志》卷一百四十六《文苑》三："蒋炯，字葆存。钱塘人。居西溪，老屋数十椽，聚书万卷。覃精铅椠，物外萧然。诗学中晚唐，文学三苏。长于议论，浙东西名士多识之。"

潘世恩《有真意斋文集》有《蒋蒋村文集序》："嘉庆甲子，余视学浙江，于钱塘得蒋生炯，通经训，能诗古文，长于史论。所居西溪之三墩，多古梅，丛芦生焉。士大夫之游者恒主其家，而生亦乐接其言论，以证其所学。"

钱泳《履园画学》卷一："徐鋠，号西涧。钱塘人。诸生。能诗，工山水。尝乞奚铁生指授，中年颇近大痴。"

五月十二日，洪亮吉卒于常州里第。闻信，有诗挽之。

《晚香楼集》二《更生居士挽辞》："丈夫不虚生，各寻不朽事。其事非一端，要有孤行意。……吾友更生翁，平生好岸异。官为柱下史，封章无路致。手草万言书，高论周识忌。……臣心天已鉴，露雷教同被。忆昔及第年，金门出连辔。策名愧卢前，论交幸王次。百家方争鸣，公独树一帜。……公今归道山，斯人不可二。既为逝者伤，抚躬亦堕泪。芝焚蕙自悲，物性伤其类。"

按：赵怀玉《皇清奉直大夫翰林院编修洪君墓志铭》载洪亮吉"嘉庆十四年五月二十日卒，春秋六十有四"。

齐鲲自琉球返旌，寄赠琉球竹箆；杨昌绪复为作《翠微图》。作诗谢之。

《晚香楼集》二《齐北瀛编修惠琉球竹箆杨补帆为卧作〈翠微图〉诗以谢

之》:"卜宅吴山第一峰,小楼深隐翠微中。邦人唤我西湖长,不让苕溪桑苎翁。""当代丹青杨补之,此心解与白云期。二豪盘薄高楼上,正是山中话雨时。""客自琉球国里回,寄将小扇当琼瑰。清凉绝胜龙皮扇,如挟风涛海上来。"

同邑周明德六十寿辰,有诗贺之。

《晚香楼集》二《叙永周司马六十寿言》:"检点金兰凤昔缘,同官同里使君先。书升自注阳城考,抚字曾调蜀国弦。……鹤知周甲添珠算,龙集先庚卜锦筵。椒酒上尊称寿恺,霓裳小部演胡旋。昌辰况值千秋节,永庆依光祀倔佺。"

《独学文存》卷四《四川叙永直隶同知周君墓志铭》:"君讳明德,字某,勖斋其自号也。……君幼好读书。十二能诗,十三学为文,年二十归苏州。南北乡试皆不售,以四库誊录议叙县丞,发四川试用。时金川平定,京兵凯旋,君即奉檄办理回兵差务,叙劳加一级。……君官至四川叙永直隶同知,援例改六部员外郎。未赴官,于嘉庆六年告归,时年缠五十二,亦可为急流勇退者矣。在林下优游二十余年,道光三年卒于里第,春秋七十有四。……余与君同官于蜀,知君事稔,因叙其生平大略。"

八月,浙江学政刘凤诰以监临舞弊褫职,遣戍黑龙江。闻信,赋诗以慰之。后刘氏亦有奉答之作。

《晚香楼集》二《闻刘金门遣戍黑龙江赋诗奉寄兼怀邱芝房六丈二首》:"叹息人间磊落材,文章声价在鸾台。每因疾恶招蜚语,谁料怜才酿祸胎。士论共明怀璧罪,主恩藻卜赐环回。白山黑水穷边地,几辈南冠向此来。""塞外交游更有谁,江南才调忆邱迟。蓬山作赋知名早,瘴海从军奏绩奇。墨吏攫金偏有术,书生毁玉竟无辞。清时频听鸡竿诏,何日恩波及海湄。"

刘凤诰《存悔斋集》卷十九《石琢堂同年自杭寄诗见怀次韵奉答》:"恩虚造物铸非才,卤莽余生入戍台。物论几曾諠马首,边风一任响弓胎。书传大漠榆关近,律验阳春黍谷回。为语湖壖诸弟子,道场解厄莫轻开。""孤负心长话向谁,怀人寥落叹栖迟。青山路杳休官好,白草风严出塞奇。少忍待天消宿业,长贫安命泯虚词。那知一角辰韩外,梦到梅花越水湄。"

按:《清史稿·仁宗本纪》:"嘉庆十四年八月庚戌,浙江学政、侍郎刘凤诰以监临舞弊褫职,戍黑龙江。巡抚阮元以徇情夺职。"

韩崶时任广东巡抚,过杭来访,执如率赋一律见赠,诗中亦怀及百龄。先是,百龄为两广总督,曾于初春招执如赴粤,因病不果行。

《晚香楼集》二《韩桂舲中丞过杭见访率赋并怀张菊溪尚书》:"旌节花开到涧盘,野人久脱远游冠。剧怜铁寿功名大,稍觉珠崖道路难。泽国有戎偏伏莽,书生无策赞登坛(注:尚书今春曾折柬相招,余病不能赴也)。楼船将士同袍在,何日苍黎衽席安?"

按:百龄,字子颐,号菊溪。本姓张氏,居辽东。汉军正黄旗。乾隆壬辰进士,授编修,充四库馆提调。嘉庆五年,出为湖南按察使。十四年,升两广总督,以计诱降海盗张保,粤海以安。十六年,改任两江总督,主持黄河入海口疏浚工程。十八年,加协办大学士衔。嘉庆二十一年卒于官,谥文敏。有《除邪纪略》《守意龛诗集》。事迹详刘凤诰《太子少保协办大学士两江总督世袭三等男谥文敏百公墓志铭》。

新任浙江学政周兆基邀执如至使院观剧,有诗。

《晚香楼集》二《周廉堂少宰使院观剧有感二首》:"曼衍鱼龙祖偃师,人情好怪类如斯。雪车冰柱征诗苦,露犬纨牛入画奇。香卷白波行酒客,光摇红烛出门时。都缘公瑾如醇意,香烬灯残坐不辞。""紞紞画鼓报辕门,秩秩宾筵笑语温。自昔逢人常说项,即今宋客尚留髡。狂来吞海心犹在,兴到谈文舌莫扪。却念种桃前度客,鸡竿曾否沛新恩。"

得陈廷庆所赠唐李廷珪墨。

陈廷敬《谦受堂全集》卷二十一《以李廷珪墨赠琢堂廉访媵之以诗》:"君不见,蜀人蒲韶与梁杲,制出乌丸诧奇绝。又不见,唐时李超子廷珪,其坚是玉纹是犀。后有潘谷朱万初,沉着无滓清有余。近来淘泓毛颖少,石肠笔舌苦难掉。一遇陈元墨海翻,泓颖居然同一饱。我有麝香修半笏,入水不坏几岁月。易水血碧荆卿魂,眉山玉黝老坡块。呜呼陈元谁与友,惟有万石交能久。主是馋守客子卿,休教烂嚼班盂口。不归处默即虚中,呜呼陈元谁与友!"

十月晦日,大雪。杨昌绪、王文浩、顾邦昌诸人集执如独学庐。适理安寒石上人折柬相招听雪,遂与同人登山畅游,信宿而返。杨昌绪因绘《瑞雪图》以纪斯游。

吴翌凤《吾与汇编》卷四《瑞雪图诗》引:"嘉庆己巳十月晦日,瑞雪初降。余偕王子秋涛、顾子兰槎、石子印川,小集琢堂山长独学庐。适理安寺寒石上人招主人听雪,遂与诸同人登山畅观。上人款留信宿,烧烛谭禅,暖觞破戒,诚良会也。因作此图纪游,并系以诗。吴趋杨昌绪。"

《晚香楼集》二《孟冬之晦大雪寒石上人折柬相招山楼信宿即事成篇二首》:"万里同云望转遥,六花飞舞碎琼瑶。将从谢客寻诗去,忽报林公折柬招。鹤语荒寒心自讶,虎潜幽隐气弥骄。香南雪北灵山在,静夜挑灯话寂寥。"又"天工游戏本无猜,花雨弥空四面来。大地化成银世界,灵仙常住玉楼台。田间占岁应宜麦,林下寻春未见梅。一片清凉真净土,问从何处着尘埃。"

按:王文浩,字秋涛,吴县诸生。执如及门弟子。《独学庐初稿·文》卷二《煮石山房集序》:"(王)复子文浩从予学,遂以先生全集相示,意欲余论定之也。"

吴翌凤《印须集》卷五:"顾邦昌,字奕兰,号兰槎。长洲人。诸生。有《写心草》"

是年,为汪一煃题《六息斋印稿》。

《晚香楼集》二《题汪氏六息斋印稿》:"书契代结绳,勒铭遍鼎钟。防伪作符灵,法沿斗检封。……汪子工铁笔,识字师冰邕。书成簪花格,斤运刻楮锋。……岂云雕虫技,壮夫所不容。"

按:汪一煃,字半声,杭县人。工篆刻。据韩天衡《中国印学年表》所载,汪氏于嘉庆十一年自刻印成《六息斋印草》四册,又于十三年撰《印学辨体》二册。

是年,为遂宁张问莱室人杨继端女史《古雪诗钞》作序。

杨继端《古雪诗钞》执如序曰:"《古雪诗钞》者,旗山张君德配古雪杨夫人所作也。……仆与旗山廿载通门,一朝倾盖,每因彦先之赠妇,而知德耀之宜家。授我一编,为君三复。……嘉庆己巳初春,独学老人石韫玉序。"

民国《遂宁县志》卷四《乡宦》:"张问莱,江南太平县丞。"

按:张问莱,字旗山,张问陶之季弟。杨继端,字古雪,亦遂宁人。张问莱之妻。著有《古雪诗钞》一卷、《续钞》一卷、《诗余》一卷。

是年,值休致居家之姜晟八十寿辰,曾于正月二日往苏州祝寿。

陈廷庆《谦受堂全集》卷二十一《颂姜杜香先生八十寿五排一百韵》末有注:"石琢堂廉访庚戌廷对第一,时公为读卷官,廉访先于献岁翼日自杭申祝。"

按:据许宗彦《鉴止水斋集》卷十八《皇清诰授光禄大夫太子少保工部尚

书姜公暨配诰封一品夫人顾夫人合葬墓志铭》载,姜晟生于"雍正八年正月五日",至本年正八十大寿。

是年,赵基卒。有诗哀之。

《晚香楼集》一《赵训导开仲余老友也今年七十赋怀人感旧之诗一百四十章中有见怀之作未及寄而归道山矣其孤录示遗草因和四律寄哀》,兹录第一首:"卅年臭味喻兰修,一夜深藏大壑舟。七十年华悲马齿,二三朋旧失龙头。将归不忘平生契,垂老同惊岁月流。异日山阳感嵇吕,倚楼人向笛中求。"

《独学文存》卷二《赵开仲乳初轩诗序》:"开仲之亡也,春秋七十。初未尝示疾。是日午倦假寐,久不寤,家人视之,则奄然化矣。四子皆以秋试赴省,惟一孙膝下,含有敛之。是非其平生淡泊无欲、深契道源,乌能超然于死生之际如是哉。"

是年,因广兴之败,向时被诬罢官事得雪,都中相知有寄书招其赴官者。筮之不吉,乃止。

《吴谱》:"公当日被诬之事皆雪,都中相知有寄信招公赴官者。公筮之,不吉而止。"

《晚香楼集》二《秋怀杂感十七首》之第十六首:"烯黄粱卵象通神,筮得天山遯有因。每恐猎缨逢贾谊,却教鼓枻悟灵均。白云不速常过我,碧树无情亦昵人。婚嫁随缘惟早毕,怕将儿女累清贫。"第十七首:"红树青山不我猜,几番欲出又低徊。明知束带腰曾折,无奈弹冠心已灰。窥日自惊驹隙晚,畏人兼恐鹤书来。孤山三百梅花在,冒雪凌霜次第开。"

是年,妾罗氏生第九女。

《吴谱》:"是年,第九女生,罗氏出,即殇。"

(时事) 三月,西安将军得楞泰卒。八月,福建提督王得禄、浙江提督丘得功合击蔡牵于渔山外洋,牵自沉死,闽海平。

嘉庆十五年庚午〔1810〕五十五岁
掌教杭州紫阳书院。元日,有诗。

《晚香楼集》三《庚午元旦》:"饮罢醺酥意邑然,平生行止总随缘。于菟从政曾三仕,伯玉知非又五年。积学农家占新岁,新晴天气得春先。老夫未读书犹广，剩取聪明更著鞭。"

初春大雪，应贾仲启（竹坪）之邀，偕吴锡麒、项墉、陈廷庆、吴永和、杨昌绪集饮吴山三茅观。时贾氏将解职北还，杨昌绪绘图纪事，执如及陈廷庆皆有诗。

《晚香楼集》三《初春大雪贾竹坪分司携酒至吴山三茅观招饮杨子补帆绘图纪事漫题五绝句》："博山炉内炽雕薪，酒绿灯红四座春。听得灵台频报瑞，可知世有葛衣人。""当年风雪赋西征，身赴征西大将营。黑夜冲寒穿贼垒，短衣匹马一书生。""如今高卧学袁安，幸有山梅共耐寒。独立吴峰最高处，无边清景尽人看。""学士烹茶趣自嘉，将军羔酒亦豪华。世间一切随缘好，纔别荣枯已涉魔。""山河大地杳无垠，万里同云黯不分。果否玉龙天上战，醉中稽首问茅君。"

陈廷庆《谦受堂全集》卷二十二《贾仲启分司招同縠人琢堂秋子渼陂补帆销寒话别兼送其解职北归》："贾山与我交，今已五年矣。伯氏和吹埙，见我书辄喜。洗砚来征书，云烟波满楮。书妙秋毫巅，砚活春云里。……"

按：贾氏，字仲启，号竹坪。时官于杭。其余事迹均不详，俟考。

毛庆善《湖海诗人小传》卷四十五："项墉，字金门，号秋子。钱塘人。贡生，候选同知。秋子少以词赋擅长。乾隆庚子，高宗纯皇帝南巡，献赋行在。壬寅、癸卯间，予应制军聘修《西湖志》，在事者二十余人，秋子与焉。与予晨夕聚首，请益问字，执贽弥谨。为人情耽风雅、兴协朋簪。……秋子西泠文酒之会，每月举行，月榭风台，篮舆画舫，胜流交集，人望如仙。"

按：吴永和，字惠之，号渼陂。会稽人。

春日尝至吴门，借寓孙星衍之一榭园。

《晚香楼集》三《寄居孙氏一榭园奉怀主人渊如观察》："苍苔门巷少人经，偶为寻春向此停。万卷纵横池北库，双鬟鼓吹竹西亭。三篙碧水萦衣带，一桁青山入镜屏。愿与兴公结邻住，移文先寄草堂灵。"

石同福《瘦竹幽花之馆诗存》卷三有诗一首，题："一榭园访子鸣妹婿，奉次家大人庚午寓此怀渊如丈原韵。"

按：一榭园在虎邱，孙星衍于彼建孙武子祠，拓其旁屋以为别业。

游于谦墓，有诗。

《晚香楼集》三《拜于忠肃公墓》："萧萧邱陇碧山阿，史册然疑论或讹。

叔武立因全卫国，韩擒死定作阎罗。青宫调护谈非易，黄屋安危计若何。祸起宫邻终古恨，辨诬奚止恸金陀。"

周兆基出示所得明周宗建（忠毅）玉印，为赋一律。

《晚香楼集》三《明周忠毅公玉印为廉堂少宰赋》序："公名宗建，天启朝官御史，以劾魏珰，死于诏狱。此印苍玉狮纽，高一寸四，方六分，文曰季侯，公字也。柳叶朱文。"诗曰："先正明清誓守官，触邪不负惠文冠。穷泉瘗血千年碧，密印传心一寸丹。合浦携归珠并反（注：印亡已久，近日少宰之弟云蟾在岭南得之），昆冈焚过玉仍完。故家留得忠臣样，好付云礽百代看。"

沈复自琉球归，出示所绘《琉球观海图》，为题一律。

《晚香楼集》三《题沈三白〈琉球观海图〉》："中山瀛海外，使者赋皇华。亦有乘风客，相从贯月槎。鲛宫依佛宇，龙即出天家。万里波涛壮，归来助笔花。"

按：沈复于嘉庆十三年随齐鲲至琉球，本年始回。旧传沈复所作《中山记游》，已为人证为伪作，其内容全系照录赵文楷《琉球日记》，且沈复嘉庆八年方丧佳耦，揆之情理，亦难有此事。沈复晚年行踪，可参《苏州》杂志1996年第二期所刊江慰庐先生《沈复晚年行踪》一文。

秋，游石屋洞，访僧圣庵，次壁间寒石诗韵。

《晚香楼集》三《石屋洞访圣庵上人和壁间寒石大师诗韵》："石室圆如卵，四山横自陈。秋林松子熟，夜路药叉巡。古衲常依佛，幽栖可避人。我思结茆住，当卜远公邻。"

按：石屋洞在浙江杭县南高峰下，高敞如屋。周围镌罗汉及诸佛像。洞色苍翠，其实深窈若螺形，洞底有泉穴。僧圣庵生平事迹不详，俟考。

八月，至金华观斗牛，有诗。

《晚香楼集》三《金华观斗牛歌》："我生嗜奇乐异闻，采访风俗心殷勤。金华之乡牛善斗，父老传说都云云。凉秋八月爽天气，一棹夷犹至其地。……植竿相对作门户，两牛相逢怒如虎。进不能遂退不甘，观者如墙色飞舞。万人欢笑两牛嗔，人谓游戏牛谓真。抵牾既久两不下，解纷释结还需人。呜呼凡戏皆无益，季郈斗鸡竟成隙。金笼蟋蟀贾平章，玩物玩人均丧德。岁时洽比乡邻安，莫因好弄开争端。贤相停车问牛喘，哲人所戒惟游盘。"

为吴县施咏书扇面。

《晚香楼集》三《为韵卿书扇》:"沙棠之檝木兰船,有客寻芳更觅缘。看到桃花三月闰,无边春色是今年。"

吴翌凤《印须又续集》卷三:"施咏,字仲梅,号韵卿。吴县人。又《有真香馆诗钞》。"

十二月十九日苏轼生日,应项墉之招,与同人公祀于西湖苏公祠。

《晚香楼集》三《腊月十九日东坡生辰项秋子招集同人祀于西湖苏公祠赋诗纪事》:"灵均作《离骚》,庚寅述初度。生辰直南斗,昌黎鸿辞布。……季冬月既望,风日甚和煦。适值公生朝,登堂瓣香炷。迎神复送神,饮福亦受胙。项斯风雅士,即事诗先赋。……予生亦丙子,宇宙微形寓。当世愧树立,抚躬多忧惧。稽古颇自伤,怀贤特仰慕。聊假文字缘,少写烟霞痼。"

是年,法式善有诗见怀。

法式善《存素堂诗二集》卷四《题交游尺牍后现在之人》中有及执如者,诗曰:"风雨满庐夸独学,十年寄我笺成握。东山不买赁西湖,春水一竿称钓徒。论诗偶及李怀麓,晚年留意黄山谷。埋头花屿绝交游,意欲人间书尽读。"

是年,妾陈氏请去。遣之。

《吴谱》:"九月,公姬陈氏请去。遣之。"

姜晟卒,

顾宗泰卒,

朱锡经卒。

(时事)正月,以刘权之为协办大学士。七月,永定河溢,至九月漫口始合龙。

嘉庆十六年辛未〔1811〕五十六岁

正月,勒保莅两江总督任,寄书招执如入幕。遂离杭赴江宁。

《晚香楼集》三有《白门感旧》四首,其一:"少岁登临地,征车又此行。江通桃叶渡,山绕秣陵城。宝剑匣中绣,熏风琴上生。岑公方坐啸,桴鼓夜无声。"其四:"花竹城南宅,秦淮旧板桥。画船波上住,钿扇酒边邀。曲水嬉三月,残山吊六朝。当时裙屐客,短鬓已飘萧。"

《独学庐四稿·文》卷二《林和靖诗序》:"辛未岁,威勤公以故相节制三江，予以旧吏征入幕府，掌文案。"

按：《清史稿·仁宗本纪》："嘉庆十六年辛未春正月癸酉，以勒保为两江总督。"

尝于暇日至皖，游采石矶，登太白楼。

《晚香楼集》三《采石山和林处士韵》："万木苍苍带夕曛，翠螺终古枕江滨。谷音响答皆成籁，岚气晴蒸欲化云。志怪聊凭犀作照，忘机直与鹭为群。平湖一曲梅千树，遥忆孤山处士坟。"同卷《太白楼》："河岳英灵应运生，李侯佳句最知名。醉叨天子调羹赐，狂逐江斐捉月行。读画更推萧尺木，品诗兼爱谢宣城。诸公零落人间世，此后风骚孰主盟？"

按：采石山亦名采石矶，在安徽当涂县西北二十里。太白楼亦名谪仙楼，在采石矶上，因唐李白有醉后捉月死于采石江之传说，后人因作是楼以附会之。

六月，以勒保内招为大学士，归杭。

《吴谱》："威勤公入相，公乃归。"

《清史稿·仁宗本纪》："嘉庆十六年六月癸丑，以勒保为大学士，管理吏部。"

闻理安寺寒石上人归主苏州吾与庵，赋诗寄之。

《晚香楼集》三《寒石上人归吴中吾与庵赋此奉寄》："公辞方丈我辞官，懒散贫闲总一般。百岁尽时何物在，万缘空后辞心安。须知法界同毫末，奚取机锋在舌端。放倒刹竿烧却佛，世缘一切当魔看。"

按：寒石于本年归主吾与庵，参顾承《寒石大师小传》。

八月十四日，同表弟黄丕烈宿吾与庵。翌日为中秋节，寒石邀往天平山看桂，且游白云泉。

吴翌凤《吾与汇编》卷七有黄丕烈诗四首，题："辛未秋分前一日，同石琢堂表兄宿吾与庵。翌晨，澄公邀往华山看桂，归至白云泉，得诗四首。"其一："隔宿呼舟待，侵晨冒雨行。花光思素侣，石语续前盟。野色闲中趣，秋香分外清。剪灯重话旧，不听皖钟声（注：己巳春，余偕琢堂宿松巅阁，时澄公犹主理安方丈）。"其二："雨歇登山去，岚光湿翠浮。俯身愁径滑，倾耳爱泉流。兴共高僧逸，芳寻古寺幽。桂花香里坐，杂咏继春游（注：今岁入山，有《春游杂咏》之刻）。"其三："入寺鼻先觉，风来馨一山。花光依佛古，云影伴僧闲。旧井泉犹活，疏林叶渐斑。剧怜秋色好，茶话坐忘还。"其四："一岁今三到，流光又是秋。听松风入耳，攀桂月当头。久客贫游览（注：时琢堂新自清江归，云不到此者已卅年余），孤僧懒唱酬。白云留不住，向晚促归舟。"

《晚香楼集》三《中秋与澄谷上人同访天平山白云泉之胜黄子绍武即事成咏偶步其韵三首》："访秋翠岩寺，满院桂香浮。济胜尊神足，观文仰俊流。灵山双树老，芳草一庭幽。霜落寻红叶，相期续后游。""飞云曾出岫，倦鸟乐归山。客践三秋约，僧分半日闲。茶瓯香泼乳，苔径绣成斑。不觉石头滑，同参古德还。""积阴压平楚，疏雨酿凉秋。倚杖柴门下，扬舲野渡头。人随飞锡住，地岂布金酬。近迹频离合，真如不系舟。"

按：此三诗亦见于《吾与汇编》卷八，题："秋中同人访澄谷大师于吾与庵，因同访白云泉之胜。黄复翁表弟即事成咏，敬步其韵。"

是年，同年陈预之官江西布政使，有诗送之。

《晚香楼集》三《陈笠帆同年移任江西布政使赋此送别》："西川东海两同官，联襼㩦裳念古欢。花命升沈终有定，萍踪离合总无端。交游自惜停云远，仕宦原知昼锦难。折取一枝梅赠别，祝君同此耐清寒。"

是年，在继昌座上见唐时小忽雷，有诗咏之。

《晚香楼集》三《咏小忽雷》引："莲龛观察座上见古乐器，象轸檀槽，皤腹修颈，蛇皮蒙面，张以双弦，似琵琶而差小，曰唐小忽雷也。旧藏于孔东堂家。考《乐府杂录》，唐文宗朝有内人郑中丞，善胡琴，内库有二琵琶，号大小忽雷。郑尝弹小忽雷，即此也。因成四绝句。"诗曰："朦国新声久绝传，梨园法曲化成烟。独留一片无情木，经历沧桑九百年。""双弦挑抹响楞登，想见妍娥玉手凭。却怪人人吊青冢，无诗咏到郑中丞。""凤头尺八紫檀槽，腰腹彭亨古锦韬。若谱唐宫新乐府，教人肠断水仙操（注：郑以忤旨被缢，投于河，流出，再生为小吏梁厚本妻，故云）。""象牙轸上蝇头字，辨取云亭绝妙词，不尽桃花亡国恨，更翻新曲度龟兹。"

李放《皇清书史》卷二十八："继昌，拜都氏，字述之，一作述亭，号莲龛。满洲正白旗人。嘉庆五年举人，官至浙江布政使。书尤得晋唐风味，于近人得逼肖刘文清公。"按：《国朝耆献类征》卷一百九十九《疆臣》五十一载，继昌于"嘉庆十六年，调江南江安督粮道"。

是年，为门人陈兆元题《长江放棹图》。

《晚香楼集》三《题〈长江放棹图〉为陈生兆元作》："金焦清霁海潮平，

万里乘风第一程。江上绿分山几迭，云中红露塔孤撑。登楼我尚同王粲，击楫君应羡祖生。花月秦淮春正好，倚栏日日望行旌。"

按：陈兆元，字符之，一字彬华，号小松。吴县人。执如及门弟子。有《百尺楼吟草》。《印须集》卷七选其诗二首。

是年，妾罗氏生第十女蕙枝。

《吴谱》："十月，公第十女蕙枝生，罗氏出，后适阳湖孙廷镛。"

方积卒。

（时事）四月，大学士戴衢亨卒。孙星衍解组归。

嘉庆十七年壬申〔1812〕五十七岁

春，两江总督百龄延执如掌教江宁尊经书院。

《吴谱》："张文敏公之总制两江也，延公主尊经书院，时往问吏事得失。"

按：据《清史稿·仁宗本纪》，勒保自去年内招为大学士后，即令两广总督百龄改任两江总督。

嘉庆《新修江宁府志》卷十六："尊经书院，即县学内尊经阁也。阁在学后，明代贮国学经籍及二十一史版。国朝因之。嘉庆十年，尊经阁毁，二十一史版及三段碑、落星石皆归于烬。前布政使康基田捐资重建，即其地设书院。"

二月十二日，与方维甸、孙星衍、吴垧同游清凉山，登至江光一线阁茶话，复至隐仙庵观古梅。

《晚香楼集》三《壬申花朝与方葆岩尚书孙渊如观察吴梦华文学同登清凉山江光一线阁茶话走笔成篇》："大江滔滔界吴楚，两岸名山不胜数。建康城北是钟山，龙蟠虎踞夸今古。孙楚翩翩王谢流，招携同作清凉游。清凉山势翠宛委，杰阁岿然凌上头。……座中有客多振奇，巢许夔龙共一时。吴生才语云山助，方叔威名草木知。云山草木常如此，百岁忧欢一弹指。纔信空门意味长，登临不但江山美。请从方外结良缘，买取祇园一角山。手种梅花三百本，此间风月更无边。"

同卷《金陵隐仙庵有古梅一株相传齐梁旧物也春分始花即事成咏》："芳华千岁故依然，地近金坛古洞天。此处风光偏晚晚，旧时月色尚婵娟。红羊劫后春常驻，翠羽声中梦欲仙。任倒根枝顽似铁，品题终在百花先。"

按：方维甸本年开缺在籍侍母之病，侨寓江宁。参《清史列传》。吴坰，字季野，号梦华子。直隶宣城人。其余事迹弗详。

嘉庆《新修江宁府志》卷六《山水》："清凉山在上元清凉门内，旧属石头山。宋人于此改建清凉广惠寺，故名。"同书卷十《古迹》："隐仙庵在清凉山虎踞关之侧。相传陶宏景隐居于此，故名。庵有老梅一株，相传为六朝时树。"

三月二日，应洪梧邀，同贵征、陈用光诸人于梅花岭修禊。

贵征《安事斋诗录》卷四《壬申三月二日桐生招同诸君梅花岭修禊得五律二首》，其二云："都讲风流甚，开筵启曲方（注：桐生所居香分群玉当小阁极为幽邃，是日尽撤窗棂）。折华供授简，籍草待浮觞。千里来冠盖（注：是日如程澄江侍御、石琢堂廉使、陈硕士编修等皆自远至），兼旬快艳阳（注：入春极多风雨，是日始晴）。乐游真不易，迟我束行装。"

徐世昌《清儒学案小传》卷八："洪梧，字桐生，一字植垣。歙县人。兄模、榜皆先卒，亲丧，哀毁庐墓，人称其孝。选拔贡生。乾隆庚子南巡，召试，赐举人，受内阁中书。庚戌成进士，改庶吉士，授编修，典浙江乡试，纂修《全唐诗》，出知沂州府，恤民爱士，有蒲鞭示辱之风。归主扬州安定、梅花书院，造就甚众。著有《易箴》二卷、赋、古今体诗。"

按：洪梧为执如庚戌同年。洪梧有《一萼红词》一卷，刻于嘉庆十九年，中有一首，题"呈石琢堂廉访同年"，词曰："盍元机，只襟怀旷达，随处似栖乡。哭罢张颠，招回鲁叟，玉龙频感山阳。辛亥字，书年未少。聚芜城，还共校书场。尽鹢同飞，闲鸥作侣，比屋连房。哪曾记仙轺行处，见湖云春白、岭桂秋香。蜀郡征麈，蒲关直指，铭勋旗伯无忘。自齐国盖公毋扰，返仙瀛、又莅石田庄。好在神清目朗，足健身康。"

道光《重修仪征县志》卷三十一《人物志》："贵征，字仲符，号一堂。幼而岐嶷，髫龄好学。家綦贫，教读数里外，暮必归侍。工于为文而不喜时艺，故《十三经》《左》《国》《史》《汉》最熟。乾隆丙午举人，己酉成进士，历吏部文选司郎中，石经馆校勘官。因公谪往伊犁效力。……奉旨回籍，复职，在本部行走，遵例加升道员。以母老请养归，与修《扬州府志》。……乙亥丁母艰，哀毁逾恒，疾，遂不起，年六十。著有《安事斋制艺》、诗、词、《新疆道里图表》《扬州河渠志》。"

按：陈用光，字硕士，一字石士。新城人。嘉庆六年进士。由翰林编修出为河南考官，福建、浙江学政，官至礼部右侍郎。道光十五年卒，年六十八。为姚鼐门弟子，受学于舅氏鲁仕骥。为文祖述桐城，诗学于翁方纲，得江西派诗法。著有《太乙舟诗文集》。事迹详《清史列传》。

又按：梅花岭在江都县广储门外，明万历中州守吴秀浚河积土而成，因树以梅，故名。

为天平山僧观性题《夜游白云泉图》，复为双修庵比邱尼韵香题《空山听雨图》。

《晚香楼集》三《〈夜游白云泉图〉为观性上人作》："客秋山泽游，策杖天平麓。天平多奇石，万物云中矗。……兹游倏经年，光阴若转烛。忽然披此图，旧境复枨触。卷中列三人，两未接芳躅。懒师曾识面，萧洒拔尘俗。举一知三隅，高踪应可瞩。荒言鸿无范，信手已满幅。"

同卷《题比邱尼韵香〈空山听雨图〉四首》："曾过梁溪画舫停，九龙山色向人青。真仙未证无生果，且筑山中写韵亭。""解作簪花结墨缘，由来慧业易生天。修成六甲灵飞术，便列楞严十种仙。""修竹幽兰妙写生，风神潇洒自天成。缘知画理通禅理，兰共芬芳竹共清。""坐断空花岁月深，不须枯木听龙吟。读残暮雨潇潇曲，也识莲花不染心。"

吴翌凤《印须续集》卷六："明澈，字观性，号懒庵。长洲人。主师林寺，退居凤巢。"

按：韵香，双修庵女尼。郭麐《蘅梦词》卷二《女冠子》引："赠双修庵女尼韵香，一号清微。"词曰："清宵更永，微月度云无影。蹋苍苔，试问三生事。谁修双笑来。房深香似雾，人澹韵如梅。记取阑干外，玉簪开。"

得王鸣盛《桐泾草堂图卷》，有诗。

《晚香楼集》三《王西庄先生〈桐泾草堂图卷〉四首》，兹录其第二首："光禄声名久，吾衰叹道穷。敦经中垒并，贞疾左邱同。蛾术因时进，鸿文就范工。生天公太早，不及见张融。"

按：王鸣盛，字凤喈，号礼堂，又号西庄，晚号西沚。嘉定人。乾隆十九年进士，授编修。累官至礼部侍郎，左迁光禄寺卿。丁内艰，遂不复出。居苏州三十年，闭户读书，不与当事交接。幼从沈德潜学诗，又问经于惠栋，遂通汉学。著有《蛾术编》一百卷、《十七史商榷》一百卷，及诗文集四十卷。事迹详《清史列传》。

江宁布政使庆保入都述职，有诗送之。

《晚香楼集》三《送尹蕉园方伯入都述职》："汉室金张是世卿，三年屏翰福星明。相逢倾盖论心久，此去朝天报政成。吴语妖浮原积习，丙侯宽大见平生。绣衣但祝公归早，旌节花开一路迎。"

按：庆保，章佳氏，字佑之，号蕉园。满州镶黄旗人。大学士尹继善子。由广州将军累官至左都御史。善画花卉虫蜨。事迹可参《清代画史增编》卷三十六。

观沈虞扬《松间对酒遗像》，有诗。

《晚香楼集》三《沈古心松间对酒遗像》："世人多寿即神仙，对酒何须问圣贤。幸有松风清俗耳，终无药草驻颓颜。幽栖享尽平生福，净业应归兜率天。不及识公真面目，我非生晚为缘悭。"

光绪《重修华亭县志》卷十六《人物》："沈虞扬，字符昆，号古心；袁以仁，字均溥，号研圆，皆好义长者。乾隆、嘉庆间，众称之曰二老翁。虞扬遇岁俭，必施粥平粜，建书院，修学公，先后捐千金。岁收佃入，视他家数独减。殁后，乡人诵思之。"

六月，《袁文笺正》十六卷成。

《袁文笺正序言》："天地之道，一奇一耦。文章载道之器，故有奇而不能无耦焉。汉京既东，骈体渐作，至六朝而大盛。凡朝廷典册、军府文移、史官论赞、公卿启事、朋友竿牍，以及浮屠老子之书，丰碑幽宅之铭，无往而不骈体者。其文炳焉与六艺同风。杜少陵曰：'王杨卢骆当时体，不废长江万古流。'诚郑重乎其言之也。……仁和袁简斋先生之论，则曰：'本朝开国以来，尚未有能以四六成一家之言者，窃欲自立一帜。'窥其意，殆自命为当代第一手矣。先生抱沉博绝丽之才，胸罗万卷，笔扫千人，所著诗古文，靡不升古人之堂而哜其胾，特斤斤以四六自命，倘亦果有出乎其类、拔乎其萃者耶？余少学为古文，不习骈体。自入翰林，后职有司，存偶一为，应奉之作，所作不多，心亦不好也。洎为外吏，益弃去不复省。迩来归田无事，重钻故纸，聊以消耗壮心，适得是编，觉其鲸铿春丽，怪怪奇奇，真天地间别是一种文字，近世果无能颉颃者。刘舍人所谓'树骨训典之区，取材宏富之域'，殆庶几焉。顾其学博，其辞澹，直如杜诗韩笔，字字皆有来历，读者不知所出，辄茫然兴望洋之叹。乃不揣固陋，于三余之暇，仿李善注《文选》之例，一一笺释之，间有舛讹，则加按语以订正之。夫人读书既多，涉笔即奔赴腕下，不能为先生讳也。积三年之功，大约得其十之八九，同学之士请曰：'天下之贤，当与天下共之。是编也，读者每苦于钦其宝，莫名其器。今既十得八九，可以出而示人矣。古人撑犁不识，㸑䉛不知，必欲一字不遗，一事不漏，恐非可以旦夕期也。'余曰：'诺。'因授之梓。既梓后，复有所得，既补于本文之尾；或误注者，亦随时订正于后。尚有阙误，惟冀高明之士补正之。时嘉庆壬申夏六月。"

按：是书乃执如对袁枚所作骈体文进行系统笺释而成之作，亦是迄今为止最好的一部袁枚骈体文注本。本年授梓之版本，为手书上版，刊印极精。前有内封叶，其左下镌"鹤寿山堂藏板"。是书一经问世，即风行海内，之后屡有翻刻之本，其中较易觅到的，有光绪汗青簃刻本、光绪十四年蜚英馆石印本，及民国间会文堂石印本等。

冬，有诗和答黄丕烈，且订消寒之会。

《晚香楼集》三《和答黄绍武表弟兼订消寒之会二首》："年华弹指过，世事放眉看。白屋将归老，青毡自耐寒。静观云变幻，幸守竹平安。窗外梅花发，清芬到笔端。""亲戚多情话，交游念古欢。高年同辈少，礼数野人宽。举酒消寒会，呼灯卜夜阑。山厨无过菜，蔬笋即盘餐。"

除夕，有诗。

《晚香楼集》三《壬申除夕》："堂堂岁月住山林，渐见霜华向鬓侵。身外一琴常在御，宅边五柳始成阴。也烧爆竹祛穷鬼，自祭诗篇慰苦心。却笑灯前小儿女，乍归犹未习乡音。"

是年，始移家眷归姑苏城南旧宅。

《独学文存》卷一《城南老屋记》："……乘其隙稍稍修治故宅，且渐偿黄氏之直。复拓旁屋附益之。又五年，岁在壬申，始归挈于先世之旧居。"

是年，因汤溪县邑人之请，作《汤溪县尊经阁记》。

《独学文存》卷一《汤溪县学尊经阁记》："太史公曰，学者载籍极博，必考信于六艺。诚以六艺之文，皆羲农尧舜三代以来圣主贤臣之言，而又经孔子手定。凡天地苞符之秘，帝王治平之要，匹夫匹妇日用行习之事，无不于是乎在，故尊之曰经。……方今文教昌明，四海之内，一州一县，无不立宣圣之庙……文庙之后，必有尊经阁以藏古今图籍，俾学官弟子有所稽考。……浙之汤溪，系新建之县，文庙既立，而尊经阁尚阙焉。嘉庆壬申，余长子同福宰是邑，因绅士之请，鸠工庀材，卜良辰而建之。阁既成，请余纪其岁月。余谓是邦人士知尊经，必能明道，能明道，则必能达于孝弟忠信之义，处为良民，出为名臣，皆于此始基之也。故乐得而述以文。"

（时事）二月，试翰林詹事等官，擢徐颋等四人为一等，余升黜留馆有差。十二月，以铁保为礼部尚书，潘世恩为工部尚书。

嘉庆十八年癸酉〔1813〕五十八岁
掌教江宁尊经书院。元旦，有诗。

《晚香楼集》四《癸酉元旦》："老至携家竟入林，肯容世虑久相侵。无官自比鱼归壑，有子何嫌鹤在阴。学佛非为求福计，健忘不废读书心。闲门贺岁人来少，静听园禽弄好音。"

吾与庵方丈寒石七十寿辰，有诗寿之。

《晚香楼集》四《寒石和尚七十寿言》："灵山何处问宗风，前是林公后是公。法性证明三宝下，诗名合附九僧中。心同指月光常满，面喻观河寿不穷。休道年华古稀有，文殊得果尚称童。"

张问陶于去岁辞莱州知府任，卜居吴门。闻信，喜而赋诗。

《晚香楼集》四《喜同年张船山太守卜居吴门》："释褐升朝二十春，与君众里最相亲。蹔游吴市花惊目，并坐萧斋酒入唇。醉对鸡豚呼佛子，狂将奴仆命骚人。梦中忽有神来告，决计辞官作逸民。"

按：张问安《亥白诗稿》前嘉庆二十一年昆山王学浩序云："壬申四月，船山太守罢守东莱，养痾吴下。"

三月上巳，与吴锡麒、洪梧、江（易堂）、贵征、张问陶诸人集两淮盐运使廖寅之题襟馆修禊事。

《晚香楼集》四《癸酉上巳廖复堂转运招集题襟馆修禊与吴穀人洪桐生江易堂贵仲孚张船山诸君子分韵得聊字》："旧日题襟地，重开景物饶。花边设尊俎，竹下集宾僚。……良会征诗纪，余寒藉酒消。燃灯时卜夜，分韵字拈聊。促膝忘年辈，盟心订久要。光阴一百五，令节正今朝。"

按：江易堂，生平事迹弗详，俟考。

姚文田《中议大夫两淮都转盐运使廖公墓志铭》："公讳寅，字亮工，号复堂。……世为四川邻水人。……乾隆己亥，举本省恩科乡试，力不能赴礼部，前后十数年，一再至都而已。……乙卯，始以大挑一等，分河南试用，初奉檄，得南阳之叶县。……历权江西布政使、按察使。嘉庆辛未，升两淮盐运使。守己以廉，恤商以仁，严私贩，裕丁灶，国用军储，两无匮乏。……后缘事被议镌级。……公自是遂不出云。"

题吴翌凤自湖南浏阳所寄画像，述彼此交游梗概。

《晚香楼集》四《题吴枚庵画像》："我年十有八，始游青衿队。诵法鲁叟书，束发从先辈。维时操觚家，相尚事藻缋。万口同一声，秕糠不可耐。延陵有君子，翛然尘埃内。精心力稽古，当世旷无对。书宗文董俦，诗别金元代。余技戏水墨，亦与倪黄赛。篆刻名一家，古趣出鼎鼐。事事可我师，倾心奉清诲。壮游历湖湘，扁舟书画载。抗礼公卿间，耿介表风采。我方典文学，欣逢素心在。岁时接居游，坐阅春秋再。一别十七年，溯洄苦靡逮。忽闻檐鹊鸣，跫然足音贲。于我十年长，绝少龙钟态。将母在高堂，常尽慈乌爱。当今天爵荣，如公应无配。兹因赞公像，长言述梗概。"

六月，天寒似秋。忧甚，赋诗。

《晚香楼集》四《六月寒》："昨夜雨滂沱，檐溜声如瀑。晨兴御绤衣，四体意瑟缩。凉风东北来，发发振茆屋。天气冷如秋，当暑人思燠。敝袍欲装棉，鸡犬戁下宿。我闻山东人，饥馑苦相续。男女论斤卖，藜藿不果腹。于今已三年，行者闻野苦。何以拯斯民，岁丰五谷熟。似此六月寒，逢年未可卜。彼苍心仁爱，斯民祸何酷。安得邹生律，吹气回黍谷。举眼视苍苍，心忧如转毂。"

作《山居十五咏》。甥吴嵰、婿陆元文，及吴县吴慈鹤皆有和作。

《晚香楼集》四有《山居十五咏》诗十五首，分咏鹤寿山堂、独学庐、舒咏斋、晚香楼、五柳园、花间草堂、涤山潭、微波榭、花韵庵、梦蝶斋、瑶华阁、归云洞、卧云精舍、连理桑、在山泉。

吴嵰《红雪山房诗钞》卷十二有《奉和石琢堂师山居十四咏即次元韵》。

按：吴嵰本年自巨野主簿任南归。石执如《红雪山房诗钞序》："忽焉千里人来，万金书至，生欲结由东之邻而卜宅，我遂指道南之屋以迎宾。"

陆元文《敛斋诗稿》卷二有《和石琢堂先生园居杂咏》。

吴慈鹤《凤巢山馆求是录》卷二《和石竹堂前辈韫玉山居杂咏》。

民国《吴县志》卷六十六下《列传》："吴慈鹤，字韵皋，俊子。嘉庆己巳进士，选庶吉士，授编修，充云南副考官，提督河南学政，转侍读。慈鹤于书无所不读，为诗文雄深瑰特。殁后，梁方伯章巨刻其遗著。"

有诗答张吉安。

《晚香楼集》四《答张蒔塘大尹》："坐看富贵逼人忙，始觉山林日月长。摩诘幽栖名竹里，仲卿遗爱在桐乡。传家蠹简縻清俸，医国龙宫授禁方。仰屋不知问生产，近闻门户付诸郎。"

八月十八日，与黄丕烈游西山，至廿一日，尽兴而返。

吴翌凤《吾与汇编》卷八有黄丕烈《游西山诗序》："癸酉中秋后三日，放舟出齐女门，先至闻思讲院，访岊峰上人；后至吾与庵，预约琢堂表兄在彼相待，晚遂宿僧寮。明日，由普贤于茶坞，登舟出涹川，抵穹窿，信宿道房。廿一日，始迁道抵茅棚，拈花游毕，返棹。念余与琢堂，少同塾，长同游京师，而彼此年皆五十余，踪迹又相聚，作此清游，人生朋友之乐，吾乡山水之胜，略见于此。因作五古八首，以纪行迹，以述素怀。"

《晚香楼集》四《秋日游西山和黄荛圃韵八首》，兹录第一首："行迹遍天下，言旋归故山。独学寡俦侣，寂寥常闭关。祗林有开士，近在咫尺间。幽人邀我去，林麓同跻攀。松下叩荆扉，相见礼数删。问以无生法，导引心不悭。阶前十竿竹，新笋已成斑。乘除悟物理，所贵在心间。"

授隶书笔法于同福之妇席慧文，且为题《三十学书图卷》。

《晚香楼集》四《题子妇慧文三十学书图》有序："余年十四五时，观先辈所作八分书，辄见猎心喜。每遇净几废縑，涂鸦不已，然无所师承也。既壮，宦游四方，广收汉唐碑碣，每获一通，即临摹数十过，于是知古人运笔之意。汉人以解散六书为工，然字今而趣古；唐人以参用二篆为贵，然字古而趣凡。此惟深思好学者知之，非可以口舌宣也。余笔法无所授，授之于子妇慧文。窃惟右军之学，授子献之；中郎之学，授女文姬。古未有妇事舅而传其业者，有之，则自慧文始，他日艺林又当多一故事矣。慧文近作《三十学书图》，余为题帧首，复系以二章。"其一："我家万卷是良田，笔来偏凭子舍传。三十学书殊未晚，由来金石最长年。"其二："汉唐碑碣今多有，能益多师尽我师。却笑鸿都写经客，未将心尽授文姬。"

《清代闺阁诗人征略》卷八："席慧文，字怡珊。滆池人。知府椿女，太平同知吴县石同福继室，举人峻华母。有《瑶草珠花阁集》。怡珊为石琢堂太史子敦夫大令继室也。能而贤，待前两室母家与己母无异视。工书善画，能琴，通音律，尤善隶书，亲从太史受笔法，能作径尺大字。"

九月，周兆基以工部尚书入京，道出江宁，与执如相会。

《晚香楼集》四《送廉堂大司空入都》："司空拜命转朝端，暂驻征骖慰古欢。课士共传文似锦，逢人常觉臭如兰。青云故旧中年少，白首分离后会难。要识潜夫今伏处，恕无消息到长安。"

《清史稿》卷一百八十六《表》二十六《部院大臣年表》五上："嘉庆十八年九月甲申，迁周兆基工部尚书。"

除夕，于晚香楼守岁，有诗。

《晚香楼集》五《晚香楼守岁作》："神武归来久乞骸，幽居谢客闭萧斋。扶床笑说婴儿长，解灶怜无老妇偕。鹊语报人新岁喜，梅花助我小园佳。侧闻河朔烽烟净，手酌醵苏一放怀。"

是年，吴江翁广平来谒，以所著《听莺阁文稿》请序，又请跋《吾妻镜补》。

翁广平《听莺居文钞》卷二十五《与石琢堂殿撰书》："广平穷乡后学，浅见寡闻，既不得意于科举，妄自以为有一知半解者，每有所得，辄形诸笔墨。加以亲友购请酬应之作，稍有卷轴，漫托于穷愁著书之列。亦思就正于有道，而愧恋不敢出示者有年矣。旧岁躬谒崇阶，荷蒙容接，畅聆训诲，又蒙评点拙稿，已不胜欣幸矣。兹复蒙赐题《吾妻镜补》跋语，并锡示大著古文辞稿，命广平甲乙，是先生不耻下问之虚怀，但不知广平何以得此于先生也。"

按：翁广平初至南京，为访姚鼐，在嘉庆十六年，时执如尚未至金陵主尊经讲席，参张慧剑《明清江苏文人年表》。又据张绍南《孙渊如先生年谱》嘉庆十七年谱所载，孙星衍"在金陵，值方督维甸家居，姚比部鼐、石殿撰韫玉皆主省城书院，多文艺之事"，则执如结识姚鼐乃在十七年，时姚鼐主钟山书院。张慧剑《年表》载嘉庆十八年，吴江翁广平再到南京见姚鼐，则其顺谒执如，盖亦在此年。

《独学庐四稿·文》卷四《听莺阁文稿后跋》："近岁艺林才人多而学人少，后生矜慧之士，剽窃故纸中隐僻事以炫于人。观其所为文，烂若云锦之丽，及叩其胸中所蓄，而无有也。……平望翁子广平，朴学之士，不求闻于时，而有志于古。于学无所不窥，而必根柢经史，有源有委，班生之传河间献王也。曰修学好古，实事求是，翁子殆其人与！"

同卷《翁氏吾妻镜补跋》："翁子广平以日本国《吾妻镜》一书阙略未备，积一生心力，穷搜博采，撰成《吾妻镜补》若干卷。凡其国之世代谱系、山川都邑、典章风俗、物产方言，无不详且尽，携以示予，而以序为请。"

同治《苏州府志》卷一百七《人物》三十四："翁广平，字海琛，平望人。七岁即解文字。困于童试，年四十七，始补苏州府学生。尝渡海宿普陀山，观日出，归著《日食即日月合璧论》二千言，复著《月盈亏论》《陨星论》，多创解，为前人所未有。性喜异书，手自钞不倦。得里中潘氏旧藏《吾妻镜》五十二卷。《吾妻镜》者，日本国史也。始其国承治四年庚子，讫文永三年，凡十八年，其纪将军执权次第，国王世系及会射之节甚详，而国之大事反略，又文义郁轕。乃由海舶求其国之书数十种，撰《世系表》十卷，地理、风土、食货、职官、艺文、兵事二十卷，名《吾妻镜补修》。道光元年，举孝廉方正。卒年八十二。"

是年，刘凤诰自黑龙江释还原籍。

石执如《故宫保刘公墓志铭》："癸酉，恩释回籍。"

陈廷庆卒（据卢荫溥《桂堂陈公墓志铭》），

法式善卒（据阮元《梧门先生奴年谱》）。

（时事）六月，申禁宗室与汉人结婚。秋，林清袭京师，事败遇害。

嘉庆十九年甲戌〔1804〕五十九岁
掌教尊经书院。正月，赋诗谢百龄赠岁礼。

《晚香楼集》五《菊溪相公遣人馈岁赋诗寄谢二首》："昨岁烽烟起定陶，相公持节自贤劳。策勋剖竹登麟阁，爱士颁金到马曹。料敌频挥诸葛笔，诛奸亲试吕虔刀。近闻露布传河朔，想与三军解战袍。""军中筹策想劳神，尚折疏麻远馈贫。捆载重烦千里骑，胪陈顿助一家春。师贞早听铙歌奏，才大仍调玉烛新。闻道八骎将述职，寇公终乞借吴民。"

婿陆元文北上应春官之试，赋诗送之。

《晚香楼集》五《送陆婿卓夫入都赴春官之试四首》："蚤从总角识韦皋，我若传衣定汝曹。官职声名皆有数，不须辛苦郁轮袍。""文章最是雅驯难，莫把波旬当佛看。都为韩门尚奇怪,妖廉鬼贺满词垣。""闻道灵台已偃兵,公车且与计偕行。万言傥有逢时乐,应矢忠贞答圣明。""欲折疏麻寄日边,公卿姓字总茫然。老夫自脱朝衫后,不看除书已六年。"

按:陆元文嘉庆十八年举江南乡试,本年首赴礼部之试。

初春,至凤巢访僧会一。

《晚香楼集》五《初春至凤巢访僧会一上人雪中呵冻录成二十四韵》:"此山名凤巢,何年曾巢凤。群峰回郁蟠,一径直鸿洞。道人避尘嚣,绝幽更凿空。小筑精伽蓝,木石自斗茗。……青天留鸿迹,丹穴求狮潼。聊偷半日闲,且结三生梦。"

江沅《染香庵诗录》卷下《怀旧诗》三十五首,前各系一小传,其"参茶大师"条下曰:"师讳真传,字会一,吴何氏子。少从二林先生学,后脱白于浙。……予尝至师室,绳挂破帐,宿经版丛中,并不为饘盂计也。晚居凤巢。"

二月,至扬州书局校勘《全唐文》,邂逅同年李庚芸。

《吴谱》:"至扬州书局校勘《全唐文》。"

按:《全唐文》起修于嘉庆十九年,书前"奉旨开列编校《全唐文》诸臣职名"末"刊校官"一项,有"前任翰林院编修臣石韫玉"条。

李庚芸《稻香吟馆诗稿》卷六《扬州邂逅石按察韫玉自江宁来》:"吾榜廷魁石曼卿,无端握手绿杨城。六朝山色如螺染,二月江波似境平。恰逢清风来此地,相于今雨话离情。何时也遂菰鲈愿,好买吴田事耦耕。"

闰二月,赋诗贺韩是升八十寿辰。

《晚香楼集》五《乐余老人八十寿诗》:"又对南山颂有台,卅年杖履数追陪。身传抱朴延龄术,家有庭坚迈种才(注:谓禹三大司寇)。积善自能徼五福,放生兼可避三灾。仲春逢闰天增寿,伫看恩光日下来。"

仲春,扬州知府张敦仁入都述职,有诗送之。

《晚香楼集》五《门有车马客行送张古余太守入都》:"仲春风日好,桃李满园开。当关报有客,五马从西来。客本金闺彦,胸藏济世才。十年典大郡,报政尚书台。班荆欣故道,春江绿如醅。共寻金兰契,弗假羔鴈媒。欢笑不终日,鸣驺当路催。……夫君入承明,应有文章推。天衢近若咫,行矣莫徘徊。"

徐世昌《清儒学案小传》卷十三:"张敦仁,字古余,阳城人。乾隆戊戌进士。由知县历官江宁、扬州、南昌、吉安知府,擢云南盐法道。勤于吏事,眼即研究群籍，访求善本，校刊《仪礼》《礼记》《盐铁论》诸书，并为学者所重。晚去官侨居江宁，与李尚之锐为友，精研算学，著有《缉古算经细草》三卷、《求一算术》一卷、附《通论》一卷。……他又有《盐铁论考证》《通鉴补略》。道光十四年卒，年八十一。"

三月，张问陶卒于苏州寓馆，有诗悼之。

《晚香楼集》五《悼船山同年三首》："灵运生天竟我先，空传诗卷五千篇。世间缘尽应分手，地下才多孰比肩。肆志英雄都纵酒，慧心文字总通禅。清谈从此无人会，每拊流波辄泫然。""才似张衡信绝伦，即论为政亦超尘。幽兰竟作当门草，老桂终成抱火薪。直道不容宁悔拙，急流能退已如神。君恩祖德皆难负，何苦脂韦误四民。""与君离合太无端，坐看荣枯到盖棺。八口零丁归未得，一官落拓弃非难。中郎有女终谁适，伯道无儿死更安。今日寝门将卒哭，此生何地再追欢。"

叶廷管《欧波渔话》卷一《张船山身后事》："船山太守自莱州引疾，客游吴中。未及三载，以甲戌三月卒于虎邱山塘寓馆，即所谓乐天天随邻屋者。"

假寓孙星衍五松园，以次唐仲冕韵诗赠孙氏。孙亦有次韵之作奉答。

《晚香楼集》五《假馆孙氏五松园和壁间僾陶山太守题壁诗三首》："宦海无边各引身，岩居风景四时新。地当锺阜多林壑，客就庞公忘主宾。金谷园中闲岁月，玉堂天上旧星辰。万间客得寰区士，何况梁鸿是故人。""萧斋如坐古香林，游岳何须学向翁。燕子定巢原旅寄，鼠姑拂槛又春深。松间风响能清耳，岭上云归自息心。猿鹤同盟应共守，不容俗士更相寻。""草堂无异绿莎厅，偶尔因缘此暂停。设棘安篱成小隐，藑花莳草夹长汀。也随农圃营生计，聊假琴书渝性灵。谁道戴筐皆将相，其中今有少微星。"

孙星衍《芳茂山人诗录》卷六《冶城洁养集》卷上《唐太守仲冕石殿撰韫玉先后假馆五松园有诗赠予次韵答之》，兹录第三首："一径留莎满客厅，几人看竹问居停。已凭锺阜为图障，直借青溪作钓汀。揽辔未酬宣室问，还山不负草堂灵。状元坊（注：谓石琢堂）与文翁室（注：谓唐陶山），江左他时说聚星。"

张维屏《国朝诗人征略二编》卷四十八："唐仲冕，字六枳，号陶山。湖南善化人。乾隆五十八年进士，官布政使。有《陶山诗录》。"

初夏，归苏州。

《晚香楼集》五《初夏归家》:"一声鹊语噪檐牙,稚子迎门唤阿爷。桃荨绚春余绿叶,菜根藻夏作黄花。鸿都人去空留药,龙井僧来特饷茶。笑我故园翻似客,年年踪迹寄天涯。"

秋,返扬州。门人王文浩、陈兆元等送至舟次,且联句相赠,遂和韵为别。

《晚香楼集》五《将赴维扬舟次和子铁秋陶小松联句之作四首》,兹录第三首:"挂席金焦下,名山可卧游。道场双树在,江月一樽酬。写怨吟芳草,忘机钓直钩。江乡方望岁,秋色使人愁。"

九月九日,偕张吉安复至凤巢,访僧会一。

《晚香楼集》五《重九日偕张莳塘入凤巢访会一上人》:"秋色城西路,清游又此番。青山开士宅,黄叶夕阳村。道树元无种,灵泉必有源。华严深似海,妙舌总澜翻。"

冬,归苏州。邀吴翌凤、吴人杰、黄丕烈、顾邦昌、张吉安,集五柳园作消寒会。时吴翌凤方归自湖南。

张吉安《大涤山房诗录》卷四《石琢堂廉访邀同吴枚庵明经吴藕塘明府黄荛圃主政顾兰槎茂才小集五柳园舫斋得寒字》:"支砚踏雪兴方兰,小饮围炉耐岁寒。旧雨快谭来意外(注:枚庵楚游三十年,昨始旋里),新年喜色上眉端。五言即事成诗话(注:荛圃寒字韵五言极佳),一品当筵冠食单(注:是日用一品菜)。广厦万间胸突兀,舫斋促坐海天宽。"

按:吴人杰,字藕塘,一字耦棠。长洲人。乾隆四十二年举人。嘉庆十九年进士,授知县。《独学文存》卷二《吴耦棠道易集诗序》:"吾友吴耦棠孝廉,于乾隆乙卯之岁为蜀游。……当嘉庆己未,余以翰林出守重庆,初至谒大府于成都,因得与耦棠相见于浣花溪上。……其明年春,耦棠乘舟南归,道出重庆,留止余廨中匝月。……又其后五年,戎功既蒇,余归省先人坟墓,与耦棠相见如梦寐。……又三年,岁丁卯,余解组归田,耦棠乃出其前游蜀时所为诗示余。……"

是年,为甥吴嶙《红雪山房诗钞》作序并词。

《红雪山房诗钞序》:"生乃乘此暇日,出期新编,将以问世,请序于余。余因之有感焉。当秘书早谢,客儿未及成人;杨意不逢,长卿绝无知己。生乃胸怀壮志,力振衰门。甘罗建策于童牙,终军弃襦于弱冠。何勘以书生而娴吏事,柳浑以文字而识兵机。……此可为迈世清英,克家令子者哉!仆东都讲学,先知宁越之贤；西第延宾，特设彭宣之坐。兹幸手付衣珠，梦传彩笔，聊追西欢，兼述今情。刘勰雕龙之序，舍我其谁？陈思绣虎之名，非君奚属？"

《微波词》二《乳燕飞》，题注："灯下读吴生《红雪山房诗草》漫题。"词曰："诗思清如绮，论源流，非唐非宋，自成今体。省识衣珠深藏处，只有延陵公子。但展卷，芬芳满纸。十二瑶编回环读，似达摩手授神光记。一笑道，得吾髓。唏眼中作者吾衰矣，看纷纷苏黄支派，沧波无砥。若问风骚无他格，敦厚温柔而已。用不着，鸿文奇字。倘遇后生能尚论，要留些，讽论人间世。者便是，杏坛旨。"

（时事） 正月，复开捐例。二月，江西胡秉辉起事，以阮元为江西巡抚，讨平之。十一月，河南捻军起事。

嘉庆二十年乙亥〔1815〕六十岁

掌教尊经书院。正月三日，邀张吉安、吴人杰小饮五柳园。

张吉安《大涤山房诗录》卷四《乙亥新正三日同藕塘小饮五柳园迭前韵》："为探梅花信，名园取次看。同来欣旧雨，一笑破春寒。茶耐谭心久，诗拈韵角安。纷纷门外事，盲说太无端。"又"主人方困酒，治具又言欢。鹿尾盐花蘸，蚶房米汁宽。杯深嫌量浅，烛跋到更阑。五脏神相语，新正第一餐"。

二月十二日，与黄丕烈至吾与庵访寒石。翌日，同往祭张问陶。

《吾与汇编》卷八有黄丕烈诗一首，前序："乙亥花朝，与琢堂宿吾与庵，用李校书同苗员外宿荐福寺韵。"诗曰："为爱联床话，禅房作客房。竹清疏漏月，梅自浅经霜。听梵依虚牖，寻诗绕曲廊。归鸿哀未减，警枕转神伤。"后有执如次韵诗曰："入春多苦雨，新霁到云房。令节逢花诞，禅机问石霜。寻诗同倚杖，待月更循廊。明日重移棹，情因感旧伤。"

按：此次韵之作又见于《晚香楼集》六，题为"翌日同往祭船山太守赋诗述事，和绍武韵"。

《晚香楼集》六《春日访澄公用东坡赠参寥师韵》："开岁雨雪多，二月风犹冷。山中春信迟，百卉未抽颖。今朝忽晴霁，初日觚棱炳。当关双鱼来，巡檐一鹊警。……何须叩铁槛，妙墨寻智永。公有击电机，愿闻不敢请。"

僧会一卒于凤巢，赋诗哀之。

《晚香楼集》六《会一上人圆寂于凤巢赋诗哀之》:"昔从浊水索摩尼,十卷《楞严》荷受持。此去定登他化路,当来还证我闻时。长空雁过不留影,故纸蜂钻未是痴。惆怅达摩回向早,迷津欲渡更无师。"

三月,至江宁。

《晚香楼集》六《秦淮上巳》:"帘外盈盈带水斜,新来燕子贺成家。堂前欲拜初三日,坐上同看第一花。剩有吟怀方白雪,还将笑口嚼红霞。闲身是处堪栖逸,何必云门住若耶?"

游窥园阁,有诗呈赠孙星衍。

《晚香楼集》六《登窥园阁呈渊如先生》:"升高能作赋,古称卿士才。胡为江都相,坐守故纸堆。芳园五亩多,结构青溪隈。花竹交掩映,猿鹤无疑猜。……与君结古欢,契若陈与雷。倾心出肺腑,拊掌杂谈谐。达人厌主组,一官弃屣回。移文谢北陇,养志循《南陔》。……倘幸一枝借,安知鸿鹄哉。"

百龄罢协办大学士,重制两江,招执如、陈云、孙星衍燕集制署。

孙星衍《芳茂山人诗录》卷六《冶城洁养集》上《百节相招同石殿撰韫玉陈太守云偕余燕集制署令公子出拜赋呈一律》:"木天追步许题襟,江国开筵又盍簪。同向行台看玉树,忽疑芳燕到琼林。传衣他日争先甲,听履中朝有嗣音。星聚东南依北斗,好添佳话在棠阴。"

《清史稿·仁宗本纪》:"嘉庆十九年十二月癸未,百龄罢协办大学士,以章煦为协办大学士。"

朱汝珍《词林辑略》卷四《乾隆癸丑科》:"陈云,预弟,字远雯,号起溶。顺天宛平人。授编修,改吏部员外郎。官至安徽庐州知府。"

复至扬州书局修《全唐文》,假寓陈传焯休园。时伊秉绶赴京就铨,道出扬州,来寓话旧。

《晚香楼集》六有《假馆休园》诗四首,兹录第一首:"山墅谁经始,江都郑子真。林泉今易主,鱼鸟若依人。陈叟先同井(注:主人见三),朱公近结邻(注:谓芙江明经)。栖迟忘在客,妇孺亦相亲。"同卷复有《休园八咏》诗八首,分咏三峰草堂、嘉树读书楼、春雨亭、云峰阁、空翠山亭、希夷花径、竹深留客处、来鹤台八处园内景致。

《国朝耆献类征初编》卷四百八十三《方技》三:"元和陈见三,名传焯。生而颖异,善读书。父因事为富人讼,破其家产,时见三才十五。益发愤读书,而以谋食故，兼习医。弱冠即能神明其术，甚有声。游于扬州，扬之人就求治疾者，往往获奇效，业遂饶。后竟移家于扬。……年过八十，始谢病者，不复诊。扬郑氏有废园，园中大树三株，皆合抱。主人将鬻以为薪，树神见梦于见三，见三遂蠲金市树，并市其园，疏泉迭石，种花竹，时时啸咏其间。一时士大夫多乐从之游。"

伊秉绶《留春草堂诗钞》卷七《石琢堂同年寓于休园余旧居也话旧一首》："昔年草草卸行滕，曾借园名作号称。邃古高文仍掌册，今宵清兴在挑灯。荷花开似丰年玉，斛叶凉消夏月冰。话到锦官城旧事，故人猿鹤涕沾膺（注：谓吴少甫吏部、张船山太守）。"其后执如有次韵诗："一纸新诗启秘滕，江山文藻古同称。召康听讼今留树，都穆移居昔驻灯（注：予所寓休园，公昔解郡曾居于此）。朋旧十年多宿草，官方三命正怀冰（注：公方北上起官）。知公节似贞松劲（注：公自名所居曰贞松，顷属书额），此意拳拳欲服膺。"

秋，自维扬回江宁。

《晚香楼集》六《将之江宁自江都泛舟至仪征即景成篇》："百里真州路，秋风落木时。断崖临水曲，远树带云移。近市千家聚，迎潮一舸迟。浮踪随处好，今夜宿江湄。"

七月，方维甸病卒于江宁里第，诗以挽之。

《晚香楼集》六《方尚书挽词》，题注："尚书名维甸，历官浙闽总督，谥勤襄。"诗曰："士生宇宙间，所重在知己。知我非一人，公先屈一指。昔公开府长安城，我方分巡华阴市。一言赏识到然明，万事商量及伯始。忽忽周旋甫三月，我官复向山东徙。临别情依依，爱我入骨髓。……我官缘事一朝罢，公因洁养圭乡里。我为教授至秦淮，公闻我至色先喜。公至我迎门，我往公倒屣。谈笑欲生风，盘桓辄移晷。……公病黄疸非沉疴，江南卑湿此疾多。五言谒公入公室，公方健饭意无他。渡江而北缱两月，忽传凶问初疑讹。公竟乘云归大罗，四海望公今则那。"

复还维扬。时甥吴巘赴京城，道出维扬，作诗送其行。

《晚香楼集》六《自江宁放舟还维扬即事成篇》："放眼沧江上，游心紫宙间。关河千驷远，天地一鸥闲。赤辨周瑜壁，青知谢朓山。尘中人代谢，流水自潺湲。"又"江南至江北，一叶度孺飞。望岸停征棹，循墙叩故扉。园丁高屋帽，爨婢秃襟衣。听得归人信，迎门笑语围。"

同卷《邢上送兼山北上》:"四海人人说项斯,叔宝风华玉树枝。十笏萧斋秋梦地,三升清酒夜谈时。长安日近人尤远,此后相逢未可期。"

九月廿一日六旬生辰,有诗自寿。

《晚香楼集》六《六十自寿》八首,兹录第一首及第八首。第一首:"六十年华弹指过,妄思将寿补蹉跎。畏人杜老幽栖僻,缮性庄生宴坐多。当世行藏原自断,力田孝弟本同科。髭须如雪真天幸,几许英贤鬓未皤。"第八首:"蟋蟀惊人日月除,今朝对酒笑颜舒。父为文吏曾持戟,儿是赀郎解读书。平仲旧交投雁骓,偃师新戏幻龙鱼。舒祺少小翻风老,同向尊前问起居。"

韩崶以天台藤杖一枝为寿,赋诗谢之。

《晚香楼集》六《韩听秋以天台藤杖见诒赋诗奉谢》:"客贻灵寿一枝藤,老去扶持是可凭。某山某水随意往,在朝在国待年增。端行颐溜谁相责,缓步当车我尚能。携取百钱恣幽讨,逢花与酒兴飞腾。"

十月,刻《船山诗草》成,有诗纪事。全椒吴蠦见而有次韵之作。

《船山诗草》前有执如《刻船山诗草成书后》:"文园遗草叹丛残,手为删削次第刊。名世半千知己少,寓意十九解人难。留侯慕道辞官早,贾岛能诗当佛看。料理一编亲告奠,百年心事此时完。"落款为:"嘉庆乙亥十月,同榜生石韫玉题。"

按:是诗亦见于《晚香楼集》六,题为"刻船山诗钞毕,题诗于后",且首句中"文园"作"茂陵"。

王增琪《樵说》:"石琢堂先生为船山同榜生,《刻船山诗草成书后》云云。中四语可为先生知己。虽长江晦涩,仲冶超脱,品各不同,正无庸以辞害意也。"

吴蠦《吴学士诗集》卷四《书船山诗集后次琢堂前辈韵兼寄鲍树堂太仆》:"日南朋旧半凋残,作者何人竟不刊。文社讥弹容我直(注:集中诗有余改易数字者,君皆从之),相门风雅似君难。盛名迟早三春过(注:君少余十二年,余四十始应礼部试,君已巍然在翰林,诗名盖代),宦况荣枯一例看(注:君以不得志于上官,遂请休。君卒,而上官皆因事镌职)。身后更传元伯梦,石交肯让古人完(注:君卒后,见梦于树堂父子,许以千金归君梓)。"

同卷《有问船山论定当何如者迭前韵答之》:"森森玉树竟摧残,句里精华不可刊。当日自知千载有,此才直恐再生难。盛名祇益无年憾,生气终如现在看。独惜集成知己逝,仓山心事不曾完。"

按：吴鼒，字山尊，安徽全椒人。嘉庆四年进士，改翰林院庶吉士，散馆授编修。洊升侍讲学士。所作骈体，沉博绝丽。诗以韩、孟、皮、陆为宗，斗险盘空，句奇语重，五言长古尤足以推倒一世。晚以母老，主讲扬州。道光元年卒，年六十七。事迹详《清史列传》。

寄所作《晚香楼集》于上海归懋仪女史，归氏作诗奉谢。

归懋仪《绣余续稿》卷三有《石琢堂先生赐示晚香楼诗集赋呈》十首，其第六首："憔悴灵和柳一枝，招魂逆旅有心知。珠零锦碎三千首，郑重丹黄手勘时。"末有注曰："时方校刊船山太守诗集。"

盛叔清《清代画史增编》卷二："归懋仪，字佩珊，上海人。李学璜妻。擅诗、书、画，有三绝之称。……著有《绣余草》《续草》《三草》《听雪词》。"

题陶澍《皇华草》诗集。

《晚香楼集》六《陶云汀给谏寄示〈皇华草〉漫成二律》："奚囊诗草锦成堆，使者当年蜀道回。遇主逢时知士贵，升高能赋见卿才。一编珠玉经心出，万里云山放眼开。窃喜湖湘采风日，先从众里识奇才。""揭揭锋车指大峨，时因慷慨托高歌。川原登陟皇程远，都邑经过战垒多。问俗宝书勤著述，爱才珊网尽搜罗。此邦悉我曾游地，把卷重将倦眼摩。"

蒋因培时令泰安，浚岳顶玉女池，得秦碑残字，拓本见寄。

《晚香楼集》六《蒋伯生大令浚玉女池获秦碑残字拓本见贻走笔作长歌纪之》："嬴氏燔六籍，凿石刻诏书。彼废此复兴，物理多乘除。……欧赵两家所未见，神物护持如有待。"

王嘉禄《嗣雅堂诗存》卷二《泰山秦篆十字歌》序："泰山秦石二，其一存字四，曰'斯臣去疾'。其一存字六，曰'昧死臣请矣臣'。前泰安令虞山蒋伯生因培得之岳顶玉女池，拓以寄示，索赋是篇。"

初冬，往天平山看红叶，顺访僧澄性。

《晚香楼集》六《初冬至天平山看红叶因访澄性上人》："岭上钟鸣岭外闻，寻僧心受戒香熏。锦囊诗艳吟红叶，竹灶茶温煮白云。缁素皈依支长老，丹青图画李将军。清游不觉归来晚，一路看山到夕曛。"

是年，姚鼐、伊秉绶、吴俊皆相继捐馆。各有诗挽之。

《晚香楼集》六《桐城两贤行》："桐城有两贤，方叔与姚叟。通经识时务，当世少其耦。秋初惊闻方叔故，秋深又得姚家讣。龙蛇运厄在贤人，一篇感旧重新赋。……我生识公晚，公意特缱绻。携杖每相过，挥麈辄称善。秦淮风物清且闲，尚书告宁亦在山。山中日月不易得，我乃谈笑两贤间。弹指光阴五裘葛，马卿笔札君卿舌。方向西南庆得朋，谁料一朝皆永诀。尚书骑箕归帝旁，公亦逍遥白云乡。我思逝者心悲伤，笛声凄恻如山阳。"

同卷《挽同年伊墨卿》："我年行六十，故旧渐零落。海内同岁生，今又一个弱。……我尚叨君一岁长，君胡先我归泉壤。朋友伤心父老悲，素车白马临江上。丹旐摇摇返故闾，人生到此天何如。独留一事强人意，有子仍能读父书。"

同卷《吴昙绣挽词》："茫茫宇宙间，大海真无边。浮萍两叶逢，亦是多生缘。公生岁甲子，我后十二年。事公如事兄，于礼亦宜然。……方期云龙逐，同享太平春。谁料天不吊，公竟先归真。古云德不孤，修士必有邻。芝焚蕙应叹，长言当呻吟。"

同治《苏州府志》卷八十三《人物》十："吴俊，字奕千。乾隆壬辰进士，内阁中书，军机处行走。历充湖北、云南主考，云南学政。……升山东按察使。……庚午病归，当事延主紫阳书院。俊读书通达事务，诗古文皆深入古人堂奥。博闻强识，下笔如飞。"

是年，刻《独学庐三稿》；复刻《程氏易简方论》。

《吴谱》："是年，《独学庐三稿》刻。"

按：《独学庐三稿》，其中诗《晚香楼集》六卷，编年，起于嘉庆十一年，讫于嘉庆二十年。文五卷，词二卷（乃续刻《微波词》第二、第三卷）。

《独学文存》卷三《程氏易简方论序》："予先祖介庵公习长桑之术，家蓄方书颇多。予幼从科举仕宦，不克世守其业，然心好其书。有新安程氏《易简方论》一编，其言贯串古今百家之说而集其要。予时时宗其法以疗人，辄应手而愈，间用他人法，或效或不效，心知此书之可以师法也。因此岁久无传，欲重雕寿世，发愿已久，人事牵扰，卒卒未果。今齿过六十，桑榆已晚，斯事非可再缓，爰详加校阅而付之梓，一切悉依原本，不增损一字。缘此事生人性命所关，非可与不知者谋也。"

（时事）九月，湖南巡抚巴哈布逮捕西洋人兰月旺，杀之。两广总督蒋攸铦疏陈查禁鸦片烟章程。

按：刘恕家饶于财，嘉庆初，购筑寒碧庄于阊门外花步里，俗称留园。俞樾《留园记》："人曰刘园，吾则曰留园，不易其音而改其字。"

李銮宣自广东按察使移迁四川布政使，道出吴门，与执如相会。

李銮宣《坚白石斋诗集》卷十四《不波馆集》有《晤石琢堂同年喜而有作》："早岁文章冠斗魁，晚辞钟鼎慕篙莱。误传海外坡公死（注：前岁在京师，传闻琢堂已归道山，盖因张船山之讣误及琢堂也），失喜吴中甫里来。同榜交游几人在，卅年怀抱为君开。出山云与归田鹤，去住无心莫浪猜。"

按：本年李銮宣自广东按察使迁四川布政使，除会执如外，又曾访长洲王芑孙、无锡秦瀛。参秦瀛《云南巡抚四川布政使石农李公神道碑》。

李书吉自广东钦州知州任解组归田，执如有诗赠之。

《池上集》一《赠李小云刺史》："一别三十载，相逢皆白头。五羊留善政，一鹤伴清游。衣想灵山授，帆从宦海收。心知行不得，妙语托《钩輈》（注：刺史画小像，作僧伽相，又编近诗曰《钩輈集》）。"

为瞿颉题范承谟《画壁诗草》手迹。

《池上集》一《为瞿菊亭明府家藏范忠贞公〈画壁诗草〉》："古人事君贵致身，何况身作封疆臣。此时已载《说铃》部，谁料手迹今如新。男儿志在云台上，生不逢时亦沦丧。请看一曲《鹤归来》，故家别有忠臣样。"

同治《苏州府志》卷一百三《人物》三十："瞿颉，字孚若。乾隆三十三年举人，官鄞都知县，撰《鄞都县志》。性通敏，以《四书注疏》有与朱注异者标出，参以己见，著《四书质疑》四卷。喜为诗古文，兼善词曲。"

按：范承谟，字觐公，号螺山。奉天辽阳人。顺治九年进士，仕至福建总督。耿精忠反，闭土室三载，迫令自尽。后赠兵部尚书，谥忠贞。著有《画壁诗》。事迹详《清史列传》。

秋，太平县丞张问莱归遂宁省亲。执如为之饯行，且和韵以赠。

《池上集》一《张耆山主簿乞假宁亲赋诗留别和以饯之》："昨因骥子附同舟，湖上相逢似旧游。九载盍簪惊远别，一江归棹趁清秋。兰能洁养应忘老，竹到孤生易引愁。仲雪伯霜零落尽，早营华黍继崇邱。"

按：张问莱，字旗山，一字耆山。张问陶之季弟。执如寄寓杭州时即有交往，又曾为其室人杨继端《古雪诗钞》作序。详参嘉庆十四年谱。

应黄丕烈之招，与潘奕隽、吴云、张吉安、王芑孙集黄氏宅赏菊。

重新赋。……我生识公晚，公意特缱绻。携杖每相过，挥麈辄称善。秦淮风物清且闲，尚书告宁亦在山。山中日月不易得，我乃谈笑两贤间。弹指光阴五裘葛，马卿笔札君卿舌。方向西南庆得朋，谁料一朝皆永诀。尚书骑箕归帝旁，公亦逍遥白云乡。我思逝者心悲伤，笛声凄恻如山阳。"

同卷《挽同年伊墨卿》："我年行六十，故旧渐零落。海内同岁生，今又一个弱。……我尚叨君一岁长，君胡先我归泉壤。朋友伤心父老悲，素车白马临江上。丹旐摇摇返故间，人生到此天何如。独留一事强人意，有子仍能读父书。"

同卷《吴昙绣挽词》："茫茫宇宙间，大海真无边。浮萍两叶逢，亦是多生缘。公生岁甲子，我后十二年。事公如事兄，于礼亦宜然。……方期云龙逐，同享太平春。谁料天不吊，公竟先归真。古云德不孤，修士必有邻。芝焚蕙应叹，长言当呻吟。"

同治《苏州府志》卷八十三《人物》十："吴俊，字奕千。乾隆壬辰进士，内阁中书，军机处行走。历充湖北、云南主考，云南学政。……升山东按察使。……庚午病归，当事延主紫阳书院。俊读书通达事务，诗古文皆深入古人堂奥。博闻强识，下笔如飞。"

是年，刻《独学庐三稿》；复刻《程氏易简方论》。

《吴谱》："是年，《独学庐三稿》刻。"

按：《独学庐三稿》，其中诗《晚香楼集》六卷，编年，起于嘉庆十一年，讫于嘉庆二十年。文五卷，词二卷（乃续刻《微波词》第二、第三卷）。

《独学文存》卷三《程氏易简方论序》："予先祖介庵公习长桑之术，家蓄方书颇多。予幼从科举仕宦，不克世守其业，然心好其书。有新安程氏《易简方论》一编，其言贯串古今百家之说而集其要。予时时宗其法以疗人，辄应手而愈，间用他人法，或效或不效，心知此书之可以师法也。因此岁久无传，欲重雕寿世，发愿已久，人事牵扰，卒卒未果。今齿过六十，桑榆已晚，斯事非可再缓，爰详加校阅而付之梓，一切悉依原本，不增损一字。缘此事生人性命所关，非可与不知者谋也。"

（**时事**）九月，湖南巡抚巴哈布逮捕西洋人兰月旺，杀之。两广总督蒋攸铦疏陈查禁鸦片烟章程。

卷 四

嘉庆二十一年丙子〔1816〕六十一岁

归主苏州紫阳书院讲席。见近岁诸生为文，崇尚浮艳，遂就家塾所藏清初诸老专集、总集，择其雅训者汇成一编，名曰《国朝文英》，登之梨枣，后又续刻《二集》；族侄常熟石荣奎来问字，复将所选明天启、崇祯间佳文汇成一编，名为《天崇文英》，俾其付梓行世。久之诸生文风丕变，复归于清正雅训之涂。

《墓志铭》："及丙子岁，归主苏州紫阳讲席。"

《独学庐四稿·文》卷三《院课存真序》："嘉庆丙子，予年已六十一岁，当路者延予归主紫阳书院讲席。"

同卷《芹香课艺序》："予十五岁，始应童子科，十八而入于学。此四年中，父师所指授，朋友所讲习，一切以先民矩矱为主，所读之文，大率皆韩元少、汪武曹、何屺瞻诸先生所评定者。所作文，亦惟以理法为主，理法少乖，声音采色，虽有可观，先生长者必斥之以为野战之师也。盖当时师如此。"

同卷《国朝文英序》："予归田后，十年于兹，日与诸生谈艺，后来之秀，不少其人，而或意在弋获，往往趋于怪奇新僻，而先民矩矱不存焉。因就家塾所藏国初诸老专集、总集，择其尤雅训者汇为一编，付诸梨枣，以公于世。所谓天下贤与天下共之也。题曰《文英》，即简文之说尔。"

同卷《国朝文英二集序》："余既缉顺治、康熙以前诸名公之作，有《国朝文英》之刻矣。兹复集雍正、乾隆七十余年之文，编为《二集》，文不一格，大率取其通于经术，明于人情物理而不为雷同剿说者。"

同卷《天崇文英序》："归田后，已越十年。往年江浙间，与诸生谈艺，每见才高者竞尚新奇，力弱者尚安荒陋，先正典型，去人日远。因检幼年肄业所及，择其有书有笔，可为后生楷模者汇录成编。适族侄荣奎来问字，乃以天崇文一册授之，俾付剞劂。……"

潘曾沂《东津馆文集》卷三《石琢堂先生别传》："始掌教紫阳书院，先生曰：'吾今有范围士子之责矣，其可先过范围乎？'盖先生界限明白，凡古今才人举动将为后生借口者，截然不犯，又自此始。故其在紫阳二十二年，士论悦服无间言。"

翁广平《听莺居文钞》卷二十五《与石琢堂殿撰书》："近年校课紫阳，以清真雅正训诸生，不敢以貌袭尤、王浮艳之辞相矜尚，其起衰反正之功，岂肯出韩、欧下耶！"

吴翌凤《印须续集》卷六："石荣奎，字聚堂，号星桥。常熟人。国子生。"其中有《呈琢堂师》："香山社里领群仙，茶灶琴床悦暮年。自有文章珍艺苑，不教簪绂误林泉。洗冤早播兰亭唱，陶育长沿鹿洞传。我是侯芭勤问字，草元也许悟真诠。"

春，寒石卒于吾与庵。有诗挽之。

《独学庐四稿·诗·池上集》一《寒石和尚圆寂于吾与庵诗以挽之》："世界一微尘，人生一浮沤。聚散各随缘，时至不可留。……今春微示疾，勿药时亦瘳。自知形骸散，何苦强拘囚。世外光音大，尘中岁月遒。飘然登觉路，法在叶与鹫。"

同邑刘恕自广西右江兵备道解组归田，执如往谒。时恕方丧长子，既而罹疾卒，为志墓铭。

《独学庐三稿·文》卷五《刘蓉峰墓志铭并序》："嘉庆丙子春，观察刘公自粤西解组归。予谒之于花步里第，观其容色惨淡。时公方有长子之丧，窃谓西河之痛，贤者不免，乃未几而公病，遂不起。……公讳恕，字行之，蓉峰其自号也。……公生早慧，弱冠能文章，声誉著于乡里。……乾隆丙午举于京兆，……五赴礼闱不第。公遂慨然有当世之志。适朝廷以川楚用兵，又频年河患，将不次用人。公纳赀如例，以道员分发广西。公单车就道，不携妻孥自随，先署右江兵备道，既又摄柳州、庆远两府事，皆有政声。大府方倚重公，而公竟引疾归。……平居无声色之好，惟性嗜花石。著有《牡丹新谱》《茶花说》《石供说》。又喜蓄法书名画，仿《清河书画舫》之例，集成十卷，曰《挂漏编》。……以嘉庆二十一年九月十三日殁于花步里第，春秋五十有八。"

按：刘恕家饶于财，嘉庆初，购筑寒碧庄于阊门外花步里，俗称留园。俞樾《留园记》："人曰刘园，吾则曰留园，不易其音而改其字。"

李銮宣自广东按察使移迁四川布政使，道出吴门，与执如相会。

李銮宣《坚白石斋诗集》卷十四《不波馆集》有《晤石琢堂同年喜而有作》："早岁文章冠斗魁，晚辞钟鼎慕蓬莱。误传海外坡公死（注：前岁在京师，传闻琢堂已归道山，盖因张船山之讣误及琢堂也），失喜吴中甫里来。同榜交游几人在，卅年怀抱为君开。出山云与归田鹤，去住无心莫浪猜。"

按：本年李銮宣自广东按察使迁四川布政使，除会执如外，又曾访长洲王芑孙、无锡秦瀛。参秦瀛《云南巡抚四川布政使石农李公神道碑》。

李书吉自广东钦州知州任解组归田，执如有诗赠之。

《池上集》一《赠李小云刺史》："一别三十载，相逢皆白头。五羊留善政，一鹤伴清游。衣想灵山授，帆从宦海收。心知行不得，妙语托《钩輈》（注：刺史画小像，作僧伽相，又编近诗曰《钩輈集》）。"

为瞿颉题范承谟《画壁诗草》手迹。

《池上集》一《为瞿菊亭明府家藏范忠贞公〈画壁诗草〉》："古人事君贵致身，何况身作封疆臣。此时已载《说铃》部，谁料手迹今如新。男儿志在云台上，生不逢时亦沦丧。请看一曲《鹤归来》，故家别有忠臣样。"

同治《苏州府志》卷一百三《人物》三十："瞿颉，字孚若。乾隆三十三年举人，官酆都知县，撰《酆都县志》。性通敏，以《四书注疏》有与朱注异者标出，参以己见，著《四书质疑》四卷。喜为诗古文，兼善词曲。"

按：范承谟，字觐公，号螺山。奉天辽阳人。顺治九年进士，仕至福建总督。耿精忠反，闭土室三载，迫令自尽。后赠兵部尚书，谥忠贞。著有《画壁诗》。事迹详《清史列传》。

秋，太平县丞张问莱归遂宁省亲。执如为之饯行，且和韵以赠。

《池上集》一《张耆山主簿乞假宁亲赋诗留别和以饯之》："昨因骥子附同舟，湖上相逢似旧游。九载盍簪惊远别，一江归棹趁清秋。兰能洁养应忘老，竹到孤生易引愁。仲雪伯霜零落尽，早营华萼继崇邱。"

按：张问莱，字旗山，一字耆山。张问陶之季弟。执如寄寓杭州时即有交往，又曾为其室人杨继端《古雪诗钞》作序。详参嘉庆十四年谱。

应黄丕烈之招，与潘奕隽、吴云、张吉安、王芑孙集黄氏宅赏菊。

张吉安《大涤山房诗录》卷四《黄茝圃主政招同潘榕皋丈吴玉松太守石琢堂廉访王铁夫国博菊觞小集玉松有诗次韵》:"须眉入画列仙翁，珍重寒香缀露丛。我似陂汪钦叔度，人如花澹品司空。酒怀酣畅壶觞好，道气盎如杖履中。末座趋陪年最少，敢希陶令说高风。"

潘奕隽《三松堂续集》卷四《黄茝圃招同石琢堂吴玉松王惕甫张莳塘赏菊和玉松韵》:"相看莫讶尽成翁，放眼霜天坐菊丛。倦翼归心依旧侣，片云间意恋晴空。破除结习犹滕口，收拾余龄学守中。和得新篇挥秃管，翩跹体势似杨风。"

同治《苏州府志》卷八十三《人物》十:"潘奕隽，字守愚。乾隆己丑进士，授内阁中书。丙午，典试贵州，旋升户部贵州司主事。假归，不复出。嗜吟咏，尤擅书法，自少至老，日习数百字以为常。归田后，名日益高，求者得片纸，辄藏弆之。论诗原本风雅，得于性灵为多。……卒于道光十年，寿九十有一。"

同治《苏州府志》卷八十九《人物》十六:"吴云，字润之。乾隆庚戌进士，选庶吉士，授编修。历官山东道监察御史、河南彰德府知府，致仕。里居二十有二年，年九十一卒。……里居不与外事，笃于友谊。……凡故人书或未版，或已版而毁，多为刊布，而己之诗文无专集。所传《醉石山房文钞》六卷，其后人所搜辑也。"

九月廿一日周甲生辰，有诗。

《池上集》一《丙子生朝作》:"身历春秋六十周，心如槁木更何求。荣公老至知三乐，平子归来释四愁。静坐卷帘看落叶，醉吟隐几对眠鸥。独留一事夸乡里，曾向蓬山两度游。"

至昆山访王学浩。

《池上集》一《过王椒畦息斋壁间有福儿诗俯同其韵》:"幽人新筑小眠斋，水木清华且住佳。负米久酬将母志，杜门欲挂避人牌。但从书画寻生计，肯便衣冠与俗偕。齐物自生濠濮想，观鱼常坐水之涯。"

光绪《昆新两县续修合志》卷二十九《孝友》:"王学浩，字孟养。……乾隆丙午举于乡，累上春官，不遇。……晚年以母老不远游，馆吴门刘氏。著《毛诗说》二卷、《灯窗杂记》一卷。书无不工，篆隶古劲，直接秦汉，真书从欧入褚，晚探二王之秘，行书得《瘗鹤铭》笔意，坚苍古厚，自成一家。……

嘉庆末,归昆山,画名益重,山水师王原祁,花卉法徐熙,皆得神似。居恒奉母至孝,先意承志,年踰艾耆,犹作婴儿状以悦母。……平生束修自好,以嘉言善行表率乡人。……又工医术,唾手奏功。年七十九,无疾而逝。"

十二月十九日,在尤兴诗处作东坡生日会。

《池上集》一《尤春帆舍人招作东坡生日即事成咏》:"一鹤南飞曲久传,须眉奕奕对宾筵。文章独造华严海,生命偏逢磨蝎年。北斗降神终古在,东风入律得春先。从来俎豆贤人事,携手同登大愿船。"

民国《吴县志》卷六十六下:"尤兴诗,字肄三。乾隆丙午顺天举人。……注选内阁中书,岁久,当协办侍读。忱归不出,主平江书院十有九年。家固贫,岁入仅给食指,恒辟衣冠对客。生平最重名教,谈气节,眉间棱棱有爽色。……"

是年,妾高氏卒。

《吴谱》:"十月,高孺人病故。"

韩是升卒(据王芑孙《渊雅堂文续稿》之《韩封君墓志铭》),

百龄卒(据刘凤诰《太子太保协办大学士两江总督世袭三等男谥文敏百公墓志铭》),

王苏卒。

(时事)四月,江苏巡抚张师诚有罪免,以胡克家为江苏巡抚。七月,斥英使回国。秋,《全唐文》告竣。

嘉庆二十二年丁丑〔1817〕六十二岁

自本年后皆掌教紫阳书院。元日,有诗。

《池上集》一《丁丑元日》:"峥嵘急景暗中催,饮到屠苏最后杯。积雪喜征丰岁玉,鸣禽徐啭小园梅。僧厨早订寻春约,客刺都缘问字来。犹有平生未除习,墙东新筑读书台。"

钱吴慈鹤北上述职,并为题《闲云出岫图》,复邀黄丕烈同题。

《池上集》一《和吴巢松编修题〈闲云出岫图〉诗即奉饯北上仍邀黄绍武表弟同作》四首,兹录第一首:"岩居是处白云乡,仕宦真如傀儡场。三竞未荒陶令德,千金已散陆生装。故山林壑栖原好,男子桑蓬志亦常。幼学北行贤者事,岂容安稳住云岗。"同卷复有《吴巢松编修属题〈闲云出岫图〉》三首。

黄丕烈得曾孙，有诗贺之。

《池上集》一《黄绍武表弟得曾孙诗以贺之》："忆昨耆英集，惟君最少年。桐枝方濯濯，瓜瓞又绵绵。熊梦先征瑞，鸿文卜象贤。金貂人共祝，衣钵我能传。誉着黄童后，龄希绛老前。今朝汤饼会，珥笔颂华筵。"

按：王芑孙《渊雅堂编年诗续稿》（丁丑）有《戏柬黄荛圃同年奉助重孙之喜》诗，又江标《黄荛圃先生年谱》亦曰："先生是年得曾孙。"

为瞿颉题《菊亭谱曲图》，又为黄丕烈题《祭书图》。

《池上集》一《〈菊亭谱曲图〉为瞿明府题》："闲拈红豆记新声，自古才人善赋情。曾向平都山下过，路人常说长官清。"又"功名无分到燕然，收拾豪情到酒边。但有井华堪汲处，人人解唱柳屯田"。

同卷《题黄荛圃〈祭书图〉》："爱书成癖祭书虔，万卷琳琅聚一廛。自古琅嬛称福地，即今津逮亦良缘。端知翰墨通神鬼，别有馨香报圣贤。邺架曹仓同著录，我言过眼总云烟。"

秋，将手选张问陶《船山诗草选》六卷，付黄丕烈梓行于世。

《船山诗草选》前黄丕烈题识云："《船山遗稿》二十卷，于嘉庆乙亥梓于吴中，一时为之纸贵。迨后全集板已归蜀，而购者日多，苦无以应人之求。适独学老人有手录选本，分体编次为卷六，得诗五百余首，因付梓以公同好云。嘉庆丁丑秋，吴县黄丕烈识。"

按：是书卷端原题"遂宁张问陶仲冶着，吴县石韫玉执如录"，后汇入《士礼居丛书》中。

十月，偕黄丕烈、王学浩、张吉安同游海昌，访朱文治于绕竹山房；复应东防同知张青选之邀，与同人集听潮吟馆，作餐菊之会。

江标《黄荛圃先生年谱》："十月，先生偕石琢堂廉访、王椒畦孝廉、张莳塘大令同赴海昌，流连匝月，燕饮唱酬。维时张云巢司马青选任东防同知，招集听潮吟馆餐菊，以'夕餐秋菊之落英'分韵赋诗。又余姚朱少仙学博招集学舍之绕竹山房。"

《池上集》一《和答朱少仙广文》："盘中苜蓿有奇香，众里吟诗亦擅场。绕竹共寻扬子宅，餐花争和楚人章。风回萍聚朋踪合，火尽薪传士气昌。莫道官闲归计稳，羊裘容易觅严光。"

朱文治《绕竹山房诗稿》卷十《晤石琢堂廉访于听潮吟馆赋赠》："大魁传

唱姓名香，曾历西川旧战场。自古声华重科名，几人经济见文章。放船乘兴来吴下，听雨连宵话海昌。入座都消才子气，岿然如对鲁灵光。"

张吉安《大涤山房诗录》卷四《十月十四日家云巢司马邀同石琢堂廉访王椒畦孝廉朱少僊学博黄荛圃主政夜集听潮吟馆餐菊以夕餐菊之落英为韵分得英字》。

王学浩《易画轩诗录》卷五《张云巢司马招集听潮吟馆餐菊分韵得餐字》。

朱文治《绕竹山房诗稿》卷十《云巢司马招陪琢堂廉访椒畦孝廉荛圃主政蒋塘明府餐菊即席分得秋字》。

《池上集》一《张云巢司马作餐菊之燕即席分韵得落字》。

光绪《余姚县志》卷二十三《列传》十六："朱文治，字诗南，号少仙。幼失恃，育于姑，境困而学日进。成诸生，学使王杰、朱珪亟称之。乾隆五十三年举人。至京师，预吴锡麒心兰诗社，名噪甚。嘉庆六年，大挑一等，……改授海宁州学正。……道光二十一年，重游泮宫。明年卒，年八十有六。生平笃于孝友。"

张维屏《国朝诗人征略二编》卷四十五："张青选，字商彝，号云巢。广东顺德人。乾隆五十四年举人，官两淮盐政。有《清芬阁诗集》。……生平慷慨尚义，周人之急，道人之善，爱才礼士，敦本睦姻，众所共知。"

穹窿道士李体德六十寿辰，作诗以为寿。

《池上集》一《穹窿道士李补樵六十寿辰》："君是元皇几代孙，家传道德五千言。垂帘读得黄庭熟，鼎内金丹火自温。"又"古来善画人多寿，况是飧芝饵术流。收拾烟霞充供养，世间何地不丹邱"。

盛绪《清代画史增编》卷二十六："李体德，字近仁，号补樵。吴之穹窿道士。工山水。"

十二月一日，王芑孙卒。有文祭之。

《独学庐四稿·文》卷五有《王惕甫祭文》，文甚长，兹不具录。

十二月十九日，与潘奕隽、吴熊光集尤兴诗延月舫，为东坡生日会。

《池上集》一《苏公生日集尤春帆舍人斋中》："苏子风流百世传，主人岁岁为开筵。吟诗共刻金莲烛，载酒同浮药玉船。自古奇才希遇主，如公慧业定生天。坐中宾客经年少，感及山阳一黯然（注：去年今日有惕甫在座，近日已归道山矣）。"

潘奕隽《三松堂续集》卷四《丁丑十二月东坡生朝春樊招同吴槐江石琢堂集延月舫得诗一首》："冲寒为赴盍簪期，岁岁今朝例有诗。归院金莲谭往事，降神纱縠仰半仪。画图笠屐真千古，灯火青荧又一时。领得吾侪闲适味，深杯到手莫坚辞。"

《池上集》一《苏公生辰春樊舍人既集同人赋诗令子榕畤用苏集禁体雪诗韵赋七言古诗一篇走笔和之》："世尊拈花对迦叶，轩皇炼丹作飞雪。儒者文章能寿世，谁能一手兼三绝。……春樊舍人今好事，岁岁诗篇恣挥掣。招携素心三五辈，掣笺五色繁于缬。吹箫引出雏凤声，纚清辞霏玉屑。老夫见猎心亦喜，醉墨欹斜任飘瞥。主客同心臭似兰，牺文曾听元儒说。继声多为善歌来，赏音不让蕤宾鐵。"

潘世恩《皇清诰受资政大夫例晋荣禄大夫兵部武选司主事钦加四品衔前太子少保兵部尚书湖广直隶两广总督槐江吴公墓志铭》："公讳熊光，字望昆，号槐江，又号密园。……乾隆戊子登贤书。己丑、壬辰礼闱两取中正榜，授内阁中书、军机处行走。……嘉庆丁巳十二月，补直隶布政使。己未三月，升河南巡抚。辛酉，补授两广总督。……乙丑六月，调补直隶总督。……嗣因英吉利之事，部议镌级。……庚午七月，奉恩赐环，以六部主事用。次年补兵部武选司主事。癸酉，告假回籍。道光戊子，复遇宾兴，大府入告，诏加四品衔，重宴鹿鸣。……归里后，闭户养疴，黜华崇实，享林泉之福者阅二十载，可谓出处两全，世罕其匹。著有《伊江手录》《春明杂录》《荇溪杂录》共四卷，诗集十二卷。"

民国《吴县志》卷六十六下："尤崧镇，字榕畤。贡生。倜傥爱交友。林文忠公为延誉于榷使口公，聘主浒关书院。时集名流赏花作诗，谈燕为乐。"

是年，将养女王兰荪归甥吴嶫为继室。

《吴谱》："公有恩抚女王氏兰荪。是岁，归嶫为继室。"

《微波词》三《鹊桥仙》，题注："贺兼山。"词曰："红窗春暖，青庐夜永，仰见三星在户。鸳鸯待阙已多时，炼石向情天重补。哪迎来采伴，携归蓬室，松上女萝交附。郎君双管并生花，看画出新眉同妩。"

是年，为《墨海金壶》作序。

《墨海金壶序》："常熟张君若云，先收毛氏汲古丛残之籍，汇为《学津讨源》一书，镂板行世矣。既又广搜四部，博采九流，得古书之可以附庸六籍者一百十五种,都为一集,名之曰《墨海金壶》。剞劂既竣,未及行世,而若云遽归道山。其犹子蔼庭,寻未竟之绪,将托诸副墨,嘉惠艺林,而介其所亲石生荣奎,请予一言为之序。……嘉庆二十二年岁在丁丑,吴门石韫玉序。"按:是序又见《独学庐四稿·文》卷二。

黄廷鉴《朝议大夫张君行状》:"……君讳海鹏,字若云,号子瑜。年二十一,补博士弟子员。绝意名场,笃志坟索。……君治经之暇,以剞劂为己任,刊《学津讨源》《墨海金壶》《借月山房汇钞》,又辑《金帚编》,工始而君捐馆舍矣。"又《张月霄传》:"月霄名金吾,字慎旃,月霄其别字也。……年廿二,补博士弟子员,即弃去,笃志诸藏。……"

李銮宣卒(据秦瀛《小岘山人续文集补编》卷一《云南巡抚四川布政使石农李公墓志铭》),

李庚芸卒(据秦瀛《小岘山人续文集补编》卷一《福建布政使许斋李君墓志铭》)。

(时事)二月,闽浙总督汪志伊免,以董教增为闽浙总督。三月,云南夷民高罗衣起事,总督伯麟讨平之。

嘉庆二十三年戊寅〔1818〕六十三岁
春日,游城南陆氏园,有诗。

《池上集》一《游陆氏园和陈琳箫女史诗韵四首》:"闲访城南墅,携筇叩荜门。隔墙看竹色,穿径破苔痕。戏水知鱼乐,迷花笑蝶魂。偶寻旧题字,烟墨被尘昏。""奇石当关立,繁花满路开。咏春频倚竹,望远独登台。缨取清流濯,茶凭活火催。天然邱壑好,应识幼舆才。""芳池自凝碧,飞阁尚流丹。小巷多停盖,幽人爱考盘。惊尘辞弱草,清露泣香兰。忽听山阳笛,伤心履迹残(注:谓瑶溥主人)。""池馆经年别,寻芳又此行。故巢仍乳燕,乔木正迁莺。弄玉逢嘉耦,空桑识寄生。妙才因道韫,感旧不胜情。"

李放《皇清书史》卷三十:"陆廷锟,字德纯,号瑶圃。嘉定诸生。能书。"

陈文述《画林新咏》卷三:"陈琳箫名筠湘,亦字灵箫。长洲人。施君山茂才室。工诗善书,花卉亦研妙。"

访吴云新居。

《池上集》一《访吴玉松太守新居》:"桐桥小住木兰槎,为访延陵太守家。卷石自存山气象,疏棂不碍月光华。绿杨渐老无飞絮,红叶新移有怒芽。莫讶晏婴居近市,达人心静绝尘哗。"

因石荣奎之请,作《常熟石氏祠堂记》。

《独学庐四稿·文》卷一《常熟石氏祠堂记》:"常熟宗人大文既卜其县河西之地,启建家祠成,遣孙荣奎来述其事而为之记。……祠成于嘉庆二十三年……予与大文虽疏远,由曼倩先生推之,则诸父行也。嘉其行事有古人风,故乐为之记。"

同邑金启方绘《百老图》,以执如年齿文行皆及格,为肖一像。

《独学庐四稿·文》卷一《百老图记》:"金君东屏善绘事,写真尤工,晚年愿为《百老图》,自搢绅先生以及缝掖之士、布衣之人,无所择,第择其有文行而在六十以上者,由一人二人,积至百有余人矣,心犹未已也。吾乡耆艾无不与焉。……维时予年六十三,已及格,因亦为予肖一像。解衣坦腹而坐,旁卧一鹿,置盆水于前,旁薄自得之致,流露于毫楮间。予生平所画,真未有肖于此者也。"

盛鑑《清代画史增编》卷二十三:"金启,字东屏,莹子。山水笔意,得自家传。晚年甚苍老,深入宋元堂奥。兼工杂画写真,名《艺补图》,极有意趣。与尤诏同为吴中首望。丙寅、丁卯以来,绘吴中硕德耆老百余人,为《百老图》,一一神肖,按图展玩,可指为某。争延致之,名品益重,真为一时佳话。道光癸未卒,年七十有余。"

七月,有诗送书院诸生赴江宁乡试。

《池上集》二《戊寅七月送书院诸生秋试》:"清时三载一兴贤,鹓鹭凌霄孰后先。竹素共修蛾子术,槐黄却在虎儿年。分棚画烛文心苦,寸纸泥金吉语传。谁受老夫旧衣钵,后堂丝竹待彭宣。"

闻刘凤诰以编修奉召入都,寄诗送之。

《池上集》二《刘金门以编修奉召入都寄诗送之》:"三年边塞听鸡竿,一日除书到涧盘。天路再看鸢直上,山人独与菊偕寒。忧欢历劫同年少,出世分途后会难。遥想骎骎方戒道,苦无尊酒饯江干。"

按:《故宫保刘公墓志铭》:"戊寅六月,特旨以编修起用。"

秋,至德清。时长子同福为邑令,赋诗勉之。

《池上集》二《德清县斋示福儿》:"近水依山斗大城,古来政简自刑清。道州不讳催科拙,定国常思治狱平。菊解耐霜超俗艳,鱼逢止水即安生。长官清浊行人识,要听舆台道路评。"又"骨肉分离近四年,今宵笑语聚灯筵。共夸齿发犹如旧,自觉聪明不及前。三仕早忘文子贵,一生常羡邺侯贤。老年心厌官衔恩,小住无劳数击鲜"。

韩封服阕,将入都门。赋诗送之,又为题《寿山丙舍图》。临行,封出示蒋廷恩于都门见怀之作,遂次韵成篇寄之。

《池上集》二《送韩桂舲尚书入都》:"总角交游两少年,几番离合各华颠。解推愿大先同井,慈惠心虔久格天。誓墓我将从逸少,昌言人共拜庭坚。自今后会知难定,相送临歧一惘然。"

按:韩封自其父韩是升嘉庆二十一年卒,即归家守制,至此服阕。

同卷《题韩尚书〈寿山丙舍图〉》:"迢递城西路,山川势郁蟠。草堂临涧上,华表出云端。旧德传家久,高官誓墓难。松楸心弗舍,常向画图看。"

同卷《韩尚书携示蒋香杜都门见怀诗依韵成篇却寄》:"尚书将入都,祖帐错屣舄。手携一纸书,封题字可识。署名朵云新,钤印盘螭赤。故人蒋元卿,贻我新诗格。上言叙兰臭,下言述萍迹。芳讯日边来,弗遗涧盘僻。忆昔素心人,三五互匡翊。……是时皆少年,交似元与白。酒边激昂多,灯下笑言剧。弹指四十年,邈若几尘隔。……荒言作报章,遥附蜚鸿翼。"

同治《苏州府志》卷九十《人物》十七:"蒋廷恩,初名棠,字萼辉。嘉庆己卯进士。幼慧,勇于进取,所为文,务声音华采,求合有司之尺度,虽屡摈不改。以贫故,恒游四方。……通籍时,年六十八矣。授中书,一年归,归三年而卒。……弟子来学者,必使有所成就,江沅、徐香祖,其尤著也。"

是年,为太仓萧昂《经史管窥》作序。

《独学庐四稿·文》卷二《经史管窥序》:"太仓萧君曼叔,畴昔无一日之雅,不远三舍,惠然肯来,修士相见之礼。坐次,袖中出所著《经史管窥》一编,歙然下问。予受而读之,两旬始卒业焉。观其书元元本本,博引繁称,言言皆有根柢,无一无稽之言,盖好学深思者也。"

按:王宝仁《娄水文征》前周煜编《姓氏考略》:"萧昂,字曼叔,号凤衣。侨居吴郡。"同书卷七十九收萧氏《答黄生书》《汪贞女传》《张烈妇传》三文。《答黄生书》曰:"始为诗歌,继为考证之学,今后学古文,颇有所得。

其精纯虽不敢希韩、李、欧、曾,亦何遽出王于一、侯朝宗下耶!"可知其于文甚自信。又,民国《镇洋县志》卷九《人物》一:"昙字风衣,居贫好学,能诗文,于经史亦有撰着。偃蹇以卒。"

又按:此《经史管窥》凡六卷,为嘉庆二十三年萧氏读五千卷斋刻本,今藏国图。

翁方纲卒(据《翁氏家事略纪》),

孙星衍卒(据张绍南《孙渊如先生年谱》),

吴锡麒卒。

(时事)二月,大学士董诰乞致仕。许之。七月,予告大学士刘权之卒。

嘉庆二十四年己卯〔1819〕六十四岁

元旦,有诗。

《池上集》二《己卯元旦》:"饮罢屠苏最后卮,略无他事且吟诗。征歌又到宜春令,序卦仍居未济时。新岁吉祥灵鹊报,旧巢安稳拙鸠宜。朝廷方下除租诏,令德承宣望所司。"

三月,复游德清。

《池上集》二《德清春日作》:"三月风光作禊游,逢人都带柳花球。龙舟水上如梭捷,春社家家赛戴侯。"又"山氓十室九栽桑,蚕月将来比户忙。词讼征徭一齐歇,吏人无迹到公堂"。

五月五日,访吴云虎邱山塘寓斋。归时复至报恩寺访僧雪斋,为题《寻梅招鹤图》。

《池上集》二《夏五过虎邱山塘吴玉松同年归途入报恩寺访雪斋上人》:"青山倒影印澄波,两岸花枝胜绮罗。故事尚沿荆楚俗,幽人爱住考盘阿。竹间清梵禅关近,水上新歌画舫多。同是声尘相引处,此中喧寂问如何。"

同卷《〈寻梅招鹤图〉为雪斋和尚题》:"春风第一到瑶华,寂寞空山开士家。香色二尘都净后,更从何处问梅花。"又"仙禽常近九皋飞,丁令归来万事非。识得众生皆佛性,世间何物不忘机。"

吴翌凤《印须续集》卷六:"达真,号雪斋,泰州人。焦山寺书记。有《竹屿吟草》。"按:吴翌凤选其诗,中有一首,曰《自题〈寻梅招鹤图〉》。

都门故交有书邀执如赴京候选，寄诗谢之。

《池上集》二《寄谢都门故人》："老去深知行路难，向西欲笑意先阑。想非想外天难问，才不才间我独安。早识浮生如傀儡，更无尘梦到邯郸。聚粮三月谈何易，且对桑榆守涧盘。"

海盐朱方增以樆李十枚相赠，作诗谢之。

《池上集》二《海盐朱虹舫庶子以樆李十枚见饷诗以谢之》："朱橘黄柑珍味罗，东南嘉果此如何。无端印得西施爪，不觉金钱市上多。""净相精蓝故迹存，紫云山上近分根。何当补入盐官志，好把鸳湖旧曲翻。""嘉树由来是地灵，天边玉李亦名星。何如嘉庆观中产，听取舆人颂帝龄（注：李之佳者有一种名嘉庆子，今上建元后，市人易其名曰万年红。此亦他年一故事云）。"

闵尔昌《碑传集补》卷七《朱方增传》："朱方增，字虹舫。……辛酉进士，由编修洊升侍读学士，擢内阁学士，历充云南、山东乡试考官，提督广西、江苏学政。所至以维持风教为事，作'黜邪导正、详示利害'说，分别十利、十害，剀切劝谕，得旨刊布。嘉庆十八年，应诏奏陈一疏，论尤切要。孰谙朝章典故，史馆撰述，号为通才。年五十卒于官。著有《从政观法录》三十卷、《求闻过斋诗集》。"

董国华将北上都门，有诗送之。

《池上集》二《送董琴涵编修入都》："士生宇宙间，岂能无友生。故交既零落，来者难其人。哲哉广川彦，当世推隽英。读书聚百家，考信在六经。策名金闺下，令誉扬大廷。韫匵玉非计，出山泉亦清。皇家重黼黻，枚马文章荣。而我别有谓，所愿异俗情。卿云在天上，煜耀等日星。何如作霖雨，沾溉及苍生。愿公经世业，发轫在兹行。"

十二月十九日，循例于尤兴诗宅作东坡生日会。

《池上集》二《尤春樊舍人作东坡生日之会赋呈四绝》："岁岁消寒及此辰，主人置酒宴嘉宾。后来居上从来说，满壁诗多似积薪。""聪明正直定为神，谁道生天尚隔尘。不论江山与风月，由来清福属闲人。""何妨磨蝎值生辰，修到金刚不坏身。肯效楚人多怨悱，故将初度哭庚寅。""一尊酒似洞庭春，香火缘多未了因。有客蜡梅花下座，相看都是素心人。"

是年，值潘奕隽八十大寿，有词寿之。

《微波词》四《前腔》题注："为潘榕皋先生八十寿。"词曰："万事都乌有，算人生、文章翰墨，始称不朽。南极一星，光华戴斗。况慧业，名山同寿。回想凤池诸伴侣，似浮云，一一成苍狗。飞与伏，想忘久。哪尊前共举宜春酒，喜传家，楹间万卷，儿孙能守。杜老晚年诗如史，开到瑶编第九。与堂外三松并秀。心爱山中闲岁月，便封侯，也让磻溪叟。我亦作，忘年友。"

是年，《红楼梦传奇》成，并付之梓。

吴云《红楼梦传奇题辞》："《红楼梦》一书，稗史之妖也，不知所自起。当四库书告成时，稍稍流布，率皆抄写无完帙。已而高兰墅偕陈某足成之，间多点窜原文，不免续貂之诮。本事出曹使君家，大抵主于言情，颦卿为主脑，余皆枝叶耳。花韵庵主人衍为传奇，淘汰淫哇，雅俗共赏，《幻圆》一出，挽卿澜而归诸性海，可云顶上圆光，而主人深于禅理，于斯可见矣。往在京师，谭子受偶成数曲，弦索登场，经一冬烘先生呵禁而罢。设今日旗亭大会，令唱是本，不知此公逃席去否？附及以资一粲。嘉庆己卯中秋后一日，苹庵退叟题。"

按：是书吴云题辞后尚有忏摩居士、了一山人、清闻居士、谧箫题诗。卷端原题："吴门花韵庵主填词。"共梦游、游园、省亲、葬花、折梅、庭训、婢间、定姻、黛殇、幻圆十折。是书嘉庆二十四年原刻本已甚尟见，复旦馆藏有此帙；近人阿英汇辑清人《红楼梦》戏曲十种，此亦为所收入，后由中华书局于一九七八年排印点校出版。

吴翌凤卒（据《吴枚庵墓志铭》）。

(时事) 八月，予告大学士威勤公勒保卒。

嘉庆二十五年庚辰〔1820〕六十五岁
元日，有诗。

《池上集》二《庚辰元旦》："五龄就塾忆前尘，乌兔飞腾六十春。岂有文章能报国，幸无声利入迷津。对时且举中山酒，望古思扶大雅轮。遥想两河诸郡县，谁为保障救烝人？（注：去岁黄河南北两岸皆决。）"

春，有诗寄吾与庵主僧心诚。

《池上集》二《寄吾与庵心诚上人》："灵山诸佛子，庆喜最超群。门对千峰雨，家藏一坞云。定回灯独照，诗就鹤先闻。试问梅边信，春光到几分？"

《独学庐四稿·文》卷一《吾与庵钟楼记》："支硎山之麓有静室焉，曰吾与庵，向为寒石大师幽栖之地。师乃圆寂，其孙心诚上人居之。"

至昆山，访王学浩山居。

《池上集》二《昆山过王椒畦山居二十一迭前韵》："主人方谢客，而我至如归。散木常多寿，劳薪早息机。遥山青未了，平野绿初肥。不薙阶前草，无嫌手力微。"

暮春，邀潘世璜、尤兴诗同钱朱方增入都。

《池上集》二《暮春邀潘理斋员外尤春樊舍人同钱朱虹舫庶子入都春樊即席成诗因和其韵》："偶然开径招三益，多感延之赠我诗。别路正逢飘柳絮，酒筹聊共折花枝。宗生破浪应无敌，平子归田亦可师。恰遇暮春好天气，舞雩风咏使人思。"

《独学庐五稿·文》卷三《农部潘君家传》："君讳世璜，字黼堂，号理斋。吴县人。榕皋先生之子也。……君生时，曾祖间斋先生梦人送'云汉天章'四字额，因命名世章，后应试，改今名。幼承庭训，经明学修。乾隆己酉举于乡，乙卯成进士，殿试一甲三人及第，授编修，习清书。散馆，改部主事，分发户部行走。三年，丁母沈宜人忧。……君服阕后，即请假养亲，朝夕侍奉左右，洁养无方，三十年如一日也。君天性诚存，为人安祥谨饬，谦以待人，和以处众，积学好古，手不释卷。中年究心卫养之术。……道光九年九月，偶患腹疾，不浃旬，竟不起。……榕皋先生以西河之痛，属予为传，以垂家乘，因叙其本末如此。"

为钱泳题《写经楼图》，复为沈涛题《载酒访诗图》。

《池上集》三《为钱梅溪题〈写经楼图卷〉》："经为众说郛，宣圣集大成。其传及万世，大道因之明。钱子习小学，八分逼汉京。写经首《鲁论》，《学》《庸》迭交并。……家在梅花溪，岑楼高闲闳。芳园胪水木，虚室白自生。此中写经人，四海知其名。艺林播嘉话，是亦稽古荣。"

同卷《题沈西雝大尹〈载酒访诗图卷〉》："忆昔西泠共学年，沈侯风调最翩翩。文人结习真难扫，不忘江湖载酒船。""召伯《甘棠》昔有辞，更从何处访新诗。如皋籍籍舆人诵，总是贤侯德政碑。""名士曾同画饼呼，吴江枫冷亦何殊。十年载酒江南北，访得人如李杜无。"

吴翌凤《印须续集》卷五："钱泳，字立群，号梅溪。无锡人。国子生。候选理问。有《梅溪诗稿》。"

光绪《嘉兴府志》卷五十《嘉兴列传》："沈涛，原名尔政，字西雍。幼有神童之称。未冠，领嘉庆庚午科乡荐，知江南如皋县事，擢守燕北名郡，有政声。……后授福建兴泉永道，改发江苏，病殁泰州。生平学尚考订，兼嗜金石，与归安吴云最结契。赏鉴所获，辄绘图征诗，倡和成帙，著作梓行者曰《匏庐》等集。"

有诗怀江宁秦承业。

《池上集》三《有怀秦易堂先生》："世途冷暖总无端，大海回风又起澜。知足幸逃多寿辱，爱闲常觉徇人难。鱼思他日竿曾上，鹤讶今年雪最寒。闻道钟山秦学士，白头奉檄赴长安。"

同治《上江两县志》卷二十四中《耆旧》："秦承业，字易堂。乾隆辛丑二甲一名进士，选庶吉士，授编修。官国子监司业。时入值南书房，毅然以师道自任。宣宗登极，值其引疾里居，主讲钟山书院，首被征召，晋侍讲学士，仍值上书房。骎骎大用，俄以事罢归。寻赏还原帙。殁后，追赠礼部尚书，谥文恳。《御祭文》褒其立朝节概，至拟以汉之汲黯。"

为黄丕烈题《月明秋思图卷》，复为上元车持谦题《瑶台清影图》。

《池上集》三《为黄绍武题〈月明秋思图〉》："穆穆金波隐暮云，此时秋色正平分。淮南亦有悲歌士，吹入清商不忍听。"又"桂花零落蟾蜍死，怆绝人间虮虱臣。天上岂无修月手，素娥及早现前身"。

同卷《〈瑶台清影图〉为车秋舲题》："南部烟花久不闻，有人风貌独超群。丹青摹出真真像，好爇沉香旦夕熏。"又"江左风华在玉台，吟诗独让鲍家才。秋江一朵芙蓉艳，赚得车公入座来"。

陈作霖《金陵通传》卷二十七："车持谦，字秋舲，鼎贲之曾孙也。上元诸生。性冷峭，慎取友，与杨辅仁、顾槐三结苔岑诗社。家贫，以书记幕游。博洽耆古，尤长史学。尝著《秦淮画舫录》，虽纪冶游，而笔削有法，后深悔之。生平服膺顾亭林，乃作《年谱》，考据详赡，后来撰述之家以是为权舆。至于金石之学，致力尤深，游踪所到，必有椎拓。……别著《金石丛话》《钱谱》《印谱》《纪元通考》《薇西小舫近稿》。"

除夕，有诗和黄丕烈。

《池上集》三《和复翁除夕之作》："暮景飞腾幸得闲，一声爆竹报春还。尧年耕凿容巢许，鲁国箪瓢乐孔颜。新酒酿成偏后饮，旧诗祭罢又重删。僧来预订明正约，欲看梅花早入山。"

是年，刻《林和靖诗集》。

《独学庐四稿·文》卷二《林和靖诗序》："辛未岁，戚勤公以故相节制三江，予以旧吏征入幕府，掌文案。同时有杭人周右为公记室，携有和靖先生诗一册。予借而读之，心乎爱矣，不忍释手。未几，戚勤公内召入阁，宾客皆散，是诗仍归周君。其后十年，周为江都宰，予寄信求是书，周遂录副寄我，因授之梓人。或曰：'汉魏六朝以来，诗人多如牛毛之不可数，子无所刻，而独刻是编者何也？'予曰：'古今人诗不一格，有山林之诗，有台阁之诗。台阁之诗，近于《雅》《颂》，山林之诗，近于《风》。台阁者，以忠君爱国为主；山林者，以乐天知命为宗。诗如和靖先生，殆孔子所谓知道者乎？'……和靖先生，当仁宗之世，穷居野处，萧然物外，宜于当世无所系心者。乃临终有诗云，'茂陵他日求遗稿，犹喜曾无封禅书'，忧深思远，若非逆料有靖康之祸者。苟非知道者，安能出此语？殆身在江湖，心存魏阙者与！殆乐天知命，而仍不忘忠君爱国之心者与！曾子云：'人之将死，其言也善。'先生斯语，善之善者也。先生在临江识李谘于畴人之中，而以公辅之器期之。学识如先生，殆亦抱公辅之材，而未及施行者与！而世人往往以山林枯槁之士目之，是未可为知言者也。予爱其诗，论其世而知其人，故著鄙见如此，而即以为诗之序。"

按：据文中所言嘉庆十年下推十年，正为本年。

（时事）七月，仁宗崩。八月，皇太子绵宁即位，以明年为道光元年。

道光元年辛巳〔1821〕六十六岁

元旦，循例有诗试笔。

《池上集》三《辛巳元旦作是岁为道光元年》："圣主龙飞履至尊，诏书四达下求言。青宫早识吾君子，黄屋初颁大赉恩。六寓讴歌今日事，三朝耆旧几人存。有怀献曝陈无路，独倚闲门自负暄。"

偶得佛手甘十枚，赠于黄丕烈，而黄丕烈又转赠潘奕隽。黄丕烈绘成《传柑图》，执如亦有诗纪事。

《池上集》三《余偶得佛手柑十枚致之复翁复翁又致之三松老人复翁绘为〈传甘图〉因系一诗》："不是传甘节，闲情讶许同。散花香世界，弹指佛神通。

妙相千般现，真心一切空。翻成无量寿，佳话著吴中。"

为杭州按察使司狱范正庸题《精忠柏图》。

《池上集》三《〈精忠柏图卷〉为范苇舲司狱赋》引："杭州按察使司监，即南宋旧狱也。狱中有古柏，相传岳忠武被害时，此柏遂枯。今垂七百年，其干如铁不朽。范君正庸权司狱，绘为图。因赋五言一章。"诗曰："草木无知物，因人气象尊。圜扉留故迹，绘事托微言。桑海灵根在，风霜劲节存。一篇枯树赋，终古吊忠魂。"

按：范正庸生平事迹不详，俟考。

同郡宋镕以鸿胪寺卿谢病归里，为题《潞河送别图册》。

《池上集》三《题宋悦研少宰〈潞河送别图册〉》："急流能退古来难，神武门前竟挂冠。吴下幸留三径在，画中欲作两疏看。山思造极终无尽，海到收帆始即安。却喜白头相过从，桑麻情话共追欢。"

顾承《行素居文钞》卷四《清故鸿胪寺卿前刑部左侍郎悦研公暨配邹夫人合葬墓志铭》："公讳镕，字亦陶，号奕岩，别号悦研。苏之长洲人也。……乾隆辛卯，中顺天乡试，壬辰成进士，由内阁中书历官至刑部左侍郎。因事镌级，补鸿胪寺卿，以病归。公居官勤慎清廉，善听断，持法平。……归里后，谢绝竿牍，日与耆年长德孜孜行利济事，恺弟慈祥，和平乐易，周人之急，不以囊橐无余辞。性至孝，事母王太夫人，孺慕若一日。……公生于乾隆十四年五月己未，卒于道光五年十二月癸丑，春秋七十有九。"

夏，苏州知府宋如林延修《苏州府志》。同时昆山、新阳两县志续修，执如亦参预其事。

黄丕烈《梦境倡和诗集序》："道光辛巳夏，郡有修志之举，石竹堂、潘芝轩两先生实主其事。"

道光《苏州府志》有道光四年六月苏州知府额腾伊《苏州府志序》："今之方志，如古百国宝书，分史家之一体，非秉笔者才、学、识三长兼备，不足以信今而传后。……辛巳岁，今擢贵州按察使、前守宋公如林下车，见前志缺失，亟需增订，乃与乡大夫潘芝轩尚书、石琢堂廉使诸公，共谋纂辑，而琢堂先生则尤总持其事。都人士亦咸以为，秉是笔者非公莫属焉。昔郑樵引江淹之言曰：'志者，宪章之所系，非老于典故者不能。'今书成，共百六十卷，斟酌损益，协于史例，皆出自琢堂先生之手。博而得其要，简而周于事，则李焘之论《通鉴》也；其事皆增于前，其文则省于旧，则曾公亮之称《新唐书》也。洵非海内老斗轮，不足致于斯。"

《独学庐四稿·文》卷三《昆新志序》："道光元年，苏州太守宋公如林议修府志，而昆新两县之志，亦同时并举，其采访缮刻之费，邑人朱君谋独肩其事，太常博士王君学浩总司编辑之任，而予亦与闻焉。经始于道光出元，越五年而竣事。"

潘曾沂《东津馆文集》卷一《吴门表隐录序代家大人作》："道光辛巳，余偕石琢堂、黄荛圃诸公修郡志。"

按：道光《苏州府志》前修志职名，列执如为"总纂"，而"总裁"为潘世恩。盖潘世恩是时以户部尚书予告在籍，故诸人尊之以是衔，实主其事者为执如。道光《昆新两县志》前修志职名，镌"总裁：翰林院编修前山东提刑按察使石韫玉"，而主修者为昆山王学浩。

八月廿一日，黄丕烈因分修府志，赴常熟访书，泊舟西门之仓前。天未明时，梦至一空旷之处，见执如与潘世恩凭一石几对坐，作谈诗状，且闻七字句云"不使闲情管落花"。醒后，足成七绝一首。既归，复用句中平韵衍得二首，属同邑陆鼎绘梦诗前后二图，于重阳后十日装帧成卷尾，书三诗于上。执如及潘世恩见之，皆有和作；一时同邑诸士绅亦迭相赓和。

黄丕烈《梦境唱和诗集序》："道光辛巳夏，郡有修志之举，石竹堂、潘芝轩两先生实主其事。余亦忝与纂修之列，因访书赴琴川，于八月二十一日泊舟常熟西门之仓前。天未明时，梦见一空旷之所，竹堂、芝轩身凭一石几，对坐二鼓磴，作谈诗状。余自外入，但闻七字句云：'不使闲情管落花。'寤后，足成七绝一首。及归，再用句中平韵衍之，复得二首。窃思我三人，幼学相随，壮行各异，今以郡志事，得陪两先生后，未始非文字因缘也。爰乞属和第一首韵，并绘图纪事，以志一时佳话云。"黄丕烈《梦境诗》三首："一叶扁舟滞水涯，忽然有梦已还家。梦中记得良朋话，不始闲情管落花。""笑而不答心自闲，流水桃花别有天。欲索解人真不易，三神山著两飞仙。""闲花落地听无声，听入闲人倍有情。金马玉堂非我分，自耽风月闾间城。"执如《和复翁述梦诗韵》："欲从道岸问津涯，试访周官掌梦家。留得一双清净眼，世间诸相总空华。""万卷横陈咏圣涯，此中自有大方家。飘茵坠溷原无定，一种人心护落花。""我生有尽愿无涯，敢道文章是一家。近为姑苏志人物，又携枯管祝开花。"此三首诗亦见《池上集》三。潘世恩《菶圃二兄梦予与竹堂前辈对坐吟诗有不使闲情管落花之句寤后足成一绝绘图见示奉和第一首元韵呈正》:"不向山巅便水涯,琴川一棹拟浮家。无端拾得清新句,知是江郎梦笔花。"

按:《梦境唱和诗集》尚有吴云、张吉安、尤兴诗诸人和作。是集刻于道光四年,汇入《士礼居丛书》中。

江标《黄菶圃先生年谱》:"……闻七字句云'不使闲情管落花',醒后足成七绝一首。及归,再用句中平韵衍之,复得二首,属陆铁箫鼎画梦诗前后二图,于重阳后十日装成卷,以藏经作卷尾,自书三诗于上,并属同人题咏焉。"

又按:江氏所撰,皆据其所见陆鼎绘原卷,其于注文中称"是卷今藏张叔鹏孝廉炳翔家,一时和诗,石、潘二先生外,有吴玉松云、陈梦湘廷桂、吴棣华廷琛、吴阆甫信中、蒋宾崌寅、张蒳塘吉安、尤春樊兴诗、彭苇间希郑、汤三史达。题首为陶筠椒赓隶书'镜花水月'四字。"

冯桂芬《光禄大夫太傅武英殿大学士文恭潘公墓志铭》:"公讳世恩,字槐堂,号稼轩。……乾隆五十有七年举于乡,次年成一甲一名进士,授修撰。……道光十有三年,拜体仁阁大学士兼管户部,寻调兵部。……十有七年,加太子太保。十有八年,进武英殿大学士,赏戴花翎。二十八年,晋太傅。其明年,引疾乞休。……国朝以来,生加太傅者五人,重宴琼林者八人,廷试第一官大学士者八人,惟公兼之。……公为治,赞元经体,不为声华,不苟细微,其所设张举措,务持大体而要不散。所取士以千数,名臣硕儒相望。……平居貌慊慊若不及,而当官蘄然不可干以私。……着《有真意斋文》一卷、《思补斋诗集》三卷、《正学编》一卷、《读史镜古编》三十二卷、《熙朝宰辅录》二卷、《思补斋笔记》八卷……"

盛繡《清代画史增编》卷三十四:"陆鼎,字子调,号铁箫。吴县人。工诗古文词,尤精篆书。山水、人物、花鸟,不为绳墨所拘,超脱矜贵,别具丰格。白描大士像,一笔萦拂,缕缕若春蚕之丝,尤为绝技。不慕荣利,与人交,无城府。慕古人慎交之风,矢志不娶,推为吴中高士云。"

除夕,有喜雪诗。

《池上集》三《除夕喜雪》:"自入冬来日日晴,岁除如见降祥霙。天心特赐丰年瑞,春意潜回爆竹声。曲奏落梅供燕乐,诗吟飞絮斗聪明。锦帷羔酒非吾事,颂罢椒花岁钥更。"

是年，仁和龚自珍携所作文稿来谒。读后，大为嗟赏，以为龚氏之文，必将传信百世；然因龚氏文中，间有一二传闻致讹之处，遂致书指正。

《独学庐四稿·文》卷四《与龚璱人孝廉书》："前承示大稿，读之累日，不忍释手。其意匠奥衍，似从周秦之间诸子得来，非汉唐以后之文也。惟中间有一二传闻异同之处，敢贡其说于左右。如《徐尚书代言集序》所列伯仲科第有误。徐氏三公，乾学最长，秉义次之，元文又次之。此见于健庵先生《憺园集·恒斋府君行述》，不得有误者也。今大作谓元文伯、乾学仲、秉义季，误矣。又云，元文己亥第一，乾学庚戌第三，是矣。云秉义甲辰第三，非也。秉义以康熙癸丑第三人及第，若甲辰第三人，乃无锡秦宏，非徐也。盖徐氏昆弟科第，则元文最先，年齿则元文最少耳。又《乾隆两卿事》一篇文尾云，三日罢官去。此传闻之讹也。当曹锡宝御史之劾和珅也，事在乾隆乙巳岁。疏上，裕陵命行在军机大臣传讯而两释之。其后壬子京察，总宪舒常、纪昀将以曹列入年老，请休致，政府不以为然而止。曹后卒于官，未尝罢也。此可见先帝优容言官，如天之度。尊著皆大文章，将来必传信百世。此两人者，某犹及与之同朝，事出耳闻目见，恐留疑案于后来，故不敢嘿而息也。"

按：据吴昌绶《定盦先生年谱》，龚自珍于嘉庆二十三年戊寅中式举人，道光九年己丑进士及第，此一段时期内，惟有道光元年曾赴苏州，与顾广圻相晤，作探梅之游，则其访谒执如，当亦在本年。

又按：龚自珍，字璱人，号定盦；一名易简，字伯定，更名巩祚。仁和人。八岁读旧登科录，即有志为科名掌故之学。十二岁，从外祖段玉裁受《说文》，于金石、官制、目录诸学，尤有特好。道光九年进士，授内阁中书，升宗人府主事。十七年，改礼部。因避仇告归，匆匆南下，暴卒于道。文导源周秦，自成一家。诗词亦超逸异常。著有《定盦文集》三卷、《续集》四卷、《文集补》二卷、《补编》四卷等。事迹详《清史列传》。

是年，因彭蕴章之请，为其父彭希洛《简缘诗草》作序。

《简缘诗草序》："乾隆、嘉庆间，予与瑶圃同官京师，昕夕过从。尝见彭子自颜其室曰简缘，即以自号。……今彭子墓木拱矣，其从子咏莪孝廉奉其遗稿，请序于余。因著其说于端。道光元年夏，吴郡石韫玉序。"按：是序亦收入《独学庐四稿·文》卷三中。

同治《苏州府志》卷八十九《人物》十六："彭希洛，字景川。希濂弟。

年十五而孤，毁瘠如成人。读书攻苦，无间寒暑，尤潜心理学。乾隆丁未成进士，授兵部主事，充《四库全书》分校。乞假归。……居乡，族党有急，必力济之。年未五十卒。"

又按：彭蕴章，原名琮达，后以原名为字，号咏莪。启丰曾孙。道光十五年进士，累官至武英殿大学士。卒谥文敬。工诗文，善书画。有《彭文敬公全集》。事迹详《清史列传》。

秦瀛卒（据陈用光《太乙舟文集》卷八《刑部右侍郎秦公遂庵墓志铭》），

吴鼒卒，

蒋廷恩卒。

（时事）二月，云南永北厅夷民起事，总督庆保讨平之。

道光二年壬午〔1822〕六十七岁

正月四日，邀潘世恩、吴廷琛、吴信中会饮鹤寿山房。黄丕烈闻之，以四人皆先后状元及第，而同会一堂，诚乡梓盛事，乃汇刻《四元倡和诗》一卷。后潘世恩又倩人绘成《芳园宴集图》。

潘世恩《思补斋笔记》卷三："道光壬午正月，吴中大雪。石琢堂先生韫玉招予与吴棣华观察廷琛、吴蔼人学士信中，集鹤寿山房，为赏雪之饮。时蔼人亦侍养在籍，棣华由浙入都，适与此会。棣华与予乡试同年，及壬戌入翰林，予忝大教习。蔼人乡榜出香东尚书门下，故予首倡七律二首，有'敢向同年说同馆，喜从门下见门生'之句。琢堂亦首倡二律，同人更唱迭和。黄荛圃主政丕烈以为梓乡盛事，汇刻一卷曰《四元倡和诗》。"

潘世恩《思补斋诗集》卷二《新正四日琢堂前辈招同吴棣华廷琛蔼人学士信中集鹤寿山房》："三年一第只寻常，况是三吴第一乡。容易蓬山叨接席，最难梓里话连床。天教我辈成嘉会，人说群仙在此堂。卜夜不须重洗盏，恐惊奎璧动光芒。"又"大贤经济冠群英，衣钵深惭副盛名。敢向同年说同馆，欣从门下见门生（注：棣华壬戌大魁，予忝教习，蔼人乡榜出桂文敏门下）。为霖自养东山望（注：谓琢堂），爱日长殷北阙情（注：蔼人与予并侍养在籍）。汉世治平谁第一，襜帷到处有逢迎（注：棣华方之任清河）"。

《池上集》三《壬午新正邀潘芝轩吴棣华吴蔼人三状元荒斋小集即事成

篇》："岁钥初更百事安，闲寻蔬笋荐春盘。竹中开径迎三益，林下逢人有二难。梅辞冲寒花信早，雪方献瑞酒怀宽。偶然觞咏成嘉会，赋就同心兴未阑。"又"并是中朝侍从官，一时乡里暂盘桓。风清北道方持节（注：棣华将赴清河道之任），日永《南陔》共采兰（注：芝轩尚书、蔼人学士皆告养在籍）。五亩竹松甘自老，三杯椒酒醉成欢。行藏各尽平生事，留取芳华后进看"。

齐彦槐《梅麓诗钞·出山集》上有《潘芝轩尚书世恩以吴中四殿撰〈芳园宴集图〉属题即次元韵二首四殿撰者石琢堂韫玉吴棣华廷琛吴蔼人信中与尚书也》诗二首。

同治《苏州府志》卷八十四《人物》十一："吴信中，字阅甫，云子。嘉庆戊辰一甲一名进士，授修撰。历典河南、广东、湖北乡试。大考一等，擢庶子，入直南书房，迁侍讲学士，转侍读学士。时父云由河南彰德府移疾归，久之，信中亦请养。卒年五十有六。"

春日，邀吴云小集，云先期诗至，次韵奉答。

《池上集》三《约玉松同年小集先期诗至即次元韵》："素心客至不须催，雪里蓬门向晓开。玉屑清谈听弗倦，锦囊佳话寄先来。寻梅早税移春榼，翦韭同衔乐圣杯。遥想诸公方衮衮，几人容易挂冠回。"

黄丕烈新刻《珞琭子》《三命消息赋》成，作诗示执如，赋诗简之。后以菜心见赠，赋诗谢之。

《池上集》三《黄复翁新刻〈珞琭子〉〈三命消息赋〉成作诗见示戏成长句简之》："人生有命自在天，世人推测多虚妄。一年三百有六旬，芸芸者众日生养。干枝有尽人无穷，安能一一推消长。……富贵夭寿天所命，凡人何术能悬想。积善降祥恶降殃，古圣训言庶不爽。偶展斯编一粲然，聊贡芜言助抃掌。"

同卷《复翁以菜心见饷赋诗奉谢》："一把嘉蔬破晓临，摘来叶叶是芳心。市人求益贫无谓，野老分甘喜不禁。士有高情闲处见，物留真味啖中寻。灌园敢道非吾事，学圃于今岁月深。"

按：江标编《黄荛圃先生年谱》，亦将此二事系于本年。

黄丕烈以六十寿辰，避客游西泠，既归，为题《西泠春泛图》。

《池上集》三《〈西泠春泛图〉为复翁题》："君当晬盘时，我年方毁齿。每思旧事如昨辰，倏然六十春秋矣。少年同学长同游，不治生产治文史。前身都是老蠹鱼，一生心力穷故纸。萱花满庭风日佳，寿母令妻逢燕喜。忽思避客出门行,扁舟直溯西泠水。笔床茶灶若浮家,左对孺人右稚子。清江两岸山如画,一齐收入诗篇里。阿翁迭唱郎载赓,鹤鸣子和清英美。携归示我笑解颐,天伦之乐有如此。蓬头稚髻非所伦,刘纲仙耦差可拟。世人生日开华筵,海错山珍荐刀匕。笙歌如沸酒如泉,徒将豪举夸乡里。瑶笺百幅征寿言,习俗相沿殊可鄙。安得如君一扫除,但寻烟墨供驱使。画作《西泠春泛图》,图中人寿如川是。"

门人沈宝禾以莼菜见赠,有诗遗之。

《池上集》三《沈生宝禾以莼菜见饷戏成二绝句》:"采到春莼付膳夫,脆如芹藻滑如酥。黄扉多少堂餐客,识得吴江此味无?""千里莼羹实可人,季鹰为汝促归轮。不须更说鲈鱼美,即此登筵已绝伦。"

按:沈宝禾,自号蛙溪子,字子实。松陵人。著有《蛙溪鼓吹词》一卷。《独学庐五稿·文》卷三《沈处士墓表》:"呜呼,此震泽处士沈君之墓。……既卒哭,孤子宝禾等以状来告曰……宝禾游于吾门也久,予与君有通家之谊……"

游支硎山,重过吾与庵访僧心诚。

《池上集》三《道光壬午重过吾与庵访心诚上人和三松老人题〈山阁看云图〉诗韵》:"哲人既云逝,山阿苦寥寂。欲问微妙法,芒然无所适。偶经支硎山,重访林公宅。弹指悟去来,抚心感今昔。鸿飞入杳冥,雪泥尚留迹。迦叶解拈花,达摩曾面壁。藉兹香火缘,三生证圆泽。"

甥吴嶰时任绍兴同知,寄诗来。和其韵答之。

《池上集》三《和答吴兼山通守》:"老来知虑不如前,百事蹉跎为力绵。身世似萍随水住,文章犹火待薪传。逢场游戏凭竿木,安分生涯守砚田。知我生平惟有子,他时诗谱属编年。"

秋,钱塘余集及同邑潘奕隽皆重赴鹿鸣宴。有诗志贺。

《池上集》三《余秋室潘榕皋两先生今岁皆重赴鹿鸣佳宴诗以贺之》:"宾筵重赋《鹿鸣》篇,海内耆英孰比肩。二老当今真大老,一年新进尽同年。生朝并著文章业,传世多留翰墨缘。官职科名等闲事,须知五福寿为先。"

按:余集、潘奕隽皆于乾隆二十七年壬午举于乡,至本年道光壬午,恰一周甲。

又按:余集,字蓉裳,号秋室。钱塘人。乾隆三十一年进士。与邵晋涵、戴震、周永年、杨昌霖同荐修《四库全书》,授翰林院编修,时称"五征君"。

官至侍讲学士。晚主大梁、娄东书院。于诗古文词曲外，旁涉算术、篆刻、绘画，皆无师承，以意逆之。道光十三年卒，年八十六。事迹详《清史列传》。

长子同福官浙江县令满十年，将入都朝觐，道出吴门。作诗勉之。既而，同福亦有次韵诗明志。

《池上集》三《福儿俸满入觐道出吴门诗以送之》："一官忽满十年期，此去朝天到玉墀。幸守清贫留旧德，莫忘忠信负明时。三杯且举尊前酒，两卷交看别后诗。若见诸公当说与，东南民力近来疲。"

石同福《瘦竹幽花之馆诗存》卷二《北行有日奉次家大人见示元韵》："小山招隐负前期，丛桂森森映碧墀。南浦酒倾当更尽，东篱花赏最佳时。难成永叔《归田录》，敢废昌黎《荐士诗》。碌碌风尘经十载，脚靴手版意忘疲。"

是年，筑凌波阁，以为藏书之所。

《独学文存》卷三《凌波阁藏书目录序》："余性淡漠无所好，惟好蓄书，自弱冠以来至今，积至四万余卷。其间聚而散，散而复聚，匪朝伊夕之力。今年过耳顺，虑聚者复将散也，谋所以保守之者。乃于所居花间草堂之西，涤山潭之上，筑小楼三间，以为藏书之所。楼向东背西，取其朝暮有日色入楼中，无朽蠹之患。书凡分十类，曰经，曰史，曰子，曰专集，曰总集，曰丛书，曰类书，曰地志，曰词曲小说，曰释道二藏，贮为二十厨，排为六行，两两相对，标其类于厨之闑，索其书，检之即是，而法书名画、金石文字，亦附于其中。……"

按：《池上集》三《壬午除夕示儿孙》"清俸聚书三万卷，子孙能守即称贤"后有注："近筑凌波阁，藏书三万余卷。"

是年，刻《文选编珠》及《花间九奏》。

《文选编珠序》："昔隋时著作佐郎杜公瞻，集书中隽语可为对偶者，辑为一书。其书不见于隋之《经籍》、唐之《艺文》二志，当世罕知者。至本朝康熙间，詹事高士奇在秘府录出，补其残阙而传之学者，始知有是书。惟是杜氏博极群书，而所采无多，亦沧海一粟而已。因思昭明《文选》一书，为艺苑津梁。唐人谚云：《文选》熟，秀才足。当时因有以《选》学名家者。嘉庆壬申岁，侨寓秦淮，燕居无事，乃取《选》中隽语可以对偶者摘出。适陈生元之在宾馆，属其编次成帙。频年藏在敝箧中，未及示人。顷偶然检得，爰付梨枣，非敢云继轨杜氏，聊以充初学錧钉之助云尔。道光壬午独学老人石韫玉序。"

按：是书原刻已甚尟见，今仅见于《芋园丛书》及《碧琳琅馆丛书》内。

书分上、下卷，原题：独学老人原本，受业陈彬华编校。每叶上列典故，下列出处。

《池上集》三《自题花间乐府》，其一《伏生授经》："百篇典诰化秦灰，幸有通儒在草莱。留得帝王经世术，至今传信在兰台。"其二《罗敷采桑》："蛾眉自昔产邯郸，使者旌旗过涧盘。富贵吓人真一笑，儿夫早著侍中冠。"其三《桃叶渡江》："红颜在世易摧残，好处相逢自古难。谁似渡江人计稳，一生鱼水见真欢。"其四《桃源渔父》："避秦人去不知年，渔父重来亦惘然。独有渊明能著录，由来隐逸近神仙。"其五《梅妃作赋》："开元天子本多情，看到惊鸿百媚生。谁料一朝轻决去，都缘谗谄蔽王明。"其六《乐天开阁》："声色娱心欲界中，达人觑破总成空。樊姬偕老蛮姬去，各有因缘事不同。"其七《贾岛祭诗》："新诗一字费推敲，邂逅相逢即缔交。如此怜才人不易，铸成瘦岛配寒郊。"其八《琴操参禅》："文章太守玉堂仙，接引迷人到佛前。知道个侬根器好，片言参透老婆禅。"其九《对山救友》："友生急难为同方，覆雨翻云事亦常。试看《中山狼》一曲，崆峒毕竟负康郎。"

按：《花间九奏》原刻本内封右上镌"花韵庵主人填词"，左下镌"本庵藏版"。每半叶九行，行大小皆二十字，下黑口，左右双边，单黑鱼尾。

（时事）十二月，申谕海口各关津，严禁夹带鸦片烟。

道光三年癸未〔1823〕六十八岁

春，黄丕烈偕彭希郑、尤兴诗至城西积善西院看梅，归结问梅诗社，并邀执如入社。正月二十五日，乃于尤兴诗宅之延月舫举诗社第一集。是日，黄丕烈手制吟笺。后又属陆鼎绘《问梅诗社图册》，入社同人皆有诗题其上。

《独学庐五稿·诗·燕居集》三《题问梅诗社图诗》序："城西积善院有古梅一株，数百年物也。道光癸未仲春之月，黄子荛圃偕尤春樊舍人、彭苇间太守探梅至此，乘兴欲结问梅诗社，邀予入社。每月一会，会必作诗。其后士大夫归田者相继讲苔岑之契，则有张大令莳塘、朱赞善兰友、韩司寇桂舲、吴廉访棣华、潘农部理斋。而董琴涵太守、卓海帆京兆在吴门时，皆来赴会。乃荛圃已先归道山矣。己丑夏，哲嗣同叔出此图见示，盖荛翁于初结社时所作，抚今追昔，不胜白社黄垆之感。"

《问梅诗社诗钞》卷一有尤兴诗诗,题:"正月二十五日,问梅诗社第一集。春寒,惮赴西郊禅院。招石竹堂太史、黄荛圃主政、彭芋间太守小饮延月舫。赋诗。"诗曰:"筵宾延伫曼卿来,结社初筵莳水隈。自昔武陵多隐士(注:芋间自武陵归),况今山谷有奇才。一枝相赏前缘定(注:因探梅而结社),三径常瞻益友开。昨夜已交惊蛰节,剪刀风里好诗裁。"黄丕烈次韵之作曰:"不是攒眉入社来,吟朋半出古城隈。山游独我如灵运,佛学群公尽辩才。斗室最宜文饮乐,寻盟相戒绮筵开。喜神动与梅花会,打迭诗笺具别裁。"

彭希郑《汲雅山馆诗钞》卷中《正月二十五日春樊招集琢堂荛夫于延月舫为问梅诗社第一集即席成咏因和原韵》:"晓起山童报客来,东风有约问寒梅(注:春樊、荛夫过访,邀往积善西院看梅,因以问梅名社)。恰如花木成三友,更过天人第一才(注:琢堂未共看梅而入社)。座列盆山疏影合,春生墨盆冻云开(注:荛夫自制诗社吟笺)。"

《池上集》三《尤春樊黄荛圃彭雅泉三子招结问梅诗社初集春樊斋中即和其韵》:"嘉会三人不速来,问梅懒赴白云隈。忘机共识渊鱼乐,得寿翻推社栎才。客似浮萍因水聚,我携枯管祝花开。相期风雅招同调,俗士淫哇要别裁。"

按:江标《黄荛圃先生年谱》称其尝见《问梅诗社图》原册,且云:"此册今藏同郡吴颖芝荫培探花家。……册中彭芋间诗自注云:'余移居城内甫十日,春樊、荛圃过访,往积善西院看梅,因以问梅名社。'又云:'琢堂未共看梅而入社。'又云:'荛圃自制吟笺。'"

同治《苏州府志》卷八十九《人物》十六:"彭希郑,字会英,希洛弟。乾隆己未进士,礼部祠祭司主事。嘉庆初,丁母忧归,越十五年始出。以礼部主客司郎中,出知湖南常德府。……道光元年,护岳常澧道。二年,因病解任归,买屋齐门外陆墓。卒年六十八。"

二月十六日,黄丕烈于积善庵举行问梅诗社第二集。

《池上集》三《二月十六日黄复翁在白莲泾进士庵举问梅诗社》:"消寒消尽寒九九,问梅已落梅花后。祠树扶疏几百年,寂守僧庐能耐久。……仲春既望风日佳,招携三五同心友。仍为寻芳载酒来,不辞索笑巡檐走。花时虽过补以诗,著花树老忘其丑。此时花谢花神在,举酒酬花花亦受。爱花同作咏花人,一种冷香常在口。"

彭希郑《汲雅山馆诗钞》卷上《二月十六日荛夫招往积善西院为问梅诗社

第二集》。

江标《黄荛圃先生年谱》云黄丕烈是日"赋五言诗二十二韵",又曰:"先生诗序云,积善西院虽为看玉兰计,实则欲展谒忠介公墓也。"

三月二十一日,应彭希郑之招,与同人集静怡室,为问梅诗社第三集。

江标《黄荛圃先生年谱》:"三月二十一日,彭芋间招集先生及琢堂、春帆于静怡书室,为问梅诗社第三集。先生选六麻韵和芋间七律二首。春樊诗自注云:'时茇夫、芋间豪饮。'"

《问梅诗社诗钞》卷一有彭希郑诗,题:"三月二十一日,招竹堂、春樊、荛圃饮于静怡书屋,为问梅诗社第三集。"

三月二十八日,招同社诸人集花间草堂食莼羹,为问梅诗社第四集。

彭希郑《汲雅山馆诗钞》卷中《三月二十八日琢堂集同社诸人于花间草堂为问梅诗社第四集和主人韵》:"诗吟梅雪心相印,馔爱莼羹嗜亦同(注:馔中莼羹甚美)。久结遥情忆千里,肯抛乡味易三公。芙蓉旧主花为宅,樱笋新厨酒不空。婪尾衔杯韶景去(注:时立夏后二日),却教谈笑有春风。"

《问梅诗社诗钞》卷一有执如诗,题:"三月二十八日,邀春樊、茇夫、芋间雅集五柳园食莼,为问梅诗社第四集。"诗曰:"绿葵红蓼山中产,举似湖莼总不同。土物久传在吴越,溪毛原可荐王公。盐梅调鼎功何有,樱笋登厨事亦空。均是金闺挂冠客,归来奚必待秋风?"

江标《黄荛圃先生年谱》:"三月廿八日,琢堂招先生食莼羹,即为问梅诗社第四集。先生有七律二首。"

四月初八日,拟与彭希郑、尤兴诗、黄丕烈入山访僧。至期雨甚,不果行,遂与同人集花间草堂,为诗社第五集。

《池上集》三《四月初八日与彭雅泉尤春樊黄复翁有入山访僧之约至期雨甚不果行遂小集花间草堂以赏雨茆屋四字分韵得屋字成五言十二韵》:"梅子始黄时,阴消最难卜。初檐佛诞辰,同访僧伽族。崇朝雨滂沱,行者心畏缩。言停水上舟,爰集花间屋。荒庭水平阶,幽院风鸣竹。檐花坠残红,池藻延新绿。主人固仓卒,客至皆不速。湖莼既乡味,村酒亦天禄。盘羞及虀裙,肴烝先猪肉。觞政设不苛,诗牌分已熟。如此会率真,绝胜强征逐。及时善行乐,无处非清福。"

按:问梅诗社原拟每月一会,而上月则有两会。第四集为上月二十八日,则此会盖第五集。

三女婿陆元文将入蜀，作诗送其行。

《池上集》三《送陆婿入蜀》："人生宇宙间，灵为万物长。不读万卷书，安得圣贤会。……陆生抱隽才，声名满吴会。三十登贤书，功名未可艾。兹行真壮游，手膏征车汰。江流七千里，视若一衣带。……《出师表》两篇，寄我塞珠贝（注：余书武侯《出师》二表，聂蓉峰学使勒石成都武侯祠中，余尚未见榻本，故及之）。"

六月二十五日，与同人集彭希郑静怡书屋，为诗社第六集。

《问梅诗社诗钞》卷一有彭希郑诗，题："六月二十五日，招集静怡书屋，为问梅诗社第六集。"

自夏至秋，江南霪雨为灾，吴中尤甚，田禾被淹，百姓乏食。政府筹银十四万两以赈灾。执如复请免米税，通商贩。所作《寒雨》诗，为彼时实录。

《独学庐四稿·文》卷一《道光三年赈饥记》："道光三年岁在癸未，自夏入秋，霪雨为灾，田禾被淹，间阎乏食，四乡尤甚。开府中丞韩公文绮、方伯玉公玉铬、廉使林公则徐、郡伯额公、三邑侯俞公、王公、万公焦心劳思，凡可以救灾恤患者，无所不至，业已入告天子，特发帑金以赈之，复劝谕郡人之殷实者共敦任恤之谊，且各捐俸以为之倡。由是众心感激，踊跃乐输，共集金十四万两有奇。官赈既毕，继以义赈，自是年冬月起，至明年春熟而止。"

同治《苏州府志》卷八十三《人物》十，援引黄寿凤撰《石韫玉传》："道光癸未，吴中大水，浡饥。请免米税，通商贩。"

《池上集》三有《寒雨》诗七首，兹录前五首，其一："恒寒复恒雨，对此百忧煎。地似无雷国，民居有漏天。浮云常蔽日，平陆竟成川。泽水仁人恶，谘谋忆昔贤。"其二："一雨连三月，斯民共怨咨。忧心如已溺，荒政在人为。粳稻今无种，疮痍事可知。东南原泽国，疏瀹不容迟。"其三："震泽波涛壮，三江是尾闾。绝潢横作薪，腐草积成淤。坐看桑田改，难求息壤居。试寻沟洫志，水利近何如。"其四："四郊秋水遍，平地起狂澜。古井腾如沸，高墉毁不完。乘桴居未易，悬釜爨尤难。所仗循良吏，援之袵席安。"其五："暑雨苦嫌多，秋霖复奈何。飘风频败屋，老滛尽扬波。山裂倏成径，舟行时上坡。烝人安宅少，奚止叹无禾。"

七月，刻《独学庐尺牍偶存》二卷。

《独学庐尺牍偶存》自记云："余生平与人尺牍，皆随手酬应，未尝存草。有童子胡鹤录成二册，偶然见之，追想当时情事，宛如雪中鸿爪。因付梓人，亦敝帚之享云尔。道光三年秋，竹堂记。"

按：是书前有内封，其右上镌"独学庐尺牍偶存"，中镌"本衙藏版"，左下镌"道光三年七月梓行"。

七月二十八日，与同人集黄丕烈学耕堂，为诗社第七集。潘奕隽、吴云亦与会。

《问梅诗社诗钞》卷一有黄丕烈诗，题："七月二十有八日，诗社第七集，集学耕堂。邀榕皋、玉松二老作竟日谈，更辟为谈社。谈与诗字皆从言，亦取乎言之有物而已。主人先以诗纪事。"又其诗"忧患果何为，不如且饮酒"下有注："是会宾五人，榕翁年八十四、玉翁年七十七、竹翁年六十八、春樊年六十四、茇翁年六十。主一人，则茇翁也，年六十一。"

八月二十二日，与同人集尤兴诗宅之延月舫赏桂，为诗社第八集。

江标《黄荛圃先生年谱》："仲秋廿有二日秋社，……自跋于后云：是日将赴第八集诗社于延月舫。"

《问梅诗社诗钞》卷一有尤兴诗诗，题："八月二十二日，招社友饮于延月舫桂花下，为诗社第八集。"

《池上集》三《秋社日集尤春樊舍人斋中赏桂与彭雅泉黄荛圃同作即订后会》："忽闻元鸟报归期，如此风光对酒宜。况过小山丛桂发，淮南《招隐》可无辞？"又"幸得诗人共里门，每逢佳节一开樽。不知九日当晴否，采菊同过五柳园。"

九月九日重阳节，招黄丕烈、尤兴诗、彭希郑集五柳园，举诗社第九集。是日，黄丕烈登凌波阁观书。

《池上集》三《九日招复翁春樊苇间集五柳园》："老去登高蹕，萧斋客到便。天容新霁好，人意古欢联。对酒思陶令，题糕据郑笺。临风重有感，积雨叹无年。宴续餐英会，文成议蟹篇。蓬门今日启，洒扫为三贤。"

同卷此诗后又有《是日复翁登予家凌波阁和前诗见赠迭韵答之》："曹仓陈井井，边笥嫏便便。筮《易》占簪盍，吟《诗》庆棣联。观书如扫叶，拈韵快传笺。脱略忘宾主，逍遥乐岁年。双清欣得侣，《九辨》又成篇。垂钓东篱会，风流企晋贤。"

按：第八集执如有诗云"不知九日当晴否，采菊同过五柳园"，则是会为第九集。又《问梅诗社诗钞》卷一亦录执如九日诗，题："九日集五柳园，为诗社第九集"。

十月十二日，吴云邀集其宅之知鱼乐轩。因事未赴。

《池上集》四《春樊莞圃苇间共集吴玉松太守鱼乐轩予因事未赴而分韵征诗赋五言一章》："道光三年冬，十月十二日。有客携酒肴，共扣吴翁室。翁室新落成，水木甚明瑟。左图右史间，主人安且吉。三人不速来，而尚阙其一。其一即我是，有事适他出。乃为俗累牵，未与宾筵秩。作诗虱其间，聊以补亡失。"

十月十八日，与同人集彭希郑静怡书室，为诗社第十集。

《问梅诗社诗钞》卷一有彭希郑诗二首，题："十月十八日，集静怡书室，为诗社第十集。"执如次韵作曰："新诗吟就共传笺，脱手弹丸溜的圆。我是沧浪溪上客，买来风月不论钱。"又"三君诗笔妙无加，况得元卿是会家。莫道峥嵘岁将暮，冲寒春又到梅花"。

十一月五日，第四子延禧病卒。

《独学庐四稿·文》卷五《十一郎圹志》："亡儿季常，余之第四子。寒门寡丁男，男女相伯仲，故呼儿为十一郎。……卧床三月，合掌而逝，时道光三年十一月初五也。"

诸城王赓言以江苏按察使莅苏，与执如唱酬颇密。

《池上集》四有《和王簣山廉访紫阳疏影即景示诸生诗韵》二首，后复有《簣山廉访再迭疏影即景之作见示和答》二首，及《簣山廉访瘗鹤焦山之麓赋诗述事奉和二律》。

按：王赓言，字簣山，山东诸城人。乾隆五十八年进士，累官至江苏按察使。有《簣山堂诗钞》。

是年，为萧昙题《海墨楼图》。

《池上集》四《题萧曼叔〈海墨楼图〉》："百尺岑楼接太空，幽人于此听松风。携将一滴金壶墨，洒遍华严法界中。"

是年，与同人醵金刻《周忠介公遗集》，复为王元辰《王芥山诗集》作序。

《独学庐四稿·文》卷二有《明周忠介公文集序》。又，《池上集》四《和王簣山廉访登周蓼洲先生读书楼之作》"烬余遗草手亲抔"句下注："予于癸未岁，尝与同人醵金刻公遗文。"

按：周顺昌，字景文，号蓼洲。吴县人。万历四十一年进士。天启中，历文选司员外郎，力杜请寄，疫侥幸，清操皦然。乞假归。以忤魏忠贤，为其党所诬陷。天启六年毙狱中，年仅四十三。崇祯初谥忠介。事迹详《明史》本传。

《独学庐四稿·文》卷三《王芥山诗序》："昔时吾乡有雅言堂诗人之会，同会者八人，予识其三，张子补梧也，鄞子小山也，王子芥山也。……黄子绍武，芥山高足弟子也，拾其丛残诗草，汇为一编，将付梓人剞劂行世而问序于予。……"按：是书为道光三年黄丕烈士礼居刻本，今藏国图。

又按：王元辰，字曜寰，号春郊。长洲人。诸生。年未四十卒。学问渊雅，笔力浑厚，与吴翌凤为文字交，与张邦弼等结雅言堂诗社。《江苏诗征》卷五十收其诗二首。

赵怀玉卒。

（时事） 三月，以林则徐为江苏按察使。以汤斌从祀苏郡文庙。

道光四年甲申〔1824〕六十九岁

元旦，有诗和长子妇席慧文。

《池上集》四《甲申元旦和子妇慧文韵》："不辞皓首抱遗经，澹泊中间得宁静。又值羲和穷北陆，弗忘胞与诵西铭（注：时方有赈饥之事）。椒花献岁回邹律，柳絮因风玷谢庭。却扫衡茅殊未易，门前问字有车停。"

初春，送第四子延禧之柩入西碛山祖茔落葬。先是，途中路过毕沅之墓，有诗。

《池上集》四《送十一儿入山志感》："荒蹊百折绕西峰，华表仙禽不可踪。野渡无人空系艇，深山藏寺但闻钟。谈禅欲证三生石，济胜寰寻九节筇。叹息童乌先不禄，一抔反仗老夫封。"同卷之前《西山扫墓路过毕尚书坟有感而作》："觅得篮舆换画桡，春风拂面薄寒消。默林香夺旃檀气，松壑声回大海潮。古寺鸣钟因自省，野人吹黍竞相邀。道旁华表冲霄汉，不及云礽已寂寥。"

按：毕沅，字纕蘅，一字秋帆，号灵严山人。镇洋人。乾隆二十五年状元，累官至湖广总督。嘉庆二年卒于任。生平通经史，精小学、金石、地理之学。著有《灵严山人诗文集》。事迹详《清史列传》。

正月十六日，与同人集黄丕烈百宋廛，为问梅诗社第十一集。

《问梅诗社诗钞》卷二有黄丕烈诗一首，题："正月十六日，集宋廛，为问梅诗社第十一集。"诗曰："一年佳节始，最是上元时。猛发同人兴，长吟味道诗。春风吹渐暖，好雨洒方滋。试问南窗下，梅花放几枝？"执如次韵之作曰："春至已旬日，良朋会及时。共寻梅社约，兼咏《鹊巢》诗。玉斝香醪美，金壶墨渖滋。巡檐索笑处，缠见两三枝。"

二月二十八日，与诗社同人集尤兴诗延月舫，为问梅诗社第十二集。

彭希郑《汲雅山馆诗钞》卷中《二月二十八日春樊招集同社诸人于延月舫为问梅诗社第十二集以舫中匣剑赋诗因和原韵》："霜锋藏不试，韫匵寄情深。时雨师儒席，英风义侠心。尘沙怜蠖屈，雷电听龙吟。牛李怀恩怨，吾衰力不禁。"

《池上集》四《匣剑和春樊舍人》："剑乃一人敌，爱君藏器深。及锋曾自试，跃冶久无心。庄叟登坛说，荆卿倚柱吟。龙泉本知己，往事思难禁。"

三月杪，园中牡丹盛开，邀同社诸友集花间草堂，为诗社第十三集。

《池上集》四《三月既尽园中牡丹盛开集同社诸友小饮花间草堂即席成咏》："新霁园林穀雨天，坐花特地集群贤。一丛艳夺芙蓉镜，百和香生玳瑁筵。吟赏幸同宾客乐，护持愿到子孙年。愧无才调青莲似，草得清平第四篇。"按：此作又见《问梅诗社诗钞》卷二，题："三月晦日，五柳园赏牡丹，为问梅诗社第十三集。"

立夏日，与同人集彭希郑宅饯春，为诗社第十四集。

《池上集》四《立夏日集茞间太守斋中饯春》："梅花先春开，独占一岁始。……素心三五人，闲居共闾里。主人卜良辰，开筵集杖履。举酒尽三爵，拈韵得四纸。老夫年最高，感春情不已。"

《问梅诗社诗钞》卷二有彭希郑诗，题："立夏日，静怡书室饯春，为问梅诗社第十四集。"

四月二十三日，在黄丕烈宅举问梅诗社第十五集。先是，黄氏得红豆花，分赠潘奕隽，潘赋诗三首为答。因命三孙妇李慧生作画，乞同人题诗其上。

江标《黄荛圃先生年谱》："四月二十三日，先生举行问梅诗社第十五集。"其下江氏引所见原册上黄丕烈诗叙云："时彭大吾冈折赠家园红豆花，予分赠三松老人，有诗为答，得七言绝三首。因思向日王忘庵曾因东禅僧赠花，为花写影并题诗答之。今三松已题诗,予不可不写影,命三孙妇李慧生作画,乞同人题之。……"

五月十八日,在尤兴诗宅举问梅诗社第十六集。是日,重装周顺昌遗像,同社诸人各赋题句。

江标《黄荛圃先生年谱》:"夏五望后三日,尤春樊先生举行问梅诗社第十六集于延月舫。时重装周忠介公遗像,同社各赋题句,先生成七律一首。"《问梅诗社诗钞》卷二有尤兴诗诗,题:"五月十八日,会饮延月舫。时重装周忠介遗像,同人题诗,为诗社第十六集。"

夏至后三日,集诸子于五柳园,为诗社第十七集。

《池上集》四《夏至后三日集同社诸子于五柳园即事成篇》:"四时相代谢,节序届长赢。我心方惮暑,秋气忽已生。凉风西南来,竹树杂有声。因怀素心侣,尊俎设南荣。山厨少兼味,草舍有余清。良会罗嘉客,清言屏俗情。相期各保复,守此岁寒盟。"

江标《黄荛圃先生年谱》:"夏至后三日,先生举问梅诗社第十七集于琢堂先生家。"

七月二日,与同人泛舟石湖,为诗社第十八集。

《问梅诗社诗钞》卷二有彭希郑诗,题:"七月二日,泛舟石湖,小饮范文穆公别墅。雷雨大作,凉风飒然。以'应是雨催诗'句分韵,得'诗'字,为诗社第十八集。"

秋社日,举问梅诗社第十九集。执如将游天台山,同人皆有诗送之。

彭希郑《汲雅山馆诗钞》卷中《秋社日为问梅诗社第十九集送琢堂游天台山》:"赤城霞起想崔嵬,耄老登临亦壮哉。喜有佳儿为地主(注:时琢堂子敦夫作宰余姚,路过其地),傲他名士赋天台。遄归有约同餐菊,赠别无题借问梅。诗社重逢秋社日(注:去年秋社结社于延月舫),不因送客始衔杯。"

潘奕隽《三松堂诗续集》卷六《送石琢堂游天台》:"秋中气爽露华清,十幅蒲帆指赤城。想到石梁行处稳,故人霞客定相迎。"

秋,长子同福在余姚县署中患重病,两月方愈。

《吴谱》:"秋,长子同福余姚署中患病几殆,医治两月始瘥。"

冬,赴杭游理安寺,复如绍兴游兰亭。

《池上集》四《夜至理安寺投宿》:"溪流不见但闻声,路入松杉曲折行。

荒草绿迷人迹少，密林红露佛灯明。叩门犬识曾来客，对月山如不夜城。寻到风公麟骨处，丰碑渍雨藓苔生。"又《自理安寺出山渡江》："一别钱塘倏十春，重来鱼鸟尚相亲。出山泉水如随我，夹道岩花亦昵人。霜落稻田丰有获，潮回沙路净无尘。扁舟直指西兴去，客久知津不问津。"又《游兰亭》："缆舟越溪滨，言访兰亭迹。篮舆行山中，坐看群峰碧。步入内史祠，庭宇颇幽僻。天寒红叶稀，地润苍苔积。……我来觞咏处，望古跂余泽。重次修禊文，镌石嵌诸壁。"

按：兰亭在绍兴西南兰渚山下，晋永和九年三月三日，王羲之与好友修禊于此。今亭为明嘉靖二十七年重建。其处茂林修竹，清流激湍，风景清幽。

十二月十九日，与同人集尤兴诗延月舫，为东坡生日会、诗社第二十集。

《问梅诗社诗钞》卷二有尤兴诗诗一首，题："腊月十九日，东坡先生生日，悬像设祭于延月舫中。祭毕，以陶诗'一条有佳花'句为韵，拈得'有'字，为诗社第二十集。"执如拈得'花'字，诗曰："岁岁逢今日，金尊酹紫霞。座多白头客，庭有素心花。好事诗篇积，怀贤岁月赊。二三同社友，相对惜年华。"

岁末，邀黄丕烈、潘奕隽、张吉安，集鹤寿堂作消寒会，为诗社第二十一集。

张吉安《大涤山房诗录》卷七《祀灶后一日鹤寿堂燕集次榕皋韵》："岁寒急景隙驹驰，记意微波绝妙词。恰好爽鸠行乐处，正逢寿鹤守梅时。西山忍负涟番约，东阁还容一次窥。看遍唐花开富贵，冬心只合问南枝。"

《池上集》四《芥舟小集和复翁韵》："壮岁心如骏马驰，暮年偃蹇复何辞。同为南郭消寒会，正值东风入律时。园韭最宜羔并荐，堂花未许蝶先窥。诗人若问梅边信，雪里纔开第一枝。"按：此作又见《问梅诗社诗钞》卷二，题："祀灶后一日，集五柳园赋诗，次榕皋丈岁除旧句韵，为诗社第二十一集。"

是年，女史张襄有诗柬执如，且呈示《锦槎轩诗稿》。遂以和韵诗题其稿。

《池上集》四《和答张襄女士即题〈锦槎轩诗稿〉》："谢氏庭生玉树枝，燃脂弄墨爱临池。耽诗压倒贞元士，读画常将造化师。五色卿云凌若木，七襄文锦织冰丝。谁知风雅衮然在，犹是扶床学绣时。"又"芳名三载久心倾，彩笔波澜竟老成。慧性赋从华藏海，瓣香应在玉溪生。清辞满幅如飞雪，枯管无花可报琼。幸得左家娇女句，选楼直欲傲昭明"。

施淑仪《清代闺阁诗人征略》卷八："张襄,字蔚卿,一字云裳,又字兰卿。蒙城人。苏州参将殿华女,吏部主事南丰汤云林室。有《支机石室诗》《锦槎轩集》《织云仙馆词》。"

是年,福建梁章巨以淮海河务兵备道至苏署按察使,驻节沧浪亭行馆,与执如相见,且请题《沧浪亭图》。遂订忘年交。

《池上集》四《〈沧浪亭图〉为梁芷林观察作》："一曲沧浪水,荒亭尚可寻。论钱买风月,结屋近山林。画写诗人境,歌征楚客吟。使君心好古,曾向此登临。"

梁章巨《退庵自订年谱》："癸未四十九岁。擢江南淮海河务兵备道。"又"甲申五十岁。……九月,调署江苏按察使,驻沧浪亭行馆,有《沧浪亭题咏》两卷。"

梁章巨《师友集》卷九："吴县石琢堂廉访,讳韫玉,初字琢堂,又称竹堂,自号独学老人。……君尝典试吾闽,余卷被斥。及官吴下,谈次及之,君甚以为恨,因订为忘年交,往来加密焉。"其后附梁氏赠诗曰:"历尽风云幻,犹承雨露偏。清名归独学,精舍接前贤。大业千秋想,斯文一力肩。三山花事盛,旧梦已如烟。"

按:梁章巨,字闳中,一字芷林,晚号退庵。福建长乐人。嘉庆七年进士。历任军机章京、礼部员外郎,出为湖北荆州知府,迁山东按察使、江苏布政使。道光二十年,任江苏巡抚兼署两江总督。次年谢病归,二十九年卒。生平博涉典故,著述宏富,有《退庵诗集》《文选旁证》《三国志旁证》《枢垣纪略》《浪迹丛谈》《师友集》等。事迹详《清史列传》。

是年,潘世恩购得苏州唐氏临顿里,其子潘曾沂请人绘成《临顿新居图》,征执如为记。

《独学庐五稿·文》卷一《临顿新居图记》:"苏城东北隅,有临顿里。里中有銮驾巷,今人呼为纽家巷,即古之凤池乡也,有凤池园在焉。国初为顾氏别业。康熙间,故宗人府丞顾汧葺而新之,尝记其山池屋宇之盛。后其园入唐氏。既而唐氏子孙不能守,归于今尚书潘芝轩先生。尚书令子功甫绘为《临顿新居图》,征予为之记。……功甫门第通华,芥拾科名,早登仕籍,职居近禁,方将致身青云之上,一日千里,而乃惟一邱一壑是爱,绘图征诗,一而再而三,此其中必有自得之趣,非夫流俗人所能知也。群公赋诗,斐然成章,因为小记,以附于后。"

潘仪凤《续编小浮山人年谱》:"道光四年……属张茶农解元深作《临顿新居图》、王椒畦孝廉学浩作《临顿新居第二图》。"

同治《苏州府志》卷八十四《人物》十一:"潘曾沂,字功甫,世恩长子。嘉庆丙子举人,内阁中书。道光元年入直,四年假归。久之,以赈灾议叙光禄寺署正衔。咸丰二年卒,年六十有一。生平为善如不及,谋于族,立松鳞义庄,族属之贫乏者有常饩。罄其田二十五顷,建丰豫庄,备平粜。岁小歉,辄弛田租,先后十余年,蠲米凡四五万石。里中水旱举赈,留养他郡流民,以若施衣食、馈医药、建义塾、育弃婴诸善举,或分任,或独任,无不如疾痛之在身。……家居键关谢人事,一童子应门。客至,受柬门隙,无贵贱,一不报。身殁之日,识与不识,佥曰:善人也。曾沂雅负诗名,所著诗集三十二卷,刊行者大半,余藏于家。"

(**时事**) 七月,诏毁苏州五通祠。八月,命林则徐筹浚江浙水道。道光《苏州府志》告成。

道光五年乙酉〔1825〕七十岁
春,元和令王有庆将之泰州知州任,有诗送之。

《池上集》四《奉送王善舟明府之泰州新任即和留别诗韵》:"谁与龚黄继后尘,吴氏歌祝岂无因。养成郇泰三年熟,栽得潘花一县春。拔薤鞭丝留治谱,登山临水即诗人。评审最喜桑麻事,绿野催耕处处巡。""鸿城赤紧四封遥,治狱无分昼与宵。明镜在堂常皎皎,良田除莠已寥寥。爱才俊秀同凫藻,乐职中和协凤箫。万物藉公均长养,惠风披拂不鸣条。""偶值天灾积雨深,周官保息守良箴。穷檐早缓催科令,俭岁尤劳抚字心。此日吴侬安乐土,他时召伯有棠阴。朱公偏爱桐乡好,临去还留白雪吟。""大江涌月影娟娟,海上牢盆万灶烟。尝井虞公遗旧德,观涛枚叔著新篇。如兰不少同心友,多稼方逢大有年。三载书升登上考,一鞭春色待朝天。"

徐世昌《大清畿辅先哲传》卷三十四《贤能》七:"王有庆,字余斋,号善舟。天津人。……嘉庆六年举乡荐。……十八年,豫东用兵,有庆橐笔从军,以功保知县。……二十三年,调元和。……在元和六年,政绩卓然,大吏疏擢泰州知州。会吴中大水，留办灾赈事毕，之泰州任。……九年，调苏州。……卒官，年六十。有庆生平简肃厚重，读书不事章句，喜诵宋儒书。性孝谨，笃于友之爱，不治生产，有余则与兄弟共之。……及卒，梁章巨叹曰：'江南郡守有经济才者，以李君葛峰、王君善舟为最。今皆未竟其用，惜哉！'"

正月二十一日，于彭希郑宅之汲雅堂举问梅诗社第二十二集。张吉安始入社。

张吉安《大涤山房诗录》卷七《二十一日集汲雅堂为问梅诗社第二十二集余入社伊始也拈题雪斋书怀即次苇间韵》："消寒五九素心偕，快雪时晴兴更佳。旧约连番孤雅意，新年即景扫昏霾。茫茫世事慵开口，寂寂精庐好寄怀。一笑问梅公案在，周妻何肉漫诙谐。"

《问梅诗社诗钞》卷三有彭希郑诗，题："正月二十一日，招竹堂、莳塘、春樊、苇夫会饮静怡书室。时雨雪初霁，以'雪斋书怀'为题，限'怀'字，为问梅诗社第二十二集。"

三月十三日，邀尤兴诗、黄丕烈、彭希郑集五柳园赏牡丹，为问梅诗社第二十四集。时黄丕烈方辑刻两年来诗社吟草。

《池上集》四《邀春樊莞圃苇间三子同赏牡丹作》："新霁园林好，朋来为赏春。人情矜国色，花貌得天真。艳入朝云梦，时过穀雨辰。一尊婪尾酒，对此醉芳尘。"

彭希郑《汲雅山馆诗钞》卷中《三月十三日集五柳园看牡丹为问梅诗社第二十四集和主人韵》："园是神仙宅，花如富贵人。琴书含宿润，帘幙拂轻尘。入社朋簪旧（注：莳塘初入诗社，是日未至），寻芳思与新。五名景犹昨，转盼迹成陈（注：时方刊两年来诗社吟草）。"

按：今人路工于其所撰《访书见闻录》中，言及在苏州访书时，购得《问梅诗社诗钞》五卷，共两册，由黄丕烈编辑，其中收黄丕烈诗四十八首。后笔者于南京图书馆见到《问梅诗社诗钞》四卷，前后皆无序跋，观其版式字体，则为道光间所刻。

四月二日，与同人集张吉安绣佛龛，为问梅诗社第二十五集。

《问梅诗社诗钞》卷三有张吉安诗，题："四月二日，招同诸君集绣佛龛，以'麦天晨气润'为韵，拈得'麦'字，为问梅诗社第二十五集。"

《池上集》四《初夏张莳塘明府招集分韵得天字》："不晴不雨养花天，相对荼蘼启绮筵。稍觉杯盘失真率，尽多情话共缠绵。林间布穀催耕急，江上嘉鱼入馔鲜。更过邻园看修竹，山中长日信如年。"

四月十六日，与张吉安、黄丕烈、尤兴诗、彭蕴章集彭希郑新居悬桥巷，举问梅诗社第二十六集。彭蕴章始入社。

彭蕴章《诒穀老人手订年谱》："道光五年乙酉，三十四岁。四月，入问梅诗社。"

彭蕴章《松风阁诗钞》卷三《涧东集》有《苇间叔父新居悬桥巷庭有花石乙酉四月既望招石琢堂师张荠塘黄莞圃尤春樊三先生集汲雅山馆为问梅诗社第二十六集分韵得安字》："结社今三载，清吟出再刊。抠衣陪末座，授简溷诗坛。……海棠庭院晚，春色忆长安。"

五月二十一日，与同人集尤兴诗延月舫，观明黄尊素手书《孝经》真迹，为诗社第二十七集。

《问梅诗社诗钞》卷三有尤兴诗诗，题："夏五月二十一日，集延月舫，谨观黄忠端公手书《孝经》真迹。赋诗不拘体韵，为诗社第二十七集。"

《池上集》四《观黄忠端公手书〈孝经〉》："南海有大儒，忠节炳方册。昔官胜朝季，谠言频建白。……士虽不遇时，高风垂无斁。"

季夏，分宅西堂屋，建石氏家祠，并作记刻石于祠壁。

《独学庐四稿·文》卷一《先世祠堂记》："吾家先世居丹阳，系宋学士曼卿先生之后。……予家世未通仕籍，执庶人之礼，祭于寝。余遭逢圣明之世，及第升朝，官于中外，食禄十有八年，悉从大夫之后，礼当立庙以祀其先人，而因循未果。今余年已七十，势不可再缓，爰以所居之西屋，建祠三楹，一庙三龛，同堂异室，奉曾祖、祖、考三世考妣，而妇人未及于世者，则祔于祖姑。其西为夹室以藏祧主，每岁终则合享焉。祠北向于阴道为宜。……《礼》，大夫三有庙，而今为一庙，不敢援世及之制也。分三室，仍存三庙之意也。后世子孙而卿大夫焉，守此不为褒；后世子孙而庶人焉，守此不为僭。名之曰石氏家祠，不敢以宗自居也。祠成于道光五年季夏六月，谨作记书石而登诸壁。"

《吴谱》："夏，公分宅西堂屋建立家祠。额曰'世诵清芬'。联曰'积善箕裘远，崇禋俎豆新'。又曰'万石家园，贻子孙以典则；四时庙食，思祖考之训行'。"

六月十二日，与诸社友集黄丕烈宅之百宋廛，为黄山谷生日会、诗社第二

十八集。

《池上集》四《六月十二日复翁招集同人为山谷先生寿走笔述事》："元祐才人苏与黄，敦尚风谊能文章。坡公声名冠一世，涪翁乃与相颉颃。春樊舍人好儒术，岁与东坡作生日。黄君今亦寿涪翁，重摹画像悬虚室。宝书翠墨几上陈，坐设尊俎延嘉宾。文人因缘在香火，相隔百世犹相亲。苏黄当日遭谗愿，当路疾之若雠敌。九州无地身可容，旅死他乡人不恤。即今著作藏名山，淑艾还能变儒顽。生而神明殁不朽，常在贤人俎豆间。"

《问梅诗社诗钞》卷三有黄丕烈诗，题："六月十二日，黄文节公生日。陈宋刊《大全集》于宋廛，悬像设祭，邀榕皋丈及社友酌酒赋诗寿公，为诗社第二十八集。"

彭蕴章《松风阁诗钞》卷三《涧东集》有《六月十二日偕问梅诗社诸先生集黄荛圃丈丕烈百宋廛祀黄文节公和韵》。

七月二十二日，邀同人集五柳园，观新得朱彝尊曝书亭遗砚，为诗社第二十九集。

《池上集》四《新得竹垞先生曝书亭遗砚赋二绝句》："山中巧匠片云留，知汝曾封即墨侯。八万卷书齐著录，研朱滴露几经秋。""文人常以砚为田，三字分明石上镌。今在竹堂著书用，也从香火结因缘。"按：此二诗又见于《问梅诗社诗钞》卷三，题："七月二十二日，集五柳园，以新得曝书亭遗砚赋诗，为诗社第二十九集。"

八月十三日，表弟黄丕烈卒。

江标《黄荛圃先生年谱》："道光五年乙酉八月十三日卒。"

《独学庐四稿·文》卷五《秋清居士家传》："道光乙酉春秋六十三，秋八月，微示疾，遂不起。"

八月十八日，应彭蕴章之邀，同张吉安、尤兴诗、彭希郑泛舟石湖，举诗社第三十集。执如即事成诗，中悼及黄丕烈。

《池上集》四《八月潮日彭咏莪孝廉邀至石湖举行诗社即事成篇》："秋色平分日正佳，清游同问水之涯。满湖烟雨银蟾隐，一路笙歌画舫排。地近上方香市集，人如小阮竹林偕。夜深忽听山阳笛，感旧诗成共怆怀（注：同社黄子新亡，故及之）。"按：此作又见于《问梅诗社诗钞》卷三，题："八月潮日，彭咏莪孝廉招同泛舟石湖，为诗社第三十集。"

张吉安《大涤山房诗录》卷八有《八月十八日彭咏荄邀游石湖时莞圃新逝即席感赋次彭苇间韵》。

彭蕴章《诒榖老人自订年谱》："（道光）五年乙酉。……八月，泛舟石湖，为问梅诗社，同石琢堂先生、张葑塘大令吉安、尤春樊舍人兴诗、叔父苇间公唱和。"

彭蕴章《松风阁诗钞》卷三《涧东集》有《八月湖日泛舟石湖次苇间叔父韵》。

九月九日，邀在社同人集花间草堂，作东篱会。

《池上集》四《九日草堂迭菊成山邀同人作东篱之会分韵得杰字》："霜寒百卉雕，黄华英始出。譬诸古逸民，岁晚间高节。二三素心人，款户停车辙。幸此杖履来，因之尊俎设。……昔闻陶处士，招携花下杰。举酒酹东篱，怀贤共怡悦。"

九月二十一日，为七十寿辰，有自寿诗。友韩崶亦有诗为寿。

《池上集》四《七十自寿》："生人蕲百岁，七十古已稀。修途无尽境，久容当知归。伟然七尺躯，于世一尘微。荣枯与修短，天定谁能违。老彭不世出，凡庸安可祈？"

韩崶《水明楼诗》卷六《寿竹堂七十》："服官中外声华远，自赋归田笑口开。第一科名文字福，宥三功德子孙才。澄江结伴看山去，燕市联吟踏雪来。我是同游复同社，班荆对举菊花杯。"

十月十六日，与同人集张吉安铁如意斋，观明赵南星铁如意，为诗社第三十一集。

《问梅诗社诗钞》卷三有张吉安诗，题："十月十六日，招集铁如意斋，敬观赵忠毅公铁如意，赋诗，为诗社第三十一集。"

十一月二十一日，与同人集彭希郑汲雅山馆，作头九消寒会、诗社第三十二集。

《问梅诗社诗钞》卷三有彭希郑诗，题："十一月二十一日，头九消寒，集汲雅山馆，同赋望雪诗，为诗社第三十二集。"

十二月一日，与同人集尤兴诗延月舫，作二九消寒会、诗社第三十三集。

《问梅诗社诗钞》卷三有尤兴诗诗，题："嘉平月朔，二九消寒，集延月舫，同赋壁间囊琴，以题为韵，为诗社第三十三集。"

十二月十日，邀同人集五柳园，作三九消寒会，题明海瑞墨迹，为诗社第三十四集。

《池上集》四《海刚峰书册为徐师竹题》："去年见公画，范山模水通造化。今年见公书，笔法直接开元初。乃知书画是心画，端庄刚健表公德。一百廿字如铁铸，尽是唐贤好诗句。公之志节异凡人，即游于艺亦超伦。徐君何处得此宝，子子孙孙其永保。"按：此诗又见于《问梅诗社诗钞》卷三，题："初十日三九消寒，集五柳园，敬题海忠介公墨迹，为诗社第三十四集。"

十二月十九日，与同人集张吉安绣佛盦，作四九消寒会，兼祀苏东坡，为诗社第三十五集。

《问梅诗社诗钞》卷三有张吉安诗，题："十九日四九消寒，集绣佛盦，祀苏文忠公，赋诗寿公，为诗社第三十五集。"

十二月二十八日立春，与同人集彭蕴章食旧斋，赋迎春花，作五九消寒会，为诗社第三十六集。

《问梅诗社诗钞》卷三有彭希郑诗，题："二十八日立春，五九消寒。蕴章侄招集食旧斋，同赋迎春花，为诗社第三十六集。"

《池上集》四《春朝集彭咏莪孝廉斋中咏迎春花》："岁岁诗人欲问梅，无边春色在瑶台。此花更在梅先发，迤逗春光破腊来。"又"检点群芳纪岁华，小丛初绽郁金芽。从兹引动春消息，看遍长安道上花（注：咏莪将计偕北上，故末句及之）。"

是年，《昆山新阳合志》成。

《独学庐四稿·文》卷三《昆新志序》："……经始于道光初元，越五年而竣事。"

是年，梁章巨来访，为执如题《独学庐画卷》。

梁章巨《退庵诗存》卷十三《石琢堂前辈韫玉独学庐画卷》："君不见，温公独乐园，花木不数平泉繁。又不见，陆氏老学庵，图书列架开清轩。人生得地寄胸次，所期非寂还非喧。我昔操觚弄柔翰，闻君奏赋金华殿。海内文章第一流，祥麐岂合寻常见。持衡拥传策殊勋，草檄飞书膺上选。伟哉施设备文武，倬彼星辰丽云汉。重入春明君遂初，早时相望隔巴渝。龙筋凤髓蜜坡集，胜读枕中鸿宝书。名场岁月易迁转，一官三度来吴趋。柴桑径里承杖履，扶风帐外听笙竽。城南老屋村塾美，隐几青山吟绿水。问字车看一巷停，谈经席有重茵綮。画图示我杜德机，味道腴躬富神采。孤往千秋定力存，心灯不灭宗师在。重君独学成令名，喜君七十颜如婴。蓬池老辈灵光岿，锦里新诗洛社英。门前五柳挺千尺，阶下三芝森九茎。时逢官暇许相过，饱听烟宵白鹤声。"

是年，题娄县姚椿《南蚩草堂诗集》。

《池上集》四《和答姚春木即题其〈南蚩草堂诗集〉后》："纪群两世缔交深（注：往在西蜀，与尊甫一如先生同襄戎幕），老我重游翰墨林。霜后黄花全晚节，曲中白雪见冬心。回思蜀道神常悸，幸记殷邮信未沉。今日草间甘伏处，杜门不放俗尘侵。"又"健笔高凌岱与嵩，文心宛转喻雕龙。祗缘将母常甘蘦，肯为封侯更梦松。几度停云空怅望，一朝折简忽过从。自惭才似江淹尽，难报诗仙锦绣胸。"

光绪《娄县续志》卷十七《人物》下："姚椿，字春木，方伯令仪长子。国子监生。少颖异，能读等身书。年十八，应京兆试，才名噪甚。南昌彭文勤、河间纪文达见椿文，皆奇之。屡踬场屋，顾锐意著述。道光建元，征举孝廉方正之士，有司以椿名上，椿力辞。四年，主河南彝山讲席。十八年，应莆田林文忠聘，主荆南讲席。二十五年归里，主景贤讲席。所至，皆以实学敦勉。归里后，著书者又数十年。……卒年七十七。"

是年，长洲彭蕴灿辑《历代画史汇传》成，为作序。

《画史汇传序》："古人之为学也，左图而右史。画之为术，与书契同尊。……今彭子郎峰生有画癖，家藏名迹甚伙，不啻顾厨米舫。暇日集古今画家，著其生平事迹，汇成一书，凡著于录者七千五百余人，以备赏鉴家之稽考。又虑观者检阅之烦，因以姓相从，各分时代，复以诗韵平、上、去、入四部分其前后，俾后之人每遇名画，展卷了然。其嘉惠艺林匪浅。而彭子积数十年之精力，广搜博采而成此书，可为苦心孤诣矣。书成，凡七十余卷，名之曰《历代画史汇传》，属序而行之。独学老人石韫玉序。"

按：彭蕴灿，字振采，号郎峰。长洲人。此《历代画史汇传》凡七十二卷，附录二卷。道光五年吴门尚志堂彭氏刻本。

是年，刻《独学庐四稿》。

《吴谱》："是年，刻《独学庐四稿》。"

按：《独学庐四稿》，其中诗《池上集》四卷，起于嘉庆二十一年，讫于道光五年，共收古今体诗三百九十九首。文五卷。词一卷，系续刻《微波词》之

第四卷。

(时事) 五月，以琦善为两江总督。六月，严禁粮船水手设教敛钱。

道光六年丙戌〔1826〕七十一岁

正月廿二日，与同人集彭希郑汲雅堂举诗社第三十七集。董国华初入社。

张吉安《大涤山房诗录》卷八《丙戌新正廿二日集汲雅堂分韵得天字》："酒斝传坐敞芳筵，尚是东风峭峭天。入社又来诗太守（注：谓董琴涵），清谭权作散神仙。青红盘菜春浮艳，的皪盆梅玉斗妍。忽忆支硎山下路，烟光句引泛湖船。"

《问梅诗社诗钞》卷四有执如诗一首，题："正月二十二日，苇间招集汲雅山馆，以'少陵晴天养片云'句分韵，为问梅诗社三十七集，拈得'云'字。"

二月，妾顾氏卒。

《吴谱》："二月，公姬顾孺人病故。"

《池上集》四《蘅香曲》："佳人家近苎罗村，紫玉成烟不久存。西碛山前一抔土，落花和雨殉香魂。""碧纱步障净无尘，六尺桃笙藉锦茵。记得新秋三五夜，一丸凉月照横陈。""闲磨乌玦学涂鸦，纤习簪花意便佳。解诵梅村断肠句，扬州明月杜陵花。""画屏红豆记宫商，豪竹哀丝集后堂。唱到临川新乐府，常将误字质周郎。""镜湖春色昵人多，错道乔松系女萝。争奈蘅芜香易减，世间无药寿姮娥。"

二月二十二日，与同人集尤兴诗延月舫，为诗社第三十八集。

《问梅诗社诗钞》卷四有执如诗，题："二月二十二日，诗社第三十八集。春樊招集延月舫，次彭南畇先生集中'无事此静坐'诗韵四首。"

三月，应浙江布政使继昌之邀赴杭；临别，赋诗为赠。

《独学庐五稿·诗·燕居集》一《丙戌三月赴浙江方伯继公之约留赠》："为赴停云约，扁舟复此过。古欢千里结，小别十年多。良会思投辖，流光感逝波。昔贤吟赏地，觞咏近如何。"

按：执如结识继昌，在嘉庆十六年，维时继昌在浙任道员，执如曾为咏小忽雷。详参该年谱。

既而游山阴县；复至绍兴，与甥吴嵰相见，乘兴游吼山，访徐渭青藤书屋。

《燕居集》一《山阴县斋作》:"地擅东南美,舆图古会稽。遥山青满郭,新涨绿平堤。秀麦花初落,柔桑叶未齐。此邦风景好,乘兴数攀跻。"

《独学庐五稿·文》卷一《重修山阴县学记》:"予长子同福,于道光五年移治斯邑。"

《燕居集》一复有《和吴兼山通守澹远楼之作》十首、《游吼山作》一首、《访徐文长青藤书屋旧迹》二首。

按:吼山在绍兴县东三十余里,奇峰峻秀。山有烟萝洞、陆秀夫祠。

五月十三日,招同人集新成之白公祠,举诗社第三十九集。

《燕居集》一《新修白公祠成同人赋诗落之》:"卅载丛祠复缮完,昔贤曾向此盘桓。湖山啸傲留陈迹,香火因缘缔古欢。十笏萧斋依佛刹,一湾流水悟文澜。我来又结吟诗社,幸值同心臭似兰。"按:此诗又见于《问梅诗社诗钞》卷四,题:"五月十三日,诗社第三十九集。招社友放舟山塘,饮于白公祠。时祠宇重新,赋诗纪事。"

张吉安《大涤山房诗录》卷八《竹翁招集白公祠即事成咏》:"白公祠宇重辉光,慕李心虔续瓣香(注:同人以谪仙有《虎邱夜燕序》,时议添建慕李堂)。门泊画船供丽瞩,座拈诗版敢清狂。一身君自兼仙佛,异议人还别宋唐。最是神斤空际运,广川手笔陈堂堂(注:祠宇重新,为琴南经理)。"

彭蕴章下第归,赋诗以慰之。

《燕居集》一《彭咏莪孝廉归自京师作此贻之》:"清门文采世同钦,铸就颜渊百炼金。万选共惊遗国士,一官尚喜在儒林。青山气爽方支筇,白社缘深再盍簪。自古大才成必晚,岁南松柏守初心。"

六月,为钱塘女史汪端《自然好学斋诗集》作序,又为汪氏《明诗选》题词。

《自然好学斋诗序》:"仆与小云司马缔纪群两世之交有年矣。淑配允庄夫人,今之曹大家也。幼怀贞敏,性耽坟典,心声心画,妙极一时。近岁辑明人诗,裒然成集,付诸梓人,以行于世。予得而读之,睹其搜罗之富,抉择之精,中心钦迟已久。顷以所著《自然好学斋诗钞》一编见投问序。读之累日,其旨远,其辞文,其格律在钱、郎、温、李之间,而不落苏、黄豪纵之习,可谓古风人之遗矣。……道光丙戌六月,吴门独学老人石韫玉。"

《燕居集》一《女史汪允庄〈明诗选〉题词》:"古有采诗官,因诗见风俗。

作者无他长，但取性情足。……斯编精抉择，诗坛一灯续。审音绝叫嚣，辨色谢华缛。譬行昏衢中，忽睹光明烛。嗟彼朱及沈，未辨秕与粟（注：谓朱氏《明诗踪》、沈氏《明诗别裁》）。似此别真伪，庶几称宝箓。"

施淑仪《清代闺阁诗人征略》卷八："汪端，字允庄。钱塘人。候选布政司经历瑜女，湖北候补同知陈裴之室。有《自然好学斋诗集》。"

汪端《自然好学斋诗录》卷五《呈石竹堂太史》："金鳌领袤玉堂仙，绣斧霜清忆往年。诗仿杜陵常恋阙，柳栽陶令早归田（注：公所居名五柳园）。文章蜀道骖鸾录，烟水吴中放鹤船。晚岁东山爱丝竹，暗香疏影月初弦。"又"何必金钗绛帐旁，高梧深竹读书堂。茶烟扬碧风帘静，花影如潮水榭凉。万轴芸缃庵老学，十围桃李殿灵光。玉台一序堪千古，合向南丰爇瓣香（注：蒙撰《自然好学斋诗》序）。"

按：汪端与执如长子同福之室席慧文交甚密，《自然好学斋诗录》卷五有《丙戌季夏席怡珊姊招集瑶草珠华阁话旧悲喜交至归后赋三律纪事即题其诗集后》，又有《七夕送怡珊姊之越》。又陈裴之《澄怀堂诗外》卷三有诗，题："花间草堂听石琢堂太史韫玉谭某制府平海事，属为此诗。"《澄怀堂诗集》卷十四有《江上停云诗》六十余首，而怀执如之作列于第三，可见执如序中所言与陈氏父子交密之语非虚。

六月八日，与同人集张吉安绣佛龛，举诗社第四十集。

《问梅诗社诗钞》卷四有执如诗二首，题："六月初八日，诗社第四十集。葑塘招集绣佛龛，分咏庭中花木，拈得紫薇。"

八月二十九日，与潘世恩、张吉安、彭希郑诸人游西山，举放生会。

潘世恩《思补斋诗集》卷二《八月廿九日同人游西山因举放生会》。

彭希郑《汲雅山馆诗钞》卷上《八月二十九日同人举放生会因游西山潘芝轩尚书先一日诗成袖以见示》。

张吉安《大涤山房诗录》卷八《同人举放生会泛舟至西山饭吾与庵芝轩尚书赋诗纪事次韵》。

《燕居集》一《秋九月同人入山放生潘芝轩尚书作诗纪事因和之》："秋雨苦浃旬，一朝晴可喜。林皋积雾收，风日甚清美。素心集十朋，共访佳山水。携杖入西山，言寻方外士。山中丛桂发，所至开香市。野蔬蕴禅味，松风清俗耳。……岂曰种福田，仁术本如是。"

得吴慈鹤济南讣音，赋诗哀之。

《燕居集》一《吴巢松学使没于济南讣至志感》："运厄龙蛇信可哀，耿兰凶耗自东来。传家治谱廷评重，名世文章士论推。华表鹤随丁令返，武担峰为任公颓。山阳感旧寻常事，却与皇家惜此才。"

按：吴慈鹤本年卒于山东学使任。

九月九日，送盆菊于几，形似浮图，名之曰菊塔，招同人举问梅诗社第四十一集。

《燕居集》一《菊塔》："今岁秋阳多，十月霜未落。玉衡已孟冬，黄花纔吐萼。花中此隐逸，赋性甘澹泊。主人爱成癖，征求遍林薄。携归萧斋里，槃几手度阁。重台七层高，繁英五色错。疏影任横斜，冷香耐咀嚼。同心三五友，共践东篱约。载赓陶令诗，徐设穆生醑。栽培瓦盆陈，燕赏金钱酌。相期晚节荣，即是长年药。"

张吉安《大涤山房诗录》卷八《鹤寿山堂社集赋得菊塔次竹翁韵》。

彭蕴章《松风阁诗钞》卷三《涧东集》有《菊塔》诗，前序云："琢堂师送盆菊为七级，如浮图形，重九日招同人为诗社四十一集。"

韩崶以刑部侍郎休致归田，有诗奉简。

《燕居集》一《韩桂舲司寇度自京师赋此奉简即订展重阳之会》："昔别方虞后会难，今朝把臂又追欢。酒逢佳节应频举，菊候庾人尚未残。风鹤警时常齿击，海帆收处觉心安。光阴老至尤须惜，请向诗坛赋《考盘》。"

十月廿八日，张吉安招集新居之小书画舫，举问梅诗社第四十三集。

张吉安《大涤山房诗录》卷八《十月廿八日诗社第四十三集招同人集新居之小画舫即事成咏六首》，兹录第一首："老屋久依高土庑，新桥却傍丽娃乡。赁春今复同皋里，装点诗家一草堂（注：盛家埭今成米市，新居赁朱姓之屋）。"

《燕居集》一《集张莳塘小书画舫》："维摩丈室尽娱怀，奚必幽栖定畏佳。米老书堂曾著录，欧公画舫亦名斋。谢庭宝树三珠贵，洛社耆英九老侪。玉轴牙签千万卷，悦生清秘总无涯。"

十一月五日，与同人集董国华清闻吟馆，举诗社第四十四集。

《燕居集》一《题鹤寿山堂图卷即用旧题山堂韵》："一庭花竹趣清幽，客至开尊互唱酬。画到草堂思久住，聚成诗卷冀长留。妙书共美嵇中散（注：嵇文恭公题榜），尚论常师马少游。识得隐居真乐处，肯输南面百城侯？"按：此诗又见于《问梅诗社诗钞》卷四，题："十一月初五日，诗社第四十四集。琴涵招集清闻吟馆，题余旧藏嵇文恭公书鹤寿山堂卷额，即用旧题山堂诗原韵。"

张吉安《大涤山房诗录》卷八《竹翁以嵇文恭公书鹤寿山堂装池属题》："鹤寿不知其纪也，天将闲福与之酬。中宵露下分明语，吾不乘轩汝不侯。"又"海鹤风姿自有真，锡山相国鉴如神。不惟得第符先后，早卜芙蓉镜下人（注：文恭公精于冰鉴。乾隆丁未，廉访谒公，公即以第一人相许）。"

应彭蕴章之邀，与同人集其宅，分题案头彭启丰书画册，举问梅诗社第四十五集。

彭希郑《汲雅山馆诗钞》卷上《琮达侄蕴章集同人为问梅诗社第四十五集案头见先大父书画册同人题句余亦敬赋》："先子爱古人，书入晋唐室。晚岁艺事精，云山供点笔。求者辄应之，濡翰无虚日。有时自模临，随手即散失。手泽欲摩挲，存者十之一。遣墨重装池，谨守赖吾侄。同社诸诗人，半自门墙出（注：竹堂、春樊俱在书院受业）。尺素共传观，瓣香披旧帙。"

张吉安《大涤山房诗录》卷八有《彭芝庭先生书画册》。

十二月二日，与同人集彭希郑汲雅山馆，作头九消寒会、诗社第四十六集。

《问梅诗社诗钞》卷四有执如诗一首，题："腊月二日，汲雅山馆头九消寒，即为诗社第四十六集，以竹雨、松风、梅月、茶烟、琴韵、书声序齿分韵。"诗曰："旧雨兼今雨，相期在竹中。萧疏终有节，润泽岂无功。岁月三余惜，风流六逸同。苍生延望否，笑问主人翁。"

十二月廿五日，与同人集彭希郑汲雅山馆消寒送腊，举问梅诗社第四十八集。

《燕居集》一《集汲雅山馆送腊分韵得开字》："羲轮穷北陆，三阳泰初开。东风徐入律，春信到庭梅。……世人祝如愿，求福在不回。"按：此诗又见于《问梅诗社诗钞》卷四，题："廿五日四九消寒，诗社第四十八集。咏羲招集苇间斋中送腊，以'开琼筵以坐花'句序齿分韵，得'开'字。"

彭希郑《汲雅山馆诗钞》卷上《四九消寒集汲雅山馆为问梅诗社第四十八集分韵得以字》。

是年，应山阴县邑民之请，撰《重修山阴县学记》；又为已故同年陈鸿宾《尚友堂诗钞》作序。

《独学庐五稿·文》卷一《重修山阴县学记》："山阴为绍兴负廓，旧有学宫，肇建于有宋崇宁初，屡废屡兴。自乾隆癸酉之修，迄今有七十余年，阅时既久，栋折榱崩，殿庑门垣，罔弗倾圮。……予长子同福，于道光五年移治斯邑。下车后，邑中人士以前事告，乃捐俸为之倡，阖邑缙绅，踊跃捐输，争先恐后。自己酉经始，至丙戌仲冬之月工告讫。……邑人来，请记其岁月于丽牲之石。……"

《独学庐五稿·文》卷二《尚友堂诗钞序》："国家设科取士，士人萃于一榜者，谓之同年。合四海九州岛之人，一旦修昆弟之好，文章相契，意举相孚，虽数千里而遥，若比邻也。广州陈君云门，与予同登乾隆庚戌榜。君既成进士，归家养望，名在铨部，官应宰一县，未及就选而没。君之殁也，春秋缱四十年。……道光丙戌，君之令子有功来吴门，持君所著《尚友堂诗钞》一卷，问序于予。……"

按：陈鸿宾，号云门，广东南海人。乾隆五十五年三甲第五十九名进士。

是年，吴县令万台提议重修吴县学宫。既成，执如作文以记其事。

《独学庐五稿·文》卷一《重修吴县学记》："吴城之学有三，其在城西通和坊者，为吴县学。……是学创始于宋之景祐间，其后明之宣德九年，移建此地，先后屡修不一修矣。迄今岁月既久，土木又见倾颓。江西万公台为吴令，建议重修，首捐五百金为之倡，邑中人士，踊跃乐输。……经始于道光六年正月，至八月而工告讫。……今幸遇贤士大夫之修废举坠，而乐观其成也，故不辞诬陋而为之记。"

万承纪卒。

（时事）三月，初试行海运。八月，张格尔寇喀什噶尔城，伊犁将军庆群死之，西四城皆陷。

道光七年丁亥〔1827〕七十二岁

正月九日，与同人集尤兴诗延月舫。

《燕居集》一《丁亥正月初九日集春樊舍人延月舫是日立春分韵得朝字赋七律一首》："风历刚逢第九朝，祥曦和气动春韶。雪消积素滋萱草，逢送微青上柳条。晚岁光阴应共惜，新诗排成又开雕。王师近报天山捷，露布传来万里遥。"

张吉安《大涤山房诗录》卷八有诗二首，题："丁亥新正九日，集延月舫。是日立春，以"春朝"二字为韵，各赋七律二首。"

为韩崶题《小寒碧图卷》。

《燕居集》一《题韩桂舲司寇〈小寒碧图卷〉》："三吴诸阀阅，首数娄关韩。文懿署寒碧，芳声著人寰。……五传至司寇，管领六卿班。……今及悬车岁，解组归林泉。念典不忘祖，萧斋还旧观。琳琅东平笔，高揭芝楣端。咏诗诵先烈，作绘追古欢。征诗遍朋旧，采及刍荛言。"

按：韩崶去岁解组归田，本年正七十岁，故诗中有"今及悬车岁"之语。

张吉安邀同社诸人集大涤山房举诗社。与诸人分题壁间王学浩《洞霄宫题》。

《燕居集》一《集张蒔塘大令大涤山房题〈洞霄宫图〉》："昔我移家住杭州，有客邀我洞霄游。我羁尘事不得往，至今梦想依林邱。今观此图毋乃是，四山环拥仙人楼。重檐高与云汉接，一径直入松篁幽。……海内名山三十六，大涤洞天居上头。王宰丹青希世宝，经营此幅琼琚投。云峰石色常在眼，宗生卧游吾愿与之俦。"

张吉安《大涤山房诗录》卷八有诗一首，题："大涤山房社集，题壁间椒畦《洞霄山图》，次坡公洞霄宫韵，呈同社诸公。"

二月十二日，为花朝节。董国华招集同人至塔影园探梅。张吉安因故未与会。

《燕居集》一《花朝至塔影园探梅》："竹里行厨载酒来，春光好处共衔杯。诗人合与名山寿，花信还凭小雨催。一树冷香依佛刹，四贤慧业总仙才。今朝已庆群芳诞，万紫千红次第开。"

张吉安《大涤山房诗录》卷八《花朝日琴南招集塔影园探梅次竹翁韵》："塔影名园迭次来，问梅合向此衔杯。如何社里群贤集，转负香中一钵催。五柳联吟先著句，百花同命苦无才。巡檐索笑偏亲侍，冷蕊疏枝的的开（注：予于前一日初度，是日，治具邀诸弟侍堂上称觞，因未与会）。"

苏州同知、前吴县令万台丁母忧，将归，诗以送之。

《燕居集》一《送万浣筠司马归江西》："《雅》诗歌《伐木》，古人重友生。久聚一朝散，岂无离别情。况我贤父母，膏泽在编氓。明镜悬虚堂，折狱务息争。岁荒民无食，饥溺中心萦。议蠲复议赈，万室登平安。……高堂有寿母，翟苇方尊荣。金萱俟萎谢，衰毁如孩婴。故庐在西江，衔恤登归程。父老念旧德，口碑留颂声。士林感教泽，神君歌《载赓》。《甘棠》思召伯，古今亦同诚。都君有遗爱，常在阊阖城。"

二月晦日，应彭希郑之招，与同人山塘修禊，复游虎阜诸胜，为问梅诗社第五十三集。韩崶始入社。

彭希郑《汲雅山馆诗钞》卷上有诗，题："仲春晦日，同人山塘修禊，游塔影园留仙阁，午后登山览虎阜诸胜，为问梅诗社第五十三集。"

韩崶《还读斋诗稿续刻》卷一有诗，题："二月晦日，彭苇间招集白公祠，饮山景园，遂登山，憩千人石，仰苏楼茗饮，即事赋述（注：同人月举问梅诗社，时已第五十三集。是集，余始入社）。"

三月十七日，与同人集韩崶小寒碧斋，观宋司徒韩琦铜章，为诗社第五十四集。

《燕居集》一《桂舲司寇家藏昼锦堂古铜印即席分韵得韩字（注：印刻"宋司徒兼侍中魏国公昼锦堂记传于家"十六字）》："仕宦归故乡，昔人以为难。魏公昼锦堂，当世夸荣观。……手出古铜印，四座争先看。篆文十六字，屈曲朱文蟠。后贤爱前贤，守器若守官。爱人及其器，岁久常坚完。佳话传艺林，后先推两韩。荒言作嚆矢，评跋在吟坛。"

韩崶《还读斋诗稿续刻》卷一有诗一首，题："三月十七日，同人燕集小寒碧斋，为诗社第五十四集，以家藏魏国公昼锦堂铜章出示，分韵征诗得魏字。"

四月，元和令何士祁以鲥鱼见饷，赋诗致谢。先是，尝为士祁题《四时读书图》。

《燕居集》一《元和何竹香大令以鲥鱼见饷赋诗奉谢》："四月初交尚晚春，鲥鱼出水白如银。幸居江国烹鲜早，顿使山厨入馔新。将享乍穿青柳嫩，却腥欲藉紫姜新。嘉鱼咏罢思君子，非比猪肝累故人。"

同卷《〈四时读书图〉为何竹香大令题》："镜湖西去绿杨春，有客温经静掩门。一点俗尘飞不到，此中即是古桃源。""两山深处一溪回，十笏茆斋向水开。谁道赏音人不易，门前有客抱琴来。""红树青山小筑宜，十年常下仲舒帷。一镫安坐秋声里，仿佛欧阳夜读时。""三冬文史尽盘桓，曾在山中耐岁寒。一树玉梅结俦侣，和羹心事此时看。"按：此题画之作排于奉谢诗之前。

梁章巨《师友集》卷八："山阴何竹芗郡丞，名士祁。嘉庆辛未进士，分发江苏，补元和令，洊升同知。"

又按：顾沅《今雨集》卷七有何士祁《题越州遗爱卷》诗，序曰："……及壬午通籍，筮仕江南，两次承乏元和。"则何士祁为道光二年进士，梁氏所记为误。

四月二十五日，邀同社诸子饮五柳园，分题新画《独学庐图》，为诗社第五十五集。

《燕居集》二《初夏同社诸君子集五柳园以新画〈独学庐图〉分韵合题得门字五言十二韵》："良辰嘉客至，先世敝庐存。令节逢樱笋，耆英萃里门。……端居成石隐，同调聚兰言。即此苔岑谊，他年永弗谖。"

韩崶《还读斋诗稿续刻》卷一有诗一首，题："四月二十五日，同人饮琢堂五柳园，为诗社第五十五集。即题《独学庐图》，以"门前学种先生柳"分韵，得前字。"

张吉安《大涤山房诗录》卷八《题竹翁〈独学庐图〉》。

五月，为顾沅《吴郡文编》作序。其时，苏城重修沧浪亭，适顾沅辑成自周以来吴郡名贤像凡五百七十人，执如为手书作赞，且请匠勒诸石，建祠于沧浪亭西。

顾沅《今雨集》卷二执如《吴郡文编序》："长洲顾子湘舟辑古今文章之有关吴中文献者，为《吴郡文编》一书，征序于余。……贡此莞言，以为嚆矢云尔。道光丁亥夏五。"

《吴谱》："郡城沧浪亭侧建名贤祠，公作诸贤像赞，并手书勒石。"

《吴郡名贤图传赞》执如后序云："考吴中名贤之作，昔有会稽先贤像。其名宦，则有瞻仪堂图像。今岁久，皆不可考。近而可征者，明王世贞有《吴中往哲像》，其后钱榖、张瞻，迭有增补。今顾子沅并前所存，合而为册，又广搜博采，自周末以至本朝，凡得文编七十人。其像或临自古册，或访得之于各家后裔，其冠服悉仍其旧，均有征信，无一凭虚者。道光七年，司寇韩公封予告在籍，以其事闻诸中丞陶公澍。公命寿诸石，建祠于沧浪亭西，春秋享祀，洵盛举矣。"

《燕居集》二《和梁茞林方伯沧浪亭之作》"云龙巢许千秋并"下有注云："时方以吴地名贤画像刻石。"

陶澍《吴郡名贤图传赞序》："吾师石琢堂先生选匠嵌诸壁。"

按：梁章巨《吴郡名贤图传赞序》称，沧浪亭之重修始于道光七年夏五月，至冬蒇事。又，此亭及名贤祠至咸丰十年，太平军攻陷苏州时被毁。同治十一年，布政使恩锡复重修之，越年而成，而名贤祠则终未复建。据报道，执如手书镌石之残碑，九八年在苏州被发现，今已移入苏州博物馆内。

五月七日，彭蕴章招集同人虎邱山塘观竞渡，为诗社第五十六集。

《燕居集》二《同社诸子虎邱山塘观竞渡以一楼山对酒人青分韵得一字五言十八韵》："道光岁丁亥，重午又二日。龙舟习水嬉，士女倾城出。七里白公堤，游舫如比栉。老夫兴婆婆，追欢有仇匹。……世有采风人，试听乌莵述。"

韩崶《还读斋诗稿续刻》卷一有诗二首，题："端午后二日，咏莪中翰招同人山塘水阁观竞渡，为诗社第五十六集。以'一楼山对酒人青'分韵，得'楼'字。"

闰端午节，董国华邀同人饮慕园清闻馆，为诗社第五十七集。

《燕居集》二《闰端阳》："浴兰采艾事匆匆，弹指光阴任化工。三岁余分成闰位，一年佳节又天中。桐圭岐出知时异，蒲剑重抽辟鬼同。记取锦标曾夺处，龙舟再演弄潮童。"

韩崶《还读斋诗稿续刻》卷一《闰端午节董琴涵邀饮慕园为诗社第五十七集即席次琢堂韵》："老去光阴常自惜，年来诗句懒求工。清时喜睹日重午，长命难逢天再中。水上笙歌今夕远，席间蒲艾昨欢同。喜惟尽许窥园笑，笑杀衰翁心尚童。"

张吉安《大涤山房诗录》卷八《闰端午集清闻馆次竹翁韵》："董帷高揭清闻集，蒲酒重斟琢句工。再夺锦标诗是谶（注：元作有再夺锦标之语），长赢佳节月还中。耳边箫鼓喧何处，眼底葵榴讶许同。一赋西征刚奏凯，骚坛老将厌终童。"

七月二十六日，集尤兴诗斋，举诗社第五十八集。

韩崶《还读斋诗稿续刻》卷一《七月二十六日饮春樊舍人斋中为诗社第五十八集即席分韵得秋筇》："露下天高宿雨晴，无端秋思落边城。数声清吹传笳女，万里凉风动石鲸。已道犬羊皆北走，不应烽火尚西征。囊琴匣剑从君饮，愧杀江东老步兵。"

九月十七日，邀同人集五柳园，饯董国华入都赴选，兼为方归苏州之长子同福洗尘。

《燕居集》卷二《送董琴涵太守入都赴选》:"京国曾瞻御史骢,郡符初剖在齐东。暂归竟息三年羽,此去应乘万里风。昔日令名腾辇下,他时惠政遍寰中。帝心最重循良选,特许苍生借寇公。"

韩崶《还读斋诗稿续刻》卷一有诗,题:"重九后八日,同人集五柳园,饯董琴南太守北上,兼为石敦夫(琢翁子)大令洗尘。余因病未赴,以诗却寄二首。"

十月十二日,邀同人赏菊,为诗社第五十九集。

《燕居集》二《菊》:"秋到园林气肃清,此花生性得金精。偶逢野叟称偕隐,曾与骚人供落英。酿酒聊充延寿药,寄篱敢窃傲霜名。自甘澹泊山中老,陶后谁能更识卿。"

韩崶《还读斋诗稿续刻》卷一有诗,题:"十月十二日,琢堂邀赏园菊,为诗社第五十九集。同人分种赋诗,余因病未赴,承代拈得二种,遥赋二绝。"

十一月十九日,集同社诸子于五柳园,创举待腊会,为诗社第六十集。因董国华已北上赴选,遂邀正谊书院院长泾县朱珔入社。

韩崶《还读斋诗稿续刻》卷一有诗,题:"十一月十九日,诗社第六十集,同人于五柳园创举待腊会,以少陵'岸容待腊将舒柳'序齿分韵,得'容'字(注:时琴涵太守北上,邀泾县朱兰友珔侍读入社)。"

张吉安《大涤山房诗录》卷八有诗,题:"十一月十九日,移尊五柳园,招同人小饮,赋得'待腊',分韵得'待'字。"

同治《苏州府志》卷一百十二《流寓》二:"朱珔,安徽泾县人。嘉庆壬戌进士,授编修,再转至侍讲,以事降编修,转赞善,一充山东乡试副考官,再充会试同考官。以母病乞归,遂不出。珔先世本吴人,自吴迁婺源,自婺源迁泾。既归,主江宁钟山书院,移苏州正谊书院,又移紫阳书院。……道光末,以东南多故,归泾,旋卒,年八十有二。珔精于经学、小学,著书甚丰。……"

十二月十一日,彭希郑雪中邀同社诸子集新居汲雅山馆,为诗社第六十一集。

《燕居集》二《汲雅山房对雪即席成咏呈同社诸公》:"老至情怀惜岁华,常将矍铄互相夸。人逢佳日倾三雅,天兆丰年散六花。竹为羊求先辟径,燕知王谢近移家。消寒特设嘉平宴,送腊迎春兴倍佳。"

韩崶《还读斋诗稿续刻》卷一《腊月十一日茝间雪中招饮新居汲雅山馆琢

堂诗先成追次其韵是为诗社第六十一集》："皋芜新栖也自嘉，申衙东去又王衙（注：新居系赁屋，近申王二街）。先春人醉屠苏酒，送腊天开顷刻花。喜得彭铿为地主，不劳葛令乞丹华。瞬听曲奏南飞鹤，下里凡音莫更夸（注：拟十九日苏文忠公生朝，邀同人集小斋致祭饮福）。"

张吉安《大涤山房诗录》卷八《苇间招集汲修馆新居对雪和竹翁韵》："腊鼓声喧岁景佳，卜居里第胜官衙。十分春酿屠苏酒，六出高霏檐卜花。坐上联吟宜迭韵，世间踵事更增华。呼童缚帚频频扫，盐虎堆成一例夸。"

十二月十九日，苏东坡生日，韩崶悬像还读斋，邀同人致祭饮福，为诗社第六十二集。潘奕隽亦与会。

韩崶《还读斋诗稿续刻》卷一有诗，题："腊月十九日苏文忠公生朝，悬像还读斋，招同人致祭饮福。榕皋潘丈诗先成，次韵酬答，诗社第六十二集。"

张吉安《大涤山房诗录》卷八有诗，题："十二月十九日，小寒碧斋祀苏公，榕翁诗成，因次其韵。"

是年，第十女蕙枝归阳湖孙星衍子孙廷铺。

《燕居集》一《遣嫁麽女漫成》："谢庭小女可怜生，一旦眹篱欲远行。佳士乘龙差快意，贫家牵犬未忘情。花当棽尾春尤惜，琴到麽弦韵转清。从此向平婚嫁毕，更无余累动心旌。"又《燕居集》二《送孙子鸣婿暨少女归金陵》："纔向春风赋《鹊巢》，片帆归去乘秋涛。向平婚嫁从今毕，孙武门楣待子高。儒术诗书真可贵，妇功井臼必亲操。明年反马双双至，咫尺邮程莫惮劳。"

是年，应山阴县邑人之请，作《修建山阴茅山闸记》；复闻潘曾沂捐田二千五百亩为义田，作《潘氏义田记》。

《独学庐五稿·文》卷一《修建山阴茅山闸记》："山阴为绍兴负廓之邑，所辖有天乐乡，其地濒海，往时为潮汐泛滥之地。明时，刘公宗周创议建茅山闸以拒江潮。于是天乐乡等八版，共田二万二千二百余亩，悉成膏腴沃土。……岁月既久，闸座倾颓，前功将弃。予长子同福于道光五年移宰斯邑，因邑人之请，相度厥址，谘诸父老，及时修建。……自七年七月起，至十月告成。……役既竣，邑人请勒碑纪其事。……"

同卷《潘氏义田记》："潘尚书养亲事毕，将入京供职。濒行，令子功甫舍人以设立义仓之事为请，尚书可之。其法，捐田二千五百亩，编为一庄，岁收其租，于青黄不接之时，减价平粜，以济夫邻里乡党之艰于生计者。……予家无担石之储,尝怀解推之愿而力有不能。闻潘氏之风,诚爱之慕之而不能已而言也,故濡笔为之记。"

潘仪凤续编《小浮山人年谱》:"道光七年。府君请诸祖父,以分授田二千五百亩,建为丰豫义庄,专备里中荒年平粜,以及诸善举之用。详定章程,悉心经理。"

是年,为常熟杨景仁题《兰馨图》。

《燕居集》一《〈兰馨图〉为杨静岩舍人题》:"兰馨王者香,其德比君子。《南陔》爱日心,今古人同揆。寿母在高堂,晨夕羞甘旨。世间生人乐,何事能如此。……《笙》诗谱《白华》,洁养斯为美。韨佩非良贵,吉详在止止。"

李兆洛《杨静闲先生墓志铭》:"君讳景仁,字育之,号静岩,晚更号静闲。……国朝康熙初,自卿浦迁常熟之恬庄,占籍焉。……君负异质,读书过目成诵,年十七,补诸生。……戊午,中式顺天举人,以川楚例,授内阁中书。……癸未,擢郎中拟陪。以尹太恭人年高假归,遂引疾里居,躬耕侍养。时时近游避嚣,以诱进后学为务。……"

(时事) 三月,将军长龄、总督杨遇春复喀什噶尔三城。五月,提督杨芳复和阗城,张格尔遁。

道光八年戊子〔1828〕七十三岁

正月七日,邀同社诸子饮五柳园,为诗社第六十三集。吴廷琛适解组归田,亦入社。

《燕居集》二《道光戊子人日同社诸子集五柳园》:"满城爆竹沸春声,鼎鼎年光静里更。客到草堂多旧雨,天逢人日正新晴。燕毛列座捐苛礼,鸿爪留踪寄胜情。同是梅花社中友,空山重证岁华盟。"

韩崶《还读斋诗稿续刻》卷二《人日会饮琢翁五柳园为诗社第六十三集主人即席诗成次其韵》:"年年人日留人醉,醉里题诗岁几更。人到故乡人倍健,日交新岁日连晴。雪痕消白知梅信,柳意含青悦鸟情。合让君家金谷富,从头洗盏固诗盟。"

梁章巨《吴中倡和集》卷三有朱珔《人日石琢堂前辈斋中举诗社次元作韵即示苣林》:"思发花前共继声,梅风此际信初更。灵辰物纪三吴丽,胜会天支七日晴。献岁同人登寿域（注：时憩鹤寿山堂），题诗独我动乡情（注：诸公皆吴郡人，惟余客居，故用高达夫语）。占鳌老宿年无尚，真合头番作主盟。"又，吴廷琛同作诗："又听阳春第一声，良辰嘉会岁频更（注：壬午新岁，琢堂前辈招同芝轩师、蔼人学士，集鹤寿山堂，首唱七律二首，同席各有和章，今已六年矣）。老年忘老宜多寿（注：坐中多花甲以上，琢堂前辈年最高，精神强固，无异少年），人日占人喜放晴。欲向梅花问春信，好将酒盏助吟情。镂金翦彩寻常事，要与骚坛作主盟。"梁章巨次韵诗："千门万户转春声，献岁风光取次更。高会最宜兼节候，灵辰难得果暄晴。地多耆旧真余慕，诗到江湖始有情。独我华颠羞余胜，草堂何日理前盟。"

正月十二日，应梁章巨之邀，与彭希郑、尤兴诗、朱珵、吴廷琛、卓秉恬集箴白堂。

梁章巨《退庵诗存》卷十四《正月十二日招石琢堂前辈彭苇间太守希郑尤春樊舍人兴诗暨兰坡棣华海帆三同年小集箴白堂次海帆韵》："也算春筵不负春，镫红酒绿总宜人。宾朋欲尽东南美，衣袖同余京洛尘。迨此簿书犹暇日，凭他音乐助和神。底须问夜归鞍稳，恰有云开宝月轮。"

梁章巨《吴中倡和集》卷三有卓秉恬诗一首，题："上元前三日，芭林招同石琢堂前辈、彭苇间太守、尤春樊中翰、兰坡、棣华两同年集箴白堂。"

冯桂芬《显志堂稿》卷七《赠太子太保武英殿大学士华阳卓公神道碑铭》："公讳秉恬，字静远，号海帆。先世广东嘉应州人。……年十有九游庠，其明年，登贤书，联捷成进士。……以吏部尚书、协办大学士，拜文渊阁大学士，晋武英殿大学士。……咸丰五年九月三日疾薨邸第。天子悯悼，遣官致奠。赠太子太保，赐祭葬，予谥文端。……公工诗古文，有集若干卷藏于家。门下士屡请刊行，不许。尤长奏议，辄焚其稿，虽家人子弟不之见，故不传。"

正月十四日，与同人集吴廷琛池上草堂，为诗社第六十四集。韩崶未赴会，然有次韵诗。

《燕居集》二《十四日集吴棣华廉访池上草堂迭前韵》："一曲阳春有继声，佳辰樽俎又重更。试灯天好迎新月，解组人归祝晚晴。奇石当轩多画意，芳梅绕座助新情。相逢总是金闺彦，应向骚坛迭主盟。"

韩崶《还读斋诗稿续刻》卷二有诗一首，题："上元前一日，棣华招饮池上草堂，用琢堂人日诗韵见示，为诗社第六十四集。余以妇疾不赴，亦以前韵答谢。"

梁章巨《吴中倡和集》卷三有吴廷琛诗一首,题:"上元前一日,招同人集池上草堂举诗社,迭前人日韵。"

正月十六日,与同人宴集陶澍平政堂。

《燕居集》二《元宵后一日陶云汀中丞开宴平政堂即席赋诗与同人迭其韵》:"风雅同传正始声,宾筵坐久烛频更。衰年对酒浑忘老,小雨催花未放晴。变鲁政成多暇日,和陶诗就见闲情。苔岑共证三生契,香火因缘有宿盟。"

梁章巨《吴中倡和集》卷三有陶澍诗一首,题:"元宵后一日,邀诸同人集平政堂,即席用石琢堂先生人日诗韵。"

二月,选刻《明八家文选》。

《明八家文选序》:"古今一代之兴,必有一代文章以润色鸿业,鼓吹休明,若汉魏,若唐宋,皆然。独至有明而寂焉无闻者,岂古今人果不相及与?尝取有明一代之文观之,一坏于李梦阳,再坏于李攀龙,由是文章一涂晦蒙否塞而不可救矣。夫崆峒之文,恃其虚憍之气,将虎视一时,而胸无蕴蓄以赴之,故如大樽之濩落而无所用。若沧溟之文,则如醉人语、如梦中人呓语,读之十过,初不知其于意云何。《书》曰:'辞尚体要。'此则辞之无体要者也。孔子曰:'辞达而已矣。'此则辞之不能达意者也。而当时尚奇好异之士,奉之为巨擘,谬种流传,至于国亡而后已。此亦文章之厄运也。虽然,自洪武迄崇祯,二百余年之间,岂无积学工文章、继韩、欧、苏诸公而起者乎?则有如宋景濂之文,如搢绅先生佩玉鸣銮,委蛇殿陛之间。刘伯温之文,如霜松雪竹,秀挺不群。高季迪之文,如秋高气爽,清商独奏。方希直之文,如贞亮死节之士,嚼齿穿龈,握拳透爪。王伯安之文,如愔愔德音,式金式玉。王济之之文,如建章宫阙,千门万户,规模大庄。唐应德之文,如神龙出海,俊鹘摩天,不受人间羁绁。归熙甫之文,如布帛菽粟,百姓日用而不知其宝。此数公者,皆能拔乎流俗,自树一帜,而各极其妙。夫岂若彼所谓先后七子者虚声附合、标榜以为名者乎!余以暇日,取家藏数公之集,择其言之尤雅者录为一编,聊以示文章正轨,以继唐宋八家之后。读者庶几识康庄之道而不惑于岐趋也与!道光八年岁在戊子二月朔,吴门独学老人石韫玉序。时年七十有三。"

按:是书内封中镌"明八家文选",右上镌"道光八年刊行",左下镌"鹤寿山堂藏版"。每选前先列《明史》本传,其次为目录。正文卷端原题:吴郡石韫玉选。每半叶十行廿五字,白口,左右双边。字体为写刻体。

立夏前一日,尤兴诗邀同人集其宅,举饯春会,为诗社第六十五集。韩崶因病未赴。

韩崶《还读斋诗稿续刻》卷二《立夏前一日春樊邀同人举饯春会为诗社第六十五集因病不赴以诗报谢三截句》,第二首:"补遗仍聚竹林贤(注:琴涵、咏莪去后,拦入棣华、兰友、海帆。是日会者仍是七人),多谢苍舒问榻前。艳说豚蹄更鱼翅,病夫也是动馋涎(注:翌日敦夫来榻前问疾,盛称席间二味之佳)。"

彭希郑《汲雅山馆诗钞》卷中有诗,题:"立夏前一日,春帆招集延月舫,即席分韵得轻字。"

四月八日,朱琦招同人集沧浪亭补修禊事,为诗社第六十六集。

《燕居集》二《初夏朱兰友赞善招同人沧浪亭修禊》:"可园风景似郊坰,有客招携鹤盖停。赞善才名齐竹垞,沧浪禊事拟兰亭。当门曲水常凝碧,排闼平山竞送青。七子赋诗都见志,他时同向草堂铭。"

韩崶《还读斋诗稿续刻》卷二《四月初八日兰翁招饮沧浪亭举补修禊事为诗社第六十六集次琢翁韵》:"敢怨春光太孤负,从教胜会暂消停。生天成佛还今日,曲水流觞借此亭。扶疾颜因朋酒驻,抗怀眼向古人青。更烦起废贤藩牧,大笔淋漓媲鼎铭(注:适茝林方伯送阅初夏沧浪亭碑记至)。"

梁章巨《退庵诗存》卷十四《和兰友沧浪补禊诗》中"未暇听莺陪雅集"下有注:"是日,余不期而遇,复以事不能久留。"

梁章巨为汉高士梁鸿建祠苏州皋桥旁。落成,绘图征诗,赋诗简之。

《燕居集》二《梁高士祠即简茝林方伯》:"昔闻皋庑事流传,今见丛祠设几筵。高士远贻千载泽,艺林久诵《五噫篇》。结邻且喜要离近,读史兼知德耀贤。却羡使君能念祖,国人矜式自争先。"

四月十二日,彭希郑招同人集网师园看芍药,为诗社第六十七集。

彭希郑《汲雅山馆诗钞》卷中有诗,题:"四月十二日,同人集网师园看芍药,为诗社第六十七集。"又,韩崶《还读斋诗稿续刻》卷二有诗,题:"清和十二日,苇间招集网师园赏芍药,为诗社第六十七集。序齿分韵得药字。"

潘奕隽重赴琼林之宴,有诗以为祝。

《燕居集》二《奉和三松潘丈重宴琼林之作》:"琼林高宴几番更,重触槐黄旧日情。南国衣冠尊谢傅，东都几杖授桓荣。烟霄久纵鸣皋鹤，蕊榜还看出谷莺。真是寿人游寿寓，容台盛事助隆平。"又"检点楹书整复斜，不教老眼被云遮。当官行谊圭无玷，名世章笔有花。射策后生应避席，戴筐上第竟传家。盈洲故事吾能说，孝感文恭次第夸（注：熊相赐履、嵇相璜，皆本朝重赴琼林）"。

按：潘奕隽乾隆三十三年进士及第，至本年恰一甲子，故有重赴琼林之荣。

五月十二日，韩崶集同人于小寒碧斋，补泛蒲觞，为诗社第六十八集。

韩崶《还读斋诗稿续刻》卷二有诗，题："五月十二日，诗社第六十八集，同社九人于敝斋小寒碧补泛蒲觞，以壁悬先文懿端午集名公画卉九种拈阄分咏，得菖蒲，仍敬次先文懿自题六言诗韵。"

按：先文懿者，乃指康熙朝之韩菼。菼，字符少，别字慕庐。康熙间状元，官至礼部尚书，谥文懿。以制艺名于时。有《有怀堂文稿》。

六月，刻《多识录》九卷。

《多识录序》："昔孔子之教小子也，曰：'何莫学夫诗？'自兴观群怨，至于事父事君，而终之以多识于鸟兽草木之名，则多学而识，亦圣门所不废也。是故古者九能之士，必遇物能名。昔终军之识䴢鼠，东方朔之识骆牙，史乘纪之，以为美谈，诚非易易也。然学者囿于闻见，而苦与今称名多有不同，四海九州岛之人，方言亦异。里语云，少所见，多所怪。见骆驼为马肿背，一孔之儒，但见其目而不见其睫，是亦通人之所窃笑矣。余自六岁入塾，师授《毛诗》，读至'采采芣苢'，先生告之曰，即今之车前子。后至'言采其虻'，又知为贝母。私心窃谓一贝母何以与今之名不同若此。其后于役四方，凡见见闻闻，辄不惮考其异同，虽遇野叟山童，未尝不周语而博访之。今春秋七十三矣，平生所记，十不一存。顷长赢悍暑，杜门无事，因纂取诸说，汇录成编，凡九卷。虽戋戋小言，聊为读书稽古之一助云。道光戊子六月，独学老人自序。"

按：书前执如自订例言云："此书本纪《诗经》鸟兽草木之名，故以多识名录。《诗》所不载者，概不遍及。盖初意为释经起见，与纂类书者不同。"又云："此书因《诗》而作，故以《毛传》《郑笺》为主，其次则《说文》《五雅》及他书所载，凡有关于物之名状者，概行采入。"

秋，至浙江吴兴，游道场山、弁山白雀寺，又与吴嶙泛舟碧浪湖。

《燕居集》二《秋暮游湖州道场山》："欲访伽蓝到上方，一声磬响出云房。

地逢佳士成诗境（注：山有孙太初墓及挂瓢堂。游者赋诗，积至数百篇），天辟名山作道场。客路烟霞清入画，僧厨蔬笋脆生香。太初遗蜕知何处，陈迹常留旧草堂。"同卷《弁山白雀寺》："望湖亭子入云高，携杖登临不惮劳。白雀听经留古刹，青松夹道卷秋涛。丹梯迭石攀跻险，绀宇悬崖结构牢。珍重两楹苏子帖，风流太守本仙曹。"同卷《偕吴兼山通守泛舟碧浪湖》："官勤多暇日，县僻有余清。地喜青山近，湖因碧浪名。土膏千室聚，风静一帆轻。览胜勾留久，归航载月行。"

按：道场山在吴兴县西南廿二里，旧名云峰，后建僧舍，因改名。峰峦秀郁，水石森爽，殊为佳胜。弁山在吴兴西北十八里，一名卞山。碧浪湖在吴兴南三里，群山四匝，诸水汇聚，以在岘山前，又名岘山漾。

先是，重修沧浪亭成，陶澍邀执如、潘奕隽、韩崶、吴云，觞于亭上，作五老之会。至是，有好事者绘成《五老图》，一时传为佳话。

《燕居集》二《〈五老图卷〉为陶云汀中丞题中丞尝作五老之会因绘为图图中潘丈奕隽吴太守云韩司寇崶皆在宾席仆亦与焉》）。

陶澍《陶文毅公全集》卷五十四《沧浪五老图咏》序："沧浪亭既成，与苏城诸老觞于亭上。林木掩映，水石回环，好事者遂摹绘为《五老图》。五老者：前内阁中书潘三松先生奕隽，己丑进士，年八十八，时方坐亭上，右手倚石床而奕；与之对局者，前刑部尚书韩桂舲先生崶，丁酉拔贡，年七十一；坐水窗持竿竹而钓者，为山东按察使石琢堂先生韫玉，庚戌进士，年七十有三；其一仰卧于笋石间，手书而观，为前掌山东道监察御史吴玉松云，癸丑进士，年八十有一；最后一人，拈髭而行吟，戄然若有所思，画手谓此老为江苏巡抚、前壬戌进士安化陶澍也。……"

陈其元《庸闲斋笔记》卷五："苏州沧浪亭有水石之胜。前则苏子美以四万钱得之，后为韩蕲王别墅，故从前于中堂合祀二公，有联云：'四万青钱，明月清风今有价；一双白璧，诗人名将古无俦。'道光戊子，陶文毅公抚吴，重修之，合苏人暨宦苏者乡贤名宦为五百名贤。祠落成之日，有五老会。五老者：内阁中书潘三松奕隽，年八十八；掌山东道监察御史吴玉松云，年八十一；山东按察使石琢堂韫玉，年七十三；刑部尚书韩桂舲崶，年七十一；江苏巡抚陶云汀澍，年五十。以齿序坐，各赋一诗。文毅有'惟时座上人，长眉多老耋'之句，好事者遂绘为《五老图》。太平盛事，贤达风流，一时传为佳话。"

八月五日，邀同社诸子集饮五柳园，分题梁章巨所得明倪瓒画，为诗社第六十九集。

韩崶《还读斋诗稿续刻续刻》卷二《八月初五日诗社第六十九集集饮五柳园为芑林方伯题倪云林画卷次倪韵》："古木阴中唤渡船，诗情画意水云边。梁溪归罢梁祠在，一幅清芬非偶然（注：时芑林方伯自梁溪归，又新建伯鸾祠，适得此卷，故云）。"

十一月十八日，于五柳园举诗社第七十集，为头九消寒会。张吉安、彭希郑未至。卓秉恬还京，亦未与会。

韩崶《还读斋诗稿续刻》卷二《十一月十八日诗社第七十集集五柳园为头九消寒会序齿分韵》中"居者期不来"句下注："琴涵守滇、海帆还京。"

十一月二十四日，朱珔招集沧浪亭，为二九消寒会、诗社第七十一集。

韩崶《还读斋诗稿续刻》卷二有诗二首，题："十一月二十四日，问梅诗社第七十一集。兰友招集沧浪亭，为二九消寒会，分韵得浪字。"

十一月二十九日，吴廷琛招饮池上草堂，为消寒第三会、诗社第七十二集。

韩崶《还读斋诗稿续刻》卷二有诗，题："十一月二十九日，诗社第七十二集。棣华招饮池上草堂，为消寒第三会，出示禹之鼎自绘卜居广陵小影。敬次册中先从曾祖文懿公原韵二截。"

十二月九日，与同人集尤兴诗延月舫中，作消寒第四会、诗社第七十三集。

《燕居集》二《腊八粥》："嘉平第八日，新月当上弦。古称王侯腊，祀典先民传。……猗与同社友，嘉会等七贤。消寒侑芳醴，拈韵挈长笺。聊分香积味，顿使心垢捐。藉此百福斋，相与祈长年。"

韩崶《还读斋诗稿续刻》卷二《腊八粥》下有注："十二月初九日，诗社第七十三集，延月舫中作，为消寒第四会。"

十二月十九日，与同人集韩崶还读斋，作东坡生日会，为诗社第七十四集。

《燕居集》二《韩桂舲司寇斋中作东坡生日倒押去年诗韵》："春风先倒阆间城，坡老生朝袭旧名。座上簪绅同庆喜，画中笠屐见分明。百川东注才无敌，一鹤南飞颂有声。却遇诗坛频宴集，消寒不负一冬晴。"同卷又有《〈虞山春望图〉为陶云汀中丞题》。

韩崶《还读斋诗稿续刻》卷二有诗一首，题："腊月十九日，还读斋集诸人作东坡生日，为诗社第七十四集。适云汀中丞属题《虞山春望图》，即席借题分赋已。余以坡公生日终不可无诗，更赋一首，仍用三松潘丈去年韵。"

是年，昆山王学浩有诗见怀，遂次韵答之。

王学浩《易画轩诗录》卷七《寄石竹堂》："公望公才两非虚，杖扶绿玉佩琼琚。栋梁才大时难用，邱壑缘深兴有余。事理在胸长似镜，文章脱手便成渠。神仙地上寻常见，只是先生爱读书。"又"帆落江头静不波，夕阳无限好山多。先生自具神仙骨，尘世能成福寿窝。鸾掖声名留硕果，鲤庭桂杏长新荷，近闻又得安禅法，壁上何时面达摩？"

《燕居集》二《王椒畦寄诗见怀依韵奉答》："一纸新诗惠不虚，苦无桃李报琼琚。烟波百里怀人远，文史三冬惜岁余。性体金坚宁畏火，生涯水到自成渠。尚余结习消难尽，爱觅人间未见书。"又"尘世荣观原不久，少年朋旧已无多。田园耻为子孙计，风月自成安乐窝。每讶流光飞野马，渐看生意到庭柯。起居新得神仙法，脚踏回轮日几摩。"

是年，以顾沅藏岳飞手书真迹勒诸石，命长子同福移置岳祠壁间。

顾沅《今雨集》卷九有石同福《跋刻岳忠武手答真迹后》："右岳王手迹，吾乡顾湘舟所藏。家君借模勒石。适予宰钱塘，因奉命移置西湖岳祠壁间。《礼》云：'宗庙之间，未施敬而民敬；庐墓之间，未施哀而民哀。'岳王祠墓所在，过者罔不起哀，况手泽所存，其精忠报国之心，流露于者墨间，读者不啻亲炙其人而闻其语，有不旷世相感者与？道光戊子夏日。"

是年，沈昭兴自蜀解组归，以其从祖沈廷文《广居楼诗集》请序；复为门人沈宝禾之父洽霖撰墓表。

《独学庐五稿·文》卷二《广居楼诗序》："嘉兴沈砚畦太守，向在蜀，与予共事威勤公幕府。习其人，傲傥有经济才。予归田二十余年，无从得其消息。道光戊子，砚习解组南桂，顾予里门，欢然道故，袖中出其从祖园洲先生遗集二册，凡八卷，谓将付梓人，而索予为之序。……"

按：序中所谓"从祖园洲先生"者，沈廷文也。徐世昌《晚晴簃诗汇》卷四十九：沈廷文，字原衡，号元洲。秀水人。康熙戊辰一甲一名进士，授修撰。有《燕邸杂咏》《北征》《南归》诸集。"

《独学庐五稿·文》卷三《沈处士墓表》："呜呼！此震泽处士沈君之墓。君没于道光八年七月初九日。既卒哭，孤子宝禾等以状来告曰……宝禾游于吾门也久，予于君有通家之谊，习闻其生平行谊，辱承其请，不敢辞。……君讳洽霖，字宗海，号义圃。……少孤，依两兄以成立。读书通大义，游于童子科，不售，辄弃科举业，有四方之志。……"

秦承业卒。

（时事）正月，张格尔就擒，后至京师杀之。十月，禁用外国铜币。

道光九年己丑〔1829〕七十四岁
正月三日，张吉安卒。有诗挽之。
《燕居集》三《张莳塘大令挽词》："金石论交五十年，知公慧业定生天。常将孝友传家法，早挂衣冠谢俗缘。言子爱人因学道，维摩示疾尚安禅。棠阴遍满东西浙，每听舆谣一怆然。"

按：韩崶《还读斋诗稿续刻》卷三"人日社集诗"有"咄嗟张长公，一昨去也忽"，其下注："同社张莳塘，四日前作古。"人日为正月七日，则张氏正卒于初三日。又，韩崶所作挽张氏诗"来去何了了"下有注："君易箦前，自制挽句'宿世未忘贫衲相，十年有负宰官身'云云。"

正月七日，沿年例，招同人会饮五柳园，举诗社第七十五集。
《燕居集》三《人日集五柳园分韵得人字》："开岁倏七日，小园风日新。池冰尚未泮，林鸟已鸣春。二三素心侣，嘉会及良辰。盘羞野人馔，门停长者轮。杯倾中山酿，诗继少陵陈。俯仰一世间，万事贵率真。消摇齐物我，脱略忘主宾。相从问梅社，同作咏花人。"
韩崶《还读斋诗稿续刻》卷三有诗一首，题："人日沿年例会饮琢翁五柳园，为诗社第七十五集，消寒第六会，分韵得'日'字。"

正月十三日，潘世璜招饮花桥巷宅，举诗社第七十六集。
《燕居集》三《题潘榕皋〈虞山秋眺图〉即用卷中和唐人常建诗韵》："闻说虞山好，回峰抱密林。崇台观海迥，古寺入云深。选胜乘秋爽，怀贤起道心。登高能赋客，风雅继唐音。"又《集潘理斋斋中作消寒会分韵得灯字》："花桥初聚盍簪朋，皓首耽诗似杜陵。爱客特设穆生醴，读书常纂少卿灯。饮吹白粲如翻雪，馔荐黄鱼乍负冰。几度消寒寒尚在，转疑系日有长绳。"
韩崶《还读斋诗稿续刻》卷三《上元前二日理斋招饮花桥巷宅为消寒第七会诗社第七十六集出尊甫三松丈自写〈虞山秋眺图〉诗画卷属题即用卷中和唐

人常尉〈破山寺〉诗原韵书卷尾》，又《是日又以试灯风里月将圆七字分韵得风字》。

二月五日，与同人集彭希郑汲雅山馆，作消寒末会，为诗社第七十七集。

《燕居集》三《彭苇间太守招集汲雅山馆得东字》："武陵贤太守，小筑在城东。客有耆英集，诗存正始风。鸿飞留爪印，兰臭证心同。重问梅消息，春光又可中。"

韩崶《还读斋诗稿续刻》卷三有诗，题："仲春五日，诗社第七十七集，饮苇间汲雅山馆。时已届九九之期，即作消寒末会，以'东风已绿瀛洲草'分韵，得'风'字，成二律。"

二月二十一日，与同人集吴廷琛池上草堂，举诗社第七十八集。

《燕居集》三《吴棣华廉使招集池上草堂话雨分韵得二字》："皇天久不雨，万物苦蕉萃。仲春月既望，一朝时雨至。……吾侪草间伏，坐享农桑利，一饮一啄间，无非天所赐。饱暖生人欲，恻隐古诗义。愿陈霖雨诗，喜继苏亭志。"

韩崶《还读斋诗稿续刻》卷三有诗一首，题："二月二十一日，诗社第七十八集。雨中饮棣华池上草堂，以'二月春阴正养花'分韵，得'月'字。"

四月，赴杭。游西湖，访云栖寺。

《燕居集》三《四月八日西湖泛舟和陈小松韵》："扁舟如在镜奁中，暖翠浮岚色是空。随喜刚逢浴佛节，咏归还趁舞雩风。长堤经雨春芜碧，古塔凌波夕照红。当日六飞临幸地，湖山佳处有行宫。"又《游云栖》："十幅轻帆趁晓风，招堤遥在翠微中。澄江似镜千峰映，修竹如云一径通。共说化成经劫火，仍闻仙梵出禅宫。莲师特指西来路，六字坚持万法空。"

五月十二日，招同人集五柳园花韵庵，举诗社第八十集。

韩崶《还读斋诗稿续刻》卷三《五月十二日琢翁招集五柳园花韵庵为诗社第八十集即事赋诗春樊先成因次其韵》："令节日过五，初筵爵又三。无花自成韵，有佛即为庵（注：室悬初祖画像）。小别情逾密（注：主人赴杭，匝月新归），狂歌兴尚堪。能从物外赏，尘市亦岩岚。"

五月廿六日，与同人集韩崶小寒碧斋，为诗社第八十一集。

《燕居集》三有《桂舲司寇小寒碧斋诗课题唐人王孟韦柳四贤像》四首。

韩崶《还读斋诗稿续刻》卷三有诗，题："五月廿六日，小寒碧诗社第八十一集。各题壁悬王、孟、韦、柳四贤画像，不限体韵，率成一首。"

六月，尤兴诗七十寿辰，诗以寿之。

《燕居集》三有《和尤春樊舍人七十自寿诗》四首。兹录第四首："恢台当令序，天气炎阳骄。逢居悬弧辰，德劭年亦高。彩舞非所宜，柔翰犹能操。试纪绛老年，岁月良迢遥。同人庆于野，颂祷师风骚。动辄一纸书，菲俭笑吾曹。"

按：韩崶亦有寿尤氏诗，题："夏六月，春樊舍人七十庆辰。"

夏，黄寿凤出示其父黄丕烈于初结诗社时所绘《问梅诗社图》。感而有诗，并邀同人和作。

《燕居集》三《题问梅诗社图》有序："城西积善院有古梅一株，数百年物也。道光癸未仲春之月，黄子荛圃偕尤春樊舍人、彭芾间太守，探梅至此，乘兴欲结问梅诗社。其后士大夫归田者，相继讲苔岑之契，则有张大令莳塘、朱赞善兰友、韩司寇桂舲、吴廉访棣华、潘农部理斋，而董琴涵太守、卓海帆京兆在吴门时，皆来赴会。乃荛圃已先归道山矣。己丑夏，哲嗣同叔出此图见示，盖荛翁于初结社时所作。抚今追昔，不胜白社黄垆之感，因赋一诗，并索同人和之。"诗曰："幽禽集乔木，尚多求友声。人生宇宙间，岂可无友生。黄子今好事，怀古多幽情。清襟抱冰雪，合与梅同盟。因梅乃结社，敦盘翕群英。倡予复和汝，裘葛倏七更。斯人不可追，斯事今载赓。八音和成乐，孤竹乃先鸣。"

韩崶《还读斋诗稿续刻》卷三《题问梅诗社图卷》并引："吾乡问梅诗社，始自故主事黄荛圃，于道光癸未春，偕同人探梅城西积善院，相率赋诗为社。自是月必一会，会必有诗。余于丙戌冬，得告归里，荛翁已归道山，而社会不废。石琢堂诸君子邀余入社。迨己丑夏，荛翁哲嗣同叔始出此卷见示。琢翁先有题句，因次其韵。"

七月二十七日，吴廷琛招同人集虎邱山塘之白公祠，送高翔麟之衡州，举诗社第八十二集。彭希郑、潘世璜皆因斋期未与会。

《燕居集》三《吴棣华廉使招饮白公祠即饯高芾堂观察之衡州次桂舲司寇韵》："西山爽气报新秋，选胜登临纵远眸。岩穴幽深容散木，江湖浩荡有驯鸥。丹邱似画供吟赏，清酒如泉恣拍浮。却羡绣衣持斧客，人人道是济川舟。"又"白公祠屋景清佳，芳树依檐水绕阶。百尺苍崖名玉帐，一抔黄土葬金钗（注：祠近古真娘墓）。耽诗偶结枌榆社，招客偏逢玳瑁斋。检点奚囊吟草满，山林引兴本无涯（注：是日苇间太守因斋期不至）"。

韩封《还读斋诗稿续刻》卷三《七月二十七日棣华招饮山塘舟中晚步白公祠饯高蒂堂观察还湘是为诗社第八十二集得诗二首》，其第二首"浊醪难共太常斋"句下注："苇间、理斋俱值斋期，不至。"

同治《苏州府志》卷八十四《人物》十一："高翔麟，字文端。嘉庆戊辰进士，入翰林，转御史，出知陕西凤阳府，升湖南衡、永、彬、桂道，以锦田猺案降级调用，遂乞病归。既归，家无长物，历主各书院，以砚田为恒产。年六十六卒。"

八月廿五日，与同人集彭希郑汲雅山馆，为诗社第八十三集。

《燕居集》三有《赋得鸿雁来四首》。

韩封《还读斋诗稿续刻》卷三有诗二首，题："秋分前一日，诗社第八十三集，集苇间汲雅山馆，各赋'鸿雁来'，不拘体韵。"

按：据郑鹤声编《近世中西史日对照表》，是年之秋分为阴历八月二十六日，则前一日为八月二十五日。

九月，赴钱塘县长子同福县斋小住。廿一日生辰，同福及甥吴嵘陪游虎跑泉、净慈寺及表忠观诸胜。

《燕居集》三《秋九月至钱塘子舍作》："又向钱塘放棹行，都缘儿女未忘情。眼看四世冠裾集，身趁三秋杖履轻。东浦酒香宜养老，西湖山好况新晴。幽寻偶过招堤境，尚有僧伽识姓名。"又《生日至虎跑泉僧舍避嚣漫成一律》《是日偕吴生兼山大儿同福饭于净慈方丈》《游表忠观》。

十月一日，同社潘世璜病卒。因潘奕隽请，为撰小传。

《独学庐五稿·文》卷三《农部潘君家传》："君讳世璜，字黼堂，号理斋。吴县人。榕皋先生之子也。……道光九年九月，偶患腹疾，不浃旬，竟不起。……榕皋先生以西河之痛，属予为传，以垂家乘，因叙其本末如此。"

潘世恩《思补老人自订年谱》："理斋兄于十月初一日去世。"又，韩封《还读斋诗稿续刻》卷三有《哭潘理斋》诗，其"先我竟西走"句下注："君以九月十六日来予榻前问疾，归病半月，至十月初一日而殁。"

十月十四日，邀同社诸友续举东篱会于五柳园，为诗社第八十四集。

《燕居集》三《同人集五柳园赏菊》："群芳占四时，最晚莫如菊。譬诸山泽癯，默处在空谷。我家五柳园，新筑花间屋。迭石成小山，莳花满其麓。……邀兹同社人，云龙试追逐。"

韩崶《还读斋诗稿续刻》卷三有诗，题："立冬后二日，竹翁邀社友续举东篱会于五柳园，序齿分韵，得'散'字。是为诗社第八十四集。"

按：据郑鹤声《近世中西史日对照表》，是年立冬后二日，为十月十四日。

朱珔招同人集沧浪亭，出其族祖明朱仪《一门忠烈节略》索诗，为诗社第八十五集。

《燕居集》三《题明嘉定州朱公家传后》："往岁游西川，蜀人述旧闻。明季政不纲，都邑遭寇氛。维时汉季郡，有官矢忠勤。一方资保障，万户称神君。大厦一木支，筹策空纷纭。寇深可若何，力竭乃自焚。阖门既同烬，百世长流芬。华胄多隽才，大雅卓不群。幽光发潜德，考信征雄文。圣世表忠烈，馨香祖桓熏。旌门树绰楔，光宠在枌榆。"

韩崶《还读斋诗稿续刻》卷三《诗社八十五集朱兰友招集沧浪亭出其族祖象先公〈一门忠烈节略〉索诗为赋表忠篇》题注："公讳仪，安徽泾县人。崇祯庚辰进士，知四川嘉定州。张献忠寇蜀，守城力竭，与妻子誓同死。……公朝服北向拜，命外举火，与子命锡及妻尸俱毁焉。……道光四年，皖抚陶澍请于朝，父子入本邑忠义祠，妻入节孝祠，并给银建坊。"

十一月，选刻《国朝十家文钞》。

《国朝十家文钞序》："余既集明人八家之文付之梓人以行世矣，暇日，复搜罗家藏本朝人集，共得十家，撷其鸿辞杰作，汇为一集，以继明文之后。客有过而问焉者，曰：'本朝人文，尽此十家而已乎？'余应之曰：'非也。我朝列圣相承，崇文典学，通儒接踵，尊宿随肩，虽更仆不能尽也。奚啻十家？然豹皮不止一斑，窥其一斑，可以识全豹之文；海水不止一蠡，酌其一蠡，可以知大海之味；文章不止十家，而观此十家，亦可以得昭代人文之大凡矣。'客曰：'子于斯文，取舍亦有说乎？'曰：'有说也。凡人，太上立德，其次立功，其次立言。言者与功德，相为表里者也。古今文章，不外两途。缙绅之士，崇论高议于庙堂之上，出一言可以励相国家，膏泽斯民，此古所谓吁谟定命，远猷辰告者也。斯其言，将以立功。缝掖之士，著书于山林之下，出一言可以明天道、正人心，上阐先圣之微言，下示民生之物则，此古所谓攟哕道真，含咏圣涯者也。斯其言，将以立德。此两途，可以为文章正鹄，其它淫词邪说、支离穿凿者不与焉。'客曰：'古今论文者，或尚才，或尚法，孰为胜？'曰：'两者不可偏废。然而铺张扬厉，非才也，必言之有物，实大而声洪，斯为才。摹拟剽窃，非法也，必言之有序，文成而法立，斯为法。'客曰：'近世文章，亦有弊耶？'曰：'安得云无？慕班、扬者，作为雅、颂，鼓吹休明，炫异矜奇，献谀贡媚，此风语华言，无裨实用者也。宗服、郑者，寻章摘句，是古非今，守一家之说，辨一字之讹，此雕虫小技，状夫不为者也。是二者，余雅所不喜。'十家者，于缙绅之士得五人焉，曰汤潜庵，曰徐健庵，曰韩慕庐，曰朱竹垞，曰汪尧峰；于缝掖之士得五人焉，曰顾宁人，曰侯朝宗，曰魏叔子，曰邵子湘，曰董文友。此十人者，其文各抒心得，有关名教，非犹夫稗贩古人、欺世盗名者也。其它作者林立山积，此集乃豹之一斑、海之一蠡而已矣。道光九年岁在己丑十一月，独学老人序。"

按：是书内封右上镌"道光九年刊"，中镌"国朝十家文"，左下镌"鹤寿山堂藏板"。每半页十行廿五字，版式一如去岁所刻之《明八家文选》。

十一月十日，与同人集尤兴诗延月舫，分题明杨维斗社集知单，为诗社第八十六集。

《燕居集》三《题杨维斗先生社集知单》："解元节义高今古，儒雅风流亦可师。不识当年缟纻侣，可能臭味永无差（注：单内有吴昌时，故云）。"

韩封《还读斋诗稿续刻》卷三有诗，题："十一月初十日，问梅诗社第八十六集，集春樊延月舫，观杨忠节公招饮小柬题后。"

十一月十八日，江苏按察使葆谦招社内同人集沧浪亭，并出示《沧浪水清图》索题，为诗社第八十七集。

韩封《还读斋诗稿续刻》卷三有诗，题："十一月十八日，逸舟廉访招集沧浪亭，出示《沧浪水清图》，题四绝句。是为诗社第八十七集。"

《燕居集》三《和答廉使葆公》："蓬荜萧闲长碧苔，崇朝车马客偕来。但愁蒇饭无兼味，不厌新诗读百回。一室悟言清昼永，两行归骑夕阳催。他时检点奚囊句，都付青缃署问梅。"

十一月二十日，韩封招集同人于小寒碧斋消寒，为诗社第八十八集。

韩封《还读斋诗稿续刻》卷三有诗，题："十一月二十日，诗社第八十八集，集小寒碧斋。适海帆京兆自都门寄示《寒花》《寒砚》二律，同人次韵分赋。"

《燕居集》三《冬至前六日韩桂翁招作消寒会先示以诗次韵奉答》："客咏

《頍弁》思雨雪，主陈朋酒侑《羔羊》。物肴旧约终须守，四句新诗早寄将。"

十一月二十八日，彭希郑邀在社诸子及葆谦，集汲雅山馆作头九消寒会，为诗社第八十九集。

《燕居集》三《冬至后二日集汲雅山馆》："岁岁消寒聚列星，画堂尊俎荐芳馨。书云节后天犹暖，行马门前辙并停。烂煮蝮鱼同禁脔，徐倾秫酒辅颓龄。大贤为政多闲暇，问到梅花几度经（注：是日廉使葆公在座，故及之）。"

韩封《还读斋诗稿续刻》卷三有诗，题："长至后二日，苇间招集汲雅山馆，为头九消寒会，问梅诗社第八十九集。即事赋五言律三首。"

按：据《近世中西史日对照表》，是年冬至后二日，为十一月二十八日。

十二月，张师诚卒。为传像赞。

按：张应鼎续撰《一西自记年谱》，云其父卒于"道光九年冬十二月，年六十八岁。"又《一西自记年谱》前有张师诚像，后有赞曰："学兼体用，政协宽猛。知受三朝，颂溢四境。望之俨然，即之也温。犰古大儒，犰古名臣。琢堂韫玉赞"。

十二月九日，邀同人集五柳园作二九消寒会，为诗社第九十集。朱琦归泾未至，而同邑吴友篪自四川直隶忠州知州任解组归田，初入会。

《燕居集》三《消寒分韵得冬字》："闲门冠盖数过从，真率杯盘愧不恭。客似竹溪连六逸，诗成梅社恰三冬。久晴天气寒仍燠，如水交情淡胜浓。疏影暗香消息近，西山佳处好扶筇。"

韩封《还读斋诗稿续刻》卷三《腊月初九日诗社第九十集竹翁招集五柳园为二九消寒会以冬至阳生春又来序齿分韵得至字》中"但惜座中人，眼前失一二"下注："理斋物故，兰坡归泾。"又"刺史剧风流，高尚今吴季"下注："编山刺史。"又"相识自童稚，别来四十春。岷峨郁迢遰。幡然拂衣归，一官弊屣弃。相见无杂言，亟邀入社会"云云，皆指吴氏而言。

按：吴友篪，字编山。吴县人。吴树萱子。道光初为四川忠州知州。尝修《忠州直隶州志》。

十二月十九日，与同人集尤兴诗延月舫，庆东坡生日，兼作消寒第三会，为诗社第九十一集。

《燕居集》三《延月舫庆东坡生日和春樊舍人韵》："不学楞严十种仙，文章寿匹胜长年。奎垣想见英灵在，薇省传来翰墨妍（注：是日方伯梁公以"苏"

字卷索题)。考古座中论赤壁,负暄窗下爱黄锦。即看香火因缘久,始信人情即是田。"

韩崶《还读斋诗稿续刻》卷三有诗,题:"腊月十九日,春樊招集延月舫,祀苏文忠公生辰,饮福赋诗,仍用丁亥年潘三松丈首唱原韵,兼借韵论诗,得二章。是为诗社第九十一集,消寒第三会。"

是年,因顾沅之请,题《沧浪亭图》,序《赐砚堂丛书新编》,撰《顾氏祠堂记》。

《燕居集》三《〈沧浪亭图卷〉为顾湘舟题》:"沧浪之歌出自楚,前有孺子后渔父。沧浪之亭勾自宋,卷山勺水因人重。……顾子湘舟今好事,故家旧祖尽搜罗。将相布衣无不备,刻石流传自永久。……桑海虽移此不朽,长留文史征三吴。"

顾沅《今雨集》卷一有执如《赐砚堂丛书新编序》:"顾子湘舟,今之好事者也。尝取本朝人所著之书,手自校录,积至百种,名之曰《赐砚堂丛书》,上者附庸经史,次及方舆物产、阴阳术数之学,下至诗古文辞,无所不备,将以授之梓人,而索予为之序。……道光己丑。"

《今雨集》卷五有执如《顾氏祠堂记》:"吴门西北隅,地名花溪,旧有顾氏家祠,奉贞孝先生香火,历有年矣。……道光乙酉,方伯之子竹坡倡率族人捐田入祠,以供春秋之费,又积其余息,修理祠屋。……工既落成,竹坡属其孙沅请记于予。……道光九年三月。"

张金吾卒。

(时事)二月,禁回人不得兼职。

道光十年庚寅〔1830〕七十五岁

正月七日,与同人集吴廷琛池上草堂,作消寒第四会,为诗社第九十二集。

《燕居集》三《人日集吴棣华廉使池上草堂》:"自结问梅社,已历春秋七。香山慕九老,竹溪思六逸。共敦缟纻交,常入芝兰室。二三素心人,容我其间虱。……自缘古欢深,岂等野处昵。"

韩崶《还读斋诗稿续刻》卷四有诗,题:"庚寅人日,集棣华池上草堂,序齿分韵,得'种'字。是为诗社第九十二集,消寒第四会。"

立春日，吴廷琛之兄廷钻招同人饮梅花书屋，作消寒第五会，为诗社第九十三集。先是，廷钻已于第九十二集时入社。

《燕居集》三《立春日吴鉴庵招饮赋诗奉谢并简令弟棣华》："江国春回庆履端，三冬已过不知寒。耄年食肉宁嫌鄙，贤主开樽禅尽欢。律转东风迎燕喜，书来南海报平安（注：是日令子有书自广东至）。伯霜仲雪如花萼，弗负乡人说二难。"

韩崶《还读斋诗稿续刻》卷四有诗，题："立春日，鉴庵亲家招饮梅花书屋。先于人日饮令弟池上草堂，鉴庵分韵得'挑'字，客不以教，即借其韵挑之。是为诗社第九十三集，消寒第五会。"又有《次韵琢堂立春饮鉴庵宅》。

为汪端题其夫陈裴之遗集。

《燕居集》三《题陈小云遗集集为尊闻汪宜人手定》："刘纲夫妇是仙才，浓墨燃脂序玉台。留得雪中鸿爪在，不教慧业化尘埃。"又"颖川公子早知名，小碎篇章善赋情。可惜谢家好风月，竟将哀艳送平生。"

按：陈裴之，字小云，钱塘人。文述子。官云南府通判。早卒。为人倜傥权奇，明于世事。论水利河槽，指画口陈，闻者动色。诗雄宕悱恻，不名一格。著有《澄怀堂诗选》《诗外》《文钞》。传详陈文述《颐道堂文钞》卷十三《裴之事略》。

正月二十四日，与同人集韩崶小寒碧斋赏梅，举诗社第九十四集。

《燕居集》三《韩桂舲司寇招集还读斋赏梅即以盆梅二字分韵得七律二首》："花到芳梅品最尊，萧斋清供恰宜盆。冷香纸帐侵诗梦，瘦影纱窗印月痕。行乐无烦吹玉笛，赏春有分倒金樽。百花头上花先发，总出东皇雨露恩。"又"非关驿使远传来，乐府新翻《一剪梅》。有客折枝催羯鼓，何年分种到瑶台。巡檐常索诗人笑，调鼎还思宰相才。如此芳华应护惜，忍教狼藉在尘埃"。

韩崶《还读斋诗稿续刻》卷四有诗，题："新正二十四日，诗社第九十四集，集敝斋小寒碧。时盆梅盛开，即以'盆梅'两字分赋二律。"

正月二十八日，偕同人至初结诗社之城西积善院观梅，为诗社第九十五集。

《燕居集》三《初春偕同人至城西积善院观梅即癸未初结问梅诗社地也因选旧作韵》："老人世事十忘九，醉吟常附诸公后。今朝仍为问梅来，不觉与花阔别久。……归途复过小云栖，忠介清风在人口。"

韩崶《还读斋诗稿续刻》卷四有诗，题："庚寅正月二十四日，诗社第九十五集，观梅城西积善西院，即癸未岁始结问梅诗社处也。春翁曾有纪事诗，追次其韵。"

春分前一日，吴友篴招同人饮玉兰花下，为诗社第九十六集。

韩崶《还读斋诗稿续刻》卷四有诗，题："春分前一日诗社第九十六集。编山刺史招饮玉兰花下，即以所居'游仙读梵之斋'分韵，得'仙'字。"

三月二十一日，与同人饮吴廷琛池上草堂，后又同游息园，为诗社第九十七集。

《燕居集》四《池上草堂社集各赋六言二章》："春到江南三月，客似饮中八仙。酌酒共临池上，咏诗当在花前。"又"窗下草生书带，座中人聚兰言。纔约问梅僧寺，又邀看竹邻园"。

韩崶《还读斋诗稿续刻》卷四亦有六言诗，题："三月二十一日，诗社第九十七集，饮棣华池上草堂，遂同游息园，各赋六言诗，率成三首。"

初夏，邀同人集五柳园，举诗社第九十八集。

顾沅《今雨集》卷十六有执如《题邹侍御百花图》跋云："庚寅初夏，同人集五柳园。适顾子湘舟以此卷索题，因以'万紫千红总是春'七字分韵，各赋一诗。"

按：此作又见于《燕居集》四，题《邹小山百花图卷为顾湘舟题》。

四月二十五日，与同人集网师园赏芍药，为诗社第九十九集。

《燕居集》四《韩蕲王碑》："宋室南迁洛社亡，中兴大将数蕲王。一抔冢土留荒野，百尺丰碑峙夕阳。靖难功名悬日月，避贤心迹表清凉。灵岩山色苍茫里，读罢遗文自感伤。"

韩崶《还读斋诗稿续刻》卷四有诗，题："四月二十五日，诗社第九十九集，集网师园赏芍药，既各赋蕲王墓碑歌。于赏花初意，殊负负也，因补成一律。"

闰四月十一日，韩崶新筑种梅书屋落成，同人醵金演剧为贺，为诗社第一百集。

韩崶《还读斋诗稿续刻》卷四《闰月十一日问梅诗社第一百期值新筑种梅书屋落成同人醵金演剧为贺诗以纪盛》："此集居然满百期，会逢其适岂前知。一生当看几两屐，万户何如千首诗。特倩笙歌酬冷澹，要将酤酊出新奇。问梅事业方全盛，合与涪翁酹一卮（注：梅社始于亡友黄荛圃，惜未及同此盛）。"

又"清词丽句递相仍，佳话人间得未曾。从此直开千万亿，即今欲付子孙曾。最难人与诗同寿，畅好花因屋并增。座上白头看若个，次公愧窃老农称（注：余近号种梅老农，同社中论齿，余当居次）"。

《燕居集》四《与桂舫司寇订问梅诗社第一百集之约》。

彭希郑《汲雅山馆诗钞》卷中《桂翁新葺种梅书屋落成闰四月十一日招同人为问梅诗社第一百集有诗纪事次韵二首》。

彭蕴章《松风阁诗钞》卷四《问梅诗社一百集适桂舫先生种梅书屋落成有诗志喜和韵邮呈二首》。

梁章巨《退庵诗存》卷十七《和桂舫尚书种梅书屋落成适举问梅诗社一百集纪盛之作》。

五月廿六日，与同人集尤兴诗云松堂，举诗社第一百零一集。先是，百集诗社时，或谓此会已功德圆满，尤氏恶闻斯语，故亟续诗会。

韩崶《还读斋诗稿续刻》卷四《五月廿六日诗社第一百有一集饮春樊云松堂仍用百集韵》首句"功德原无圆满期"下有注："举百集时，有谓功德已圆满者。春樊恶闻其语，故亟续斯会。"

六月九日，朱珔招同人沧浪亭观荷，为诗社第一百零二集。

韩崶《还读斋诗稿续刻》卷四有诗，题："庚寅六月初九日，诗社一百有二集，兰坡招集沧浪亭观荷，席间饮碧筩杯，即以命题分赋，得十二韵。"

先是，刘凤诰于正月初九日殁于扬州。夏，其子元龄等奉柩归江西，道出苏州，乞执如为志墓铭，且为《存悔斋集》作序。

《独学庐五稿·文》卷三《故宫保刘公墓志铭》有序："道光十年正月初九日，故宫保萍乡刘公没于扬州子舍。其夏，孤子元龄等奉其丧归江西，过吴门，乞幽室之铭。因忆公尝谓予曰：'我两人缔交五十年，所谓历穷达死生而不变者也。他日君先逝，吾当铭君；吾先逝，君当为我铭。'追思畴昔，言犹在耳，乃今公先归道山。予虽不文，敢忘宿诺。……"

《存悔斋集序》："古今文章之运，有一人振兴，必有一人继乎其后。……高宗朝，南昌彭文勤公以燕、许大手笔供奉内廷者数十年，总持天下文章之柄。维时萍乡刘金门先生，实为彭门入室弟子。……先生既没，令子元龄等辑其遗稿，名曰《存悔斋集》，仍先生之所命也。谓余与先生交最深，属为序，因以此应其命。吴县石韫玉。"

八月四日，招同人集五柳园赏甘露花，为诗社第一百零三集。

《燕居集》四《甘露花邀同社诸公赋》："甘蕉性丛生，非草亦非木。植我书窗前，绿阴覆茆屋。频年时作花，客至惊相瞩。今岁发五花，化工故亭育。……同人集萧斋，对此忘炎燠。愿乞诗人诗，尔音贲空谷。"

韩崶《还读斋诗稿续刻》卷四有诗，题："仲秋四日，诗社一百有三集。竹翁招集五柳园观甘露花。"

朱珔《小万卷斋诗续稿》卷三《竹堂前辈五柳园诗社咏甘露花二首》。

九月，赴钱塘，故未与是月于吴廷琛宅所举诗社第一百零四集。

韩崶《还读斋诗稿续刻》卷四有诗，题："九月二日，诗社一百有四集，饮棣翁池上草堂，分赋庭前秋色各一种，得鸡冠花。"

按：是集执如未与会。韩崶于一百零五集诗会时，有诗一首，其"可怜东篱花，憔悴谁复来"下有注："每岁九月，社中必举东篱会。今年以竹翁之武林，匝月未还，此举遂废。"

十月二十四日，方归自杭，与同人集彭希郑新居一卷石斋，举诗社第一百零五集。

《燕居集》四《初冬集芇间太守一卷石斋分韵得寄字》："拜石呼石兄，米颠本游戏。壶中藏九华，亦见雅人致。……斋名一卷石，顾名当思义。君子介如石，三公易不易。问君然不然，君曰是吾志。良辰设樽俎，嘉会集车骑。诸子皆石交，苔岑敦凤谊。明朝风雨中，彼此诗筒寄。"

韩崶《还读斋诗稿续刻》卷四有诗，题："小春二十四日，诗社一百有五集。竹翁方归自杭，集芇翁新居一拳石轩，即事赋诗，以'倚南窗以寄傲'分韵，拈得'以'字。"

门人吴沂招饮，赋诗谢之。

《燕居集》四《吴生静轩招饮萍香榭留题一律》："精舍三楹枕水涯，绿杨遥映画栏斜。最宜仙侣殷实地，恰近中山卖酒家。百盏明灯真替月，一林小雨不妨花。主人爱客情无极，有约重来玩月华。"

按：吴沂，字静轩。石同福《瘦竹幽花之馆诗存》卷四《题吴静轩奚囊拾句图》末有注："静轩精金石之学，从先君游最久。"

前苏州知府、江苏苏松常镇太粮储道江夏陈銮，迁任广东盐运使。有诗送之。

《燕居集》四《送陈芝楣转运之官粤东》："卿云在天上，举世以为瑞。来去云无心，苍生泽同被。忆昔使君来，岩岩专城寄。布政示优游，爱人先抚字。触豸陟外台，掌庾慑群吏。今复拜朝恩，移节海南地。海南地华离，其人善居积。万众业牢盆，度支事非易。风俗纵妖浮，君去定民志。吴侬多去思，重望霓旌至。"

按：陈銮，字芝楣。湖北江夏人。嘉庆二十五年一甲三名进士，授编修。道光六年，官苏州知府。九年，升江西督粮道。六月，调江苏苏松常镇太粮储道。十年九月，迁广东盐运使。仕至江苏巡抚、署两江总督，卒于任。事迹详《清史列传》。

十一月十二日，与同人集韩崶种梅书屋，作消寒第一会，为诗社第一百零六集。

《燕居集》四《桂舲二兄招集种梅书屋咏园中鹤得化字》："鹤鸣在九皋，本属仙人驾。一朝揽德辉，翩然自来下。主人爱其洁，畜近梅花榭。履石啄苍苔，厥貌甚闲暇。因思乘轩客，丹青赞神化。羽毛纵自爱，或遭弋人射。何如在林泉，常与红尘谢。逍遥物外游，清福真无价。"

韩崶《还读斋诗稿续刻》卷四有诗，题："仲冬十二月，梅社一百有六集，兼消寒第一会，集种梅书屋咏双鹤，分韵得'伟'字。"

十一月廿一日，与同人集尤兴诗延月舫，作消寒第二会，为诗社第一百零七集。

韩崶《还读斋诗稿续刻》卷四有诗，题："仲冬廿一日，春樊招集月舫，为诗社第一百有七集，兼消寒第二会，咏盆中腊梅，分韵得'额'字。"

十二月四日，朱珔招同人集可园，作消寒第三会、诗社第一百零八集。

韩崶《还读斋诗稿续刻》卷四有诗，题："嘉平四日，兰坡招饮可园，为社会一百八集，兼消寒第三会，以吴中冬令时物，分咏阄得'奶酪'，成八韵。"

十二月十三日，与同人集饮吴廷琛池上草堂，作消寒第四会、诗社第一百零九集。

《燕居集》四《池上草堂诗会以冬暖为题得日字》："《豳风》序四时，曾述二之日。祁寒生怨咨，圣主必存恤。何幸四九天，和气尚洋溢。大裘屏弗御，堂花胪满室。造化本无私，德盛常逢吉。人怀赵卿政，地协邹生律。扶阳以抑阴，调燮岂无术。在昔春无水，亦载麟经笔。"

韩崶《还读斋诗稿续刻》卷四《冬暖》注:"腊月十三日,饮棣华池上草堂,为诗社一百九集,消寒第四会,拈此二字为题,探韵得'如'字。"

十二月十九日,**邀同人集五柳园,庆东坡生日,作消寒第五会、诗社第一百十集。**

《燕居集》四有诗,题:"余家藏东坡先生遗砚一方,其侧铭曰:'鹤田处士之贻,东坡宝之。绍圣元年。'共十四字。又有'思无邪斋'四字长印。背镌坡翁笠屐图。铭曰:'端州石砚,东坡先生携至海南。元符三年,自儋耳移廉州,过琼,持以赠余为别。岁月迁流,追维先生言论,邈不可即。倩工镌先生遗像,为瓣香之奉云。时崇宁元年十二月十九日,琼州姜君弼识。'云云。又有'唐佐'二字印。道光十年十二月十九日,同人集五柳园,庆坡翁生日,因出此砚,赋长歌,并索诸君同赋。"

韩崶《还读斋诗稿续刻》卷四有诗,题:"苏文忠公生日,举诗社一百有十集,为消寒第五会,集竹翁花间草堂,即赋所藏公赠姜君弼砚,用公《龙尾砚歌》韵。"

朱琦《小万卷斋诗续稿》卷四《公赠姜君弼端砚歌》并序:"砚本虔州王原子直,号鹤田处士赠公者,故旁有'鹤田处士之贻,东坡宝之'十字铭,下署'绍圣元年'。盖公谪惠州,子直来访,赠必此时矣。久之,公授琼州别驾,居儋耳。琼士姜君弼字唐佐者,从受学。元符三年庚辰,移廉州,过琼,出砚转赠姜。及北还,次岁遂殁。姜乃镌公像于砚背,并作跋,谓'言论邈不可即,藉是为瓣香之奉。时崇宁元年十二月十九日',即公诞辰也。"

十二月二十三日,与同人集彭希郑一卷石斋,作消寒第六会、诗社第一百十一集。

《燕居集》四《题苏文忠公草书〈醉翁亭记〉卷》:"欧阳守滁州,其年未四十。自署呼醉翁,原出游戏笔。……米翁门下士,大苏推第一。健笔走龙蛇,深入晋贤室。斯文得斯书,今古难双绝。历今七百年,完如赵家璧。我昔居巴蜀,获逢此宝墨。诧为希世珍,爱之手不释。彼人方居奇,兼金不能易。移官至济南,此卷复相值。翰墨有因缘,终为我所获。此卷隆庆间,文氏曾摹刻。岁久石已亡,旧拓不多得。何图后死者,亲见此手泽。薰香藏巾箱,古锦十重袭。"

韩崶《还读斋诗稿续刻》卷四《题苏文忠公草书〈醉翁亭记〉墨迹卷》,

注:"公自跋云:'庐陵先生以庆历八年三月己未刻石亭上,字画褊浅,恐不能传远。滁人欲改刻大字久矣。元祐六年,轼为颖州,而开封刘君季孙请以滁人之意求书于轼。轼于先生为门下士,不可以辞。十一月乙未,眉山苏轼书。'案:公书此记有二:一楷书,余得其榻本,今别碑在上海学宫;一草书,亦曾刻石。此则墨迹也,跋中年月俱同,惟乙未,楷书本作乙巳,相踞十日,当是先为草书,旋因勒碑须庄重,再为楷书耳。楷书跋,言滁守王君诏丐刘代请,而此略之,为稍异焉。"

是年,为顾翔云题《中流自在图》、为程邦宪题《莲室问因图》。

《燕居集》四《〈中流自在图〉为顾侍萱孝廉题》:"世界无边海,生人不系舟。闲情随地得,壮志待时酬。揽胜凭青雀,忘机狎白鸥。倘乘风万里,咫尺即瀛洲。"同卷《题程竹庵光禄〈莲室问因图〉》:"我爱程居士,清修远俗尘。虎溪寻旧迹,龙树证前身。贝叶传真诀,莲花悟净因。始知华藏海,慧业属文人。"

按:顾翔云,字侍萱,一字侍菱,号寄庐。元和人。褚逢春《行素斋文集》卷上《顾侍萱寄庐吟草后序》:"……先生少以诗鸣。嘉庆己卯捷北闱,以大挑二等,为江阴校官。秩再满,任且久,江阴士诵法先生之文,亲炙先生炙训,邑中科第自先生秉铎而益盛焉。道光壬寅,谢病归里。……"

李放《皇清书史》卷十九:"程邦宪,字穆甫,号竹庵,又号拙存居士。吴江人。嘉庆七年进士,官鸿胪寺少卿。书法得晋人遗意,持缣索求者踵相接。"

潘奕隽卒。

(时事)八月,回疆复乱,长龄、杨遇春率师讨之。

道光十一年辛卯〔1831〕七十六岁

正月二十一日,邀同人至积善西院观梅,作消寒第七会、诗社第一百十二集。

韩崶《还读斋诗稿续刻》卷五有诗,题:"正月廿一日,竹翁招同积善西院观梅,为诗社第一百十二集,兼消寒第七会。阄得调梅、谱梅七律一首。"

正月二十三日,与同人集韩崶种梅书屋,分题梁章巨《淞泖扁舟图》,举诗社第一百十三集。

《燕居集》五《题梁茞林方伯〈淞泖扁舟图〉》："吴中震泽百川储，东去松江是尾闾。欲讲农田先水利，只应紬绎姒王书（注：《禹贡》言"三江既入，震泽底定"，此百世不易之法也）。"又"二十年来议浚川，道谋筑室屡迁延。一朝忽奏元圭绩，天矢丰功属大贤"。

韩崶《还读斋诗稿续刻》卷五《正月二十三日诗社一百十三集集种梅书屋题茞林方伯〈淞泖扁舟图〉》有注："图记丁亥秋，疏浚吴淞及泖河事。"

二月二十四日，与同人集尤兴诗延月舫，分题梁章巨《练湖图》，举诗社第一百十四集。

《燕居集》五《题梁茞林方伯〈练湖三图〉》："我家本丹阳，地处练湖侧。盈盈一水间，芒鞋屡攀陟。农田资灌溉，转漕亦利涉。宣防有司存，岁久失其职。上湖双成田，下湖亦淤塞。使君来旬宣，先务讲沟洫。履勘至再三，定识祛众惑。地势择其宜，鸠工期必刻。一朝两闸成，启闭垂定则。舟行通无阻，水利及稼穑。邦人歌且谣，常颂使君德。"又《清明后一日集养真斋分韵得都字》："春阴游赏兴全无，幸有良朋德不孤。山墅乍晴鸠唤妇，社辰已过燕将雏。洗兵雨霁天容净（注：时闻西师凯旋），布穀禽啼物候符。江令自怜才尽久，强携枯管赋《吴都》。"

韩崶《还读斋诗稿续刻》卷五《二月二十四日春翁延月舫举诗社一百十四集复为茞林题〈练湖三图〉》下注："练河在丹阳，即古曲阿后湖。周围四十里，蓄泄之，可以济运，兼资灌溉。岁久淤淀。方伯设法挑浚，复建黄金、黄泥二闸。时阻挠者众，公力排群议而成。是冬，漕艘回空，抵京口不得进，赖泄湖水入运河，顺行无阻，一时浮议始息。第一图，记戊子冬风雪中往勘时事。第二图，记明年盛夏督工时事。第三图，记冬月告成时事焉。"又《仲春二十四日社集既为梁方伯题〈练湖图〉诗同人复以是日为清明后一日用坡公梦中寒食清明都过了之句阄拈分韵得明字》。

三月上巳，朱珔招同人集沧浪亭修禊，为诗社第一百十五集。

《燕居集》五《辛卯上巳集沧浪亭修禊分韵得如字》："积雨沧浪水满渠，重修禊事到精庐。频来客似寻巢燕，偕隐人同纵壑鱼。春在百花刚上巳，诗成七子拟黄初。题名若仿兰亭例，我是吴门石埶如。"

韩崶《还读斋诗稿续刻》卷五有诗，题："上巳，兰翁招集沧浪亭修禊，为诗社一百十五集，以'江南烟景复何如'分韵，得'复'字。"

四月四日，彭希郑招同人集网师园，举诗社第一百十六集。

《燕居集》五《彭芋间太守招集网师园分韵得微字》："名园春色正芳菲，庭宇清幽卉木腓。曲水镜明花四照，空梁巢定燕双飞。问梅共诩新诗富，看竹还思旧雨稀。对此勾留欲忘返，归途不觉夕阳微。"

韩崶《还读斋诗稿续刻》卷五有诗，题："四月四日，诗社第一百十六集。芋间招饮网师园，以'澹云微雨养花天'分韵，得'云'字。时崶将入都祝嘏，即以留别，率成七言律三首。"

六月，彭希郑卒。

彭翊《叔父常德府知府芋间府君述》："道光十一年六月，叔父常德太守芋间府君卒于陆墓之远尘精舍。"

秋初，江淮大水，流民蔽江而至苏州者日以万计。执如力劝执政留养难民，资送其归。于是当事乃唱谕捐输，设厂以养，至翌年春，皆得归故土。

同治《苏州府志》卷八十三《人物》十《石韫玉传》："辛卯，力劝当事留养流民，资送其归。"

梁章巨《退庵诗存》卷十九《书〈目送归鸿图〉后》有序："道光辛卯秋初，江淮大水，流民蔽江而至者日以万计。吴民惶然，乃请于大府，谋于守令，唱谕捐输，先资其所往，继于苏州城外设厂以养，外州县如之，合计四府一州，留养之数，四万余人，往来资送之数，六十余万人。于壬辰春，一一复归故土。……"

十一月二十九日，与同人集吴廷琛池上草堂，作头九消寒会、诗社第一百十七集。韩崶方自京师祝嘏归来，彭蕴章亦假归在里，皆与会。

韩崶《还读斋诗稿续刻》卷五有诗，题："十一月二十九日，始举社会一百十七集，又为头九消寒会，饮棣华池上草堂。时余方自北归，咏莪舍人亦请假在里。棣华赋二律纪事，即次其韵。"

彭蕴章《松风阁诗钞》卷五亦有诗，题："余自京假归，计别问梅诗社三年矣。仲冬月望，棣华先生设尊池上草堂，为诗社百十八集。"按：此处彭云"百十八集"，盖误记也。

十二月九日，与同人集韩崶还读斋，作二九消寒会、诗社第一百十八集。

韩崶《还读斋诗稿续刻》卷五有诗，题："十二月初九日，社集还读斋。适董琴涵太守自滇南寄怀同社二律，即次答。是为第一百十八集，二九消寒会。"

又有《社集还读斋复次竹堂见赠韵》。

朱琦《小万卷斋诗续稿》卷六亦有诗,题:"腊月九日,集韩司寇还读斋消寒,次竹翁韵。"

十二月十九日,与同人集尤兴诗延月舫,作东坡生日会,兼消寒第三会、诗社第一百十九集。

韩崶《还读斋诗稿续刻》卷五有诗,题:"腊月十九日,社集延月舫,祀苏文忠公。春樊出新意,制元修菜饷客,即用坡韵赋呈。是为诗社第一百十九集、消寒第三会。"

是年,为梁章巨之婿祝普庆题《广陵观潮图》。

《燕居集》五《题祝竹溪司马〈广陵观潮图〉》:"百川之水东南注,鼋山赭山作门户。会稽通守借高才,暂于罗刹江头住。观水有术观其澜,宇宙舍此无大观。枚乘《七发》吾曾读,如此文章继亦难。"

按:梁章巨《退庵诗存》卷十九有《为祝婿誉延普庆题观潮图》,则知祝为梁氏婿;又据执如诗及梁氏诗题,祝名普庆,字誉廷,号竹溪。时官绍兴府同知。

是年,长子同福由钱塘令迁台州丞;第十女蕙枝及婿孙廷镛返苏省亲。

梁章巨《退庵诗存》卷十九有《石敦夫郡丞同福〈松菊犹存画卷〉》"老鹤清声子能和"句下注:"君以钱塘令,擢台州丞,请假省亲。"

《燕居集》五《和答女婿孙子鸣》:"早识兴公是隽才,双双反马入门来。女萝百岁依松柏,宝树千寻出草莱。旧德众称徐孺子,新诗人比贺方回。父书能读楹间在,王谢芳声世共推。"

是年,甥吴巘解组归苏。

《燕居集》五《和兼山扇头诗韵》:"不作公卿不学仙,但求闲适度余年。衣冠自古推吴地,冰玉逢人说晋贤。幸得林泉同啸傲,况兼香火有因缘。邯郸一梦须臾事,冷眼观时辙粲然。"又"诗笔清于贾浪仙,尽多风月伴流年。幽栖地似平泉好,偕隐人如德耀贤。花命升沈元有数,萍踪离合总随缘。燕居幸得同声侣,每读新篇一快然"。

是年,潘曾莹自京师归里,与执如过从甚密。

潘仪凤续编《小浮山人年谱》:"道光十一年辛卯。是年,二叔父回南。"

潘曾莹《小欧波馆诗钞》卷十二《题石敦夫太守同福词集》"昔年杖履侍

清游"句下注:"辛卯南旋,与尊甫琢堂廉访丈时相过从。"

《微波词》四《洞仙歌》下有注:"题潘星斋《玉山纪游图》。"词曰:"生绡尺幅,尽烟萝云树。云是玉山佳处。有翩翩公子,群屐来游,刚凑着、万里鹏程初步。咿机、云入洛后,回首乡关,重觅当年旧题句。岚光与石色,写向丹青,似刘阮天台前度。试读遍篇篇画中诗,叹几许卿材,登高能赋。"又《月下笛》下注:"题潘星斋《藤花馆填词图》。"词曰:"昔在京华,春云老屋,曾经小住。披图细认,宛似当时旧游处。紫云一片檐前覆,有人订、苹州笛谱。在绿阴下,红薇香里,搜寻佳句。咿休与姜史伍记,吏部南衙,向传典故。藤花听事,公卿几辈曾赋。阿翁曩日应官地,愿公子他年继武。止一语,布腹心,惟候周郎顾误。"

盛鑅《清代画史增编》卷十:"潘曾莹,字申甫,号星斋。奕隽孙,世恩子。辛丑翰林,官吏部侍郎。初写花卉,淡冶有致。晚工山水,秀逸旷远,极似王、恽,小幅尤妙。"

是年,故人朱鹤年自京师寄画存问,且请题涵秋阁额。

《燕居集》五《寄题朱野云涵秋阁并谢一图之赐》:"不见朱公二十年,忽承芳讯日边传。身居陶氏三层阁,地近城南尺五天。野养闲云成素志,江涵秋影着新篇。白头后会知难得,聊结因缘在画禅。"

阮元《野云山人传》:"山人姓朱,名鹤年,字野云。江南泰州人。世有隐德。幼读书工画,于画理尤天性所近。……及壮,贫无以养亲,遂以钱八百缠腰,徒步北上,鬻画以为旅食。入都后,画理益精,名噪一时,遂稍有赀,迎二亲入都孝养焉。……道光十四年六月卒,年七十有五。……山人虽以艺名,而有素行,人品特高,外和而内介,无邪伪杂其间。又喜行善,故同时人皆乐与之游。"

是年,刻《独学庐五稿》。

《吴谱》:"是岁,刻《独学庐五稿》。"

按:《独学庐五稿》系诗文合刻,其中诗《燕居集》五卷,共收古今体诗三百四十八首,皆编年,起于道光六年,讫于道光十二年。文三卷,补遗一卷。

郭麐卒。

(时事)十月,与浩罕缔和,复许其通商。十二月,行票盐法。

道光十二年壬辰〔1832〕七十七岁

正月七日，邀同人集五柳园，作消寒第四会、诗社第一百二十集。吴廷钴、彭蕴章因事未至。

《燕居集》五《人日同人集五柳园》："开岁倏七日，今朝天放晴。堂花增丽色，林鸟变春声。良朋二三辈，把酒话平生。去年浑水灾，鸿雁多哀鸣。天心素仁爱，悔过岂无情。野人无所愿，但愿岁丰盈。河清人亦寿，长此心太平。"

朱珔《小万卷斋诗续稿》卷六《人日社友集五柳园消寒即事赋诗得三首》。

韩崶《还读斋诗稿续刻》卷六《人日集琢翁五柳园为诗社一百二十集消寒第四会用昌黎人日城南登高韵》"二豪偏倥偬"句下注："鉴庵、咏莪因事未至，座止五人。"

正月十六日，吴廷钴招同人集其宅，作消寒第五会、诗社第一百二十一集。

韩崶《还读斋诗稿续刻》卷六有诗，题："上元后一日，鉴翁招饮，为诗社一百二十一集、消寒第五会。"

二月二十八日，值吴廷琛六十寿辰。有诗寿之。

《燕居集》五《吴棣华六十寿》："公才公望本崧生，循吏醇儒两著名。华国文章登上第，戴筐星宿近长庚。人如永叔归田早，世谓于公治狱平。天许夔龙住邱壑，端知清福属清卿。"

按：韩崶《还读斋诗稿续刻》卷六《吴棣华六十寿诗》注："二月二十八日。"

四月六日，朱珔招同人集沧浪亭畔水云四抱之轩，举诗社第一百二十二集。韩崶因病未赴。

《燕居集》五《朱兰友赞善招集水云四抱之轩分韵得水字》："我闻古诗人，风雨思君子。相思辄命驾，不惮远千里。况今素心人，芳踪在咫尺。良辰赴嘉会，杯盘胪甘旨。几辈濯缨人，共咏沧浪水。春风苦多厉，老夫病初起。强歌无欢声，操觚愧率尔。"

朱珔《小万卷斋诗续稿》卷六有诗，题："清明后一日，邀社友集沧浪亭畔水云四抱之轩，分韵得"抱"字。"

韩崶《还读斋诗稿续刻》卷六有诗，题："清明后，兰坡招社友集沧浪亭水云四抱之轩，各序齿分韵。余应得'云'字，因病不赴，遥赋二律。"

四月十九日，彭蕴章招同人集䇲溪网师园，举诗社第一百二十三集。

《燕居集》五《四月十九日彭咏莪舍人招集网师园》："彭子金闺彦，枌榆暂息身。时逢浣花节，客聚问梅人。红药思前度，青云属后尘。追维竹林会，感旧独伤神（注：频年令叔苇间太守，每到芍药花时，辄招集此园，今不胜人琴之感矣）。"

韩崶《还读斋诗稿续刻》卷六《四月十九日咏莪招饮网师园为诗社一百二十三集即事赋诗得四绝句》，第二首末"转益山阳感旧情"句下注："每岁花时，苇翁借此园举社集。今苇已物故，今侄仍继前躅。"

彭蕴章《松风阁诗钞》卷六《四月望后一日邀桂舲竹堂棣华春樊诸先生集䇲溪网师园为诗社百二十三集》，第三首"未堪重话旧吟坛"句下注："诸先生作，均追念先叔父。"

按：是集，执如与韩崶诗集皆定为四月十九日，而彭氏则云四月十六日，未知孰是，姑从前说。

五月，为顾沅《元妙观志》《吴中画派册》作序。

顾沅《今雨集》卷三有执如《元妙观志序》："道教之兴，权舆于柱史。孔子访之，既而有犹龙之叹，则其为教，因与吾儒同源而异委者也。唐有天下，自以为李氏精苗，遂尊老子为元元皇帝，若《礼经》所谓'所自出之祖'，由是宫观遍天下。……顾子湘舟，今之好古者，志在表章文献，网罗志乘，积有岁年，著成《元妙观志》一书，共十三卷，遗文轶事，大小毕载。……因序斯志，而并及之。道光壬辰夏五。"按：元妙观，即玄妙观，在吴县城中，创于晋咸宁中。唐名开元宫，宋祥符中更名天庆观，元元贞初始改今名。入清，因避康熙讳，改元妙观。

同卷《吴中画派序》："顾子湘舟集有明以来名人所画扇面二百六十余家，装为十册，编以十干，题曰《吴中画派册》，而予一言引其端。……画家自六朝以后，其风始炽。及元时，四大家开山水一派，其人皆生长吴会，是为南宗。沿有明以至今，绘事名流，接踵而起，而吴中画派之盛，遂冠于天下。此湘舟此册所由集众美而成之者也。古人皆用团扇。明永乐中，高丽聚头扇始入中国，士大夫皆以为便而用之，因饰以法书名画。今湘舟所集，皆聚头扇之面，故断自明人，二元以前无闻焉，非阙也，以其不类也。于戏！绘事一小技耳，而其渊源必有所从来，况读书谈道之士而自我作古，可乎哉！湘舟向时曾集《吴郡名贤像》《吴中墨妙》，又辑《吴郡文编》，桑梓敬恭之谊，可谓盛矣。兹又集是册，俾吴中画家能事藉此不朽，非精心大力，其孰能之。道光壬辰夏五月。"

五月八日，与同人集吴廷琛池上草堂，举诗社第一百二十四集。吴廷钻未至，吴嶙始入社。

韩崶《还读斋诗稿续刻》卷六《天中后三日芒种节诗社第一百二十四集集楳翁池上草堂赋五古一章》"哲兄虽暂暌，季子本令族"下有注："是日，令兄鉴翁未至，邀宗人兼山司马入社。"

五月二十二日，与同人集韩崶种梅书屋，举诗社第一百二十五集。

《燕居集》五《朱碧山银槎歌和桂舲司寇韵》："万事不如杯在手，人生合欢惟有酒。种梅书屋集众宾，繁肴出厨旨且有。乍寒乍暖麦秋天，主人与客皆忘年。手出古器劝客饮，巧匠幻作乘槎仙。……吾侪一月一相邀，白波卷处行如潮。钓诗有钩诗益富，扫愁有帚愁自消。"

韩崶《还读斋诗稿续刻》卷六《饮槎歌》有序："五月二十二日，诗社一百二十五集，集敝斋种梅书屋。余出新购古银槎，劝杯作歌，索同社诸公和。"

按：朱碧山，一名玉华，元嘉兴渭塘人。天历、至正间，以雕刻金饮器著称。所雕人物、动物，形象生动，神态可掬，为时人所重。

六月十三日，新任江苏巡抚林则徐，邀执如暨尤兴诗、葆谦、朱琦、吴廷琛集小沧浪，为将回籍养病之梁章巨饯行。既而于梁起程之日，执如复与同人合制《葑江话别画册》赠行，并饯梁氏于舟次。

梁章巨《退庵诗存》卷二十《道光壬辰仲夏由护理江苏巡抚任内因病具折陈情仰蒙恩准开缺回籍调理濒行留别吴中诸同人四律》。又《六月十三日少穆中丞再招石琢堂廉访尤春樊舍人葆益舟观察朱兰坡吴棣华两同年棣华有诗因次其韵并呈中丞》："乞闲已许我抽身，又惜离群促列茵。会是停云非独懒，话来旧雨却翻新。愧将马齿攀前辈，难得鳌头盛部名。为问问梅诗社里，可能添个后来人？"又"名贤池馆菱荷香（注：是会小沧浪，荷花初放），清德堂深薜荔墙。联襼何烦别泾渭（注：在座无一杂流），濯缨即此是沧浪。谐诹整暇知无扰，检点遄归笑转忙。合有宾僚时燕衎，十年棠荫早成行。"又《归帆杂诗二十八首》之第三首："吴门耆旧尽诗翁，送别情深句愈工。一棹烟波数巡酒，不知身在画图中（注：石琢堂廉访、韩桂舲尚书、尤春樊舍人、汪阆原观察、彭咏茝舍人暨朱兰坡、吴棣华两同年，合制《茝江话别画册》赠行，并饯茝门舟次）。"

六月二十七日，吴嶙招集逸园观荷，为诗社第一百二十六集。韩崶因病未赴。

《燕居集》五《兼山招集同人于逸园作赏花之会漫成长句纪事效柏梁体》："六月将尽天蕴隆，我心惮暑方忡忡。逸园主人折简通，招我赏花饮碧筩。方池如镜磨青铜，妙莲花发迎熏风。千枝万叶露气融，红情绿意赏不穷。……明朝络绎传诗筒，新诗满壁征纱笼。就中作者谁最工，初日芙蓉思谢公。"

朱琦《小万卷斋诗续稿》卷七有诗，题："吴兼山郡丞嶙新入诗社，招同人逸园看荷。"

韩崶《还读斋诗稿续刻》卷六有诗，题："六月二十七日，诗会第一百二十六集，集兼山司马逸园观荷。余因病未赴，用昌黎寒食日出游韵却寄。"

七月，元和令何士祁迁治松江府之川沙县，邑中士民请人绘《娄江送行图》以志留恋，且索执如为之序。

《独学文存》卷三《娄江送行图序》："竹香何公之治元和也，历两政矣。慈惠宜民，风雅爱士，凡在帡幪内者，固已歌祝之。道光壬辰七月，将解元和之篆，而往治松江之川沙。夫良吏有善政，其迁也固宜。然士民沐浴膏泽日久，不无依依之思，爰属常熟蒋生绘《娄江送行图》，以申朱邑桐乡之爱，而索余为之序。……我公为政，不与人争利，亦不与人争名，事至而应之，常有从容暇豫之致，其亦异乎世之俗吏而巧宦者与！予耄年伏处，不与闻人间事，而惜别怀贤，情有不能自已者，故于此卷发之，非敢纳交于父母之官也，聊托于庶人之议云尔。"

按：何士祁之生平，详参道光七年谱。

八月四日，招同人集花间草堂，饯彭蕴章还朝，为诗社第一百二十七集。韩崶因病未至。

《燕居集》五《赠彭咏莪舍人》："尚书斗山尊，昔我承明诲。转烛六十年，复见后生辈。君抱瑚琏器，英奇迈群队。克家绳祖武，幸有典型在。荆山产良璧，怀宝先自爱。居易以俟命，勿计显与晦。委心任运行，百事少尤悔。愿采刍荛言，权作弦韦佩。"

韩崶《还读斋诗稿续刻》卷六有诗，题："中秋四日，社集花间草堂，饯彭咏荔舍人还朝，以'佩声归到凤池头'序齿分韵。余因病未赴，分得'声'字却寄。是为诗社第一百二十七集。"

八月廿五日，与同人集吴廷琛池上草堂，再饯彭蕴章，为诗社第一百二十八集。韩崶因病仍未赴会。

《燕居集》五《季秋四日同人集池上草堂饯彭咏荔舍人分韵得小字》："节次重阳秋气清，幽人草堂风日皎。张筵置酒集众宾，觞酌流行四座绕。紫微舍人人中英，早岁才名达天表。尚书盛德著乡邦，后贤自卜箕裘绍。即今身到凤凰池，万里鹏程此其兆。衰年送别尤依依，才子为官定矫矫。他日金鳌背上行，独立蓬莱众山小。"

彭蕴章《松风阁诗钞》卷六有诗，题："八月望后，将之都门，同社诸先生设樽池上草堂饯别，以'小兰花韵午晴初'七字分韵，得'午'字。"

韩崶《还读斋诗稿续刻》卷六有诗，题："八月二十五日，诗社第一百二十八集，集池上草堂，再饯咏荔舍人。余因病未赴，分韵得'兰'字，率赋一律却寄。"

按：执如诗云是集举于"季秋四日"，则九月四日也。而彭、韩二诗皆云举于八月，不知孰是，姑从韩说。

九月三日，尤兴诗邀同人集花步刘氏寒碧山庄，举诗社第一百二十九集。韩崶此集亦未赴会。

韩崶《还读斋诗稿续刻》卷六有诗，题："己丑初夏，重游花步刘氏寒碧山庄，曾作歌纪其胜。今秋重九前六日，春樊移樽此地，为诗社一百二十九集，即事赋诗。余抱疾不能赴，俯仰今昔，感而有作，迭前歌韵。"

九月九日，屡易行期之彭蕴章，招同人虎阜登高，为诗社第一百三十集。韩崶疾仍未愈，未赴会。

《燕居集》五《重九日虎阜登高和彭咏荔舍人诗韵》："此生事业已蹉跎，空忆虞廷九叙歌。佛刹逃禅逢檗可，诗坛同调有羊何。吴都赋里青山近，郢客声中白雪多。岘尔凤凰池上客，尚留清梦在云萝。"

韩崶《还读斋诗稿续刻》卷六有诗，题："重九日，咏荔舍人招同社于虎阜登高，为诗社一百三十集。余仍因疾未赴，赋此却寄。"

朱珔《小万卷斋诗续稿》卷七有诗，题："咏荔屡易行期，于重九日，约社友虎阜登高，先有诗，同人继作。"

九月二十四日，与同人集朱琦正谊书院，举诗社第一百三十一集。

韩崶《还读斋诗稿续刻》卷六《题兰坡宫赞〈山居拥卷图〉》下注："九月二十四日，社集正谊书院作，为诗社一百三十一集。"

九月二十八日，与同人集韩崶种梅书屋，为诗社第一百三十二集。

《燕居集》五《题韩司寇〈种梅第三图〉》："昔有童二树，画梅一万幅。一幅一篇诗，篇篇若珠玉。天生百卉中，此花最幽独。所以爱花人，于梅好尤酷。尚书燕许流，仙骨超凡俗。爱梅入骨髓，种梅绕书屋。自号种梅农，如农殖嘉穀。咏梅寿梨枣，画梅费纨谷。一图心未已，二三先后续。聚作问梅诗，缥湘仍著录。"

韩崶《还读斋诗稿续刻》卷六《题无逸女史〈种梅第三图〉册》附跋："余于嘉庆辛未，官岭南日，绘有《种梅图》卷。道光庚寅，筑室华阳里，种梅三十株，颜曰种梅书屋。顾侍萱表侄写赠《种梅第二图》。会张子小颠以旧藏沈石樵画梅尺幅见赠，装成一册，前后二图，题咏殆遍。今壬辰秋，无逸女史又写赠第三图。余自里居来，得入问梅诗社，自维冷澹心性，与梅似有夙缘，生平咏梅之什颇伙，而今老病颓唐，诗思艰涩，得此又不能不一兴怀，因濡笔题三绝句谢女史。九月二十八日，适诗社第一百三十二集，集余种梅书屋，出是图，请诸社长属和，并识。"

闰九月廿一日，为七十七岁寿辰。自始生年至今，重逢置闰，又值长孙峻华中举，因邀同人集鹤寿山堂，为诗社第一百三十三集。执如有自寿诗，同人师友皆有和作以为寿。

《燕居集》五《生日自寿》有注："予生于乾隆丙子岁闰九月。道光壬辰，重逢闰九月，因作此诗。"诗曰："季秋逢闰吾初度，今岁归余又值兹。蓬矢桑弧思往事，犀钱玉果纪前期。廿科进士同年少，七品卑官拙宦宜。七十七龄弹指过，自怜虚过圣明时。"

韩崶《还读斋诗稿续刻》卷六《闰九月二十一日为竹翁七十七岁前揽揆之期又值文孙鹤笙鹿鸣之喜以诗申贺为诗社第一百三十三集》："藕节荚房纪闰秋，天教华诞再添筹。重迎古佛来南海，竞说耆英媲永州。报国文章贻燕翼，传家德泽继龙头。东篱好进延龄酒，迟发霜花待胜游。"

朱琦《小万卷斋诗续稿》卷七《闰九月二十一日为石竹堂前辈生辰盖历七十七年而九月之闰至今岁始再逢也因开诗社自成一律同人和之》："鹤寿堂开介

寿樽，三朝老宿独推尊。笃生岁是苏和仲（注：公与坡公俱丙子生），高会人为席汝言（注：洛阳耆英会，席司封汝言年七十七）。餐菊良期刚纪闰，食苹盛典又观孙（注：令孙鹤笙新得乡举）。骈筵藉此称诗社，愿把台莱旧帙温。"

林则徐《云左山房诗钞》卷四《和石琢堂廉访韫玉七十七岁自寿原韵》："百年重九三逢闰（注：乾隆丁巳、丙子，暨今岁壬辰，皆闰九月），九老联舠正在兹。兜率身宫参玉局（注：东坡生于丙子），瀛洲尊宿证安期。龙头早震科名贵，鹤寿长耽福禄宜（注：公所居为鹤寿山房）。今日儒宗推领袖，范公重教秀才时（注：重游泮宫）。"

十月四日，邀同人集花间草堂举东篱会，为诗社第一百三十四集。朱珔归泾县，未与会。

《燕居集》五《十月四日集同人作东篱会》："百花类甚繁，渊明独爱菊。菊非有殊艳，所喜性幽独。譬诸避世者，芳踪在空谷。骚人餐落英，清芬满其腹。嗤彼肉食流，但知餍粱肉。何如集嘉宾，同享此清福。"

韩崶《还读斋诗稿续刻》卷六《小春四日竹翁举东篱会于花间草堂为诗社第一百三十四集以陶然共醉菊花杯分韵得花字》"晦翁忽归泾川梓"句有注："时兰坡归泾。"

朱珔《小万卷斋诗续稿》卷七有诗，题："补作五柳园东篱会诗，分韵得'共'字。"

十一月十日，吴廷琛招同人饮池上草堂，作头九消寒会、诗社第一百三十五集。

韩崶《还读斋诗稿续刻》卷六有诗，题："长至后九日，棣华招饮池上草堂，为头九消寒会，诗社一百三十五集，赋二律。"

按：据《近世中西史日对照表》，是年长至后九日，为阴历十一月十日。

十一月十七日，与同人集尤兴诗延月舫，作二九消寒会、诗社第一百三十六集。

韩崶《还读斋诗稿续刻》卷六有诗，题："冬月十七日，集春樊延月舫，为二九消寒会，诗社一百三十六集。竹翁诗先成，次其韵。"

朱珔《小万卷斋诗续稿》卷七有诗，题："延月舫消寒第二集，次竹翁韵。时抵苏甫三日也。"

十一月二十四日，朱珔因次子鼎元是秋中举，邀同社诸友宴集。是为消寒

第三会、诗社第一百三十七集。

朱琦《小万卷斋诗续稿》卷七有诗，题："今秋，次儿鼎元幸获乡举。冬日，邀诸社友宴集，蒙各以诗贺，赋此感怀，即志谢二首。"

韩崶《还读斋诗稿续刻》卷六有诗，题："长至月二十四日，兰翁以公郎小坡鹿鸣开宴，赋诗奉贺，为诗社一百三十七集，消寒第三会。"

十一月二十六日，与同人集韩崶种梅书屋，为消寒第四会、诗社第一百三十八集。

韩崶《还读斋诗稿续刻》卷六《题大兄〈水明楼〉三绝句》并引："十一月二十六日，社集种梅书屋，为消寒第四会，诗社一百三十八集，即出此图，属社友同赋。"又《是日雪中举消寒第四会同人既各题〈水明楼图〉竹翁别出一诗见赠次韵酬答》。

朱琦《小万卷斋诗续稿》卷七有《雪中赴韩司寇还读斋消寒次竹翁韵》。

十二月十九日，招同人集五柳园，庆东坡生辰，为诗社第一百三十九集、消寒第五会。

《燕居集》五《东坡生日集五柳园》："衣冠一队集茆堂，敬为苏公举寿觞。莫叹生辰在磨蝎，须知奎宿近文昌。石经南海风涛险，诗蕴东山翰墨香。同是当时读书客，有谁勺水奠舒王（注：是日筵上陈设坡公笠屐像遗砚，及谢东墅先生手书苏诗，故五六二句及之)。"又《题韩桂舲家藏古砚》："韩公爱古性成癖，斋中有砚大盈尺。云是当年墨妙亭，坡老题诗此遗迹。……石斋先生忠孝家，手引贞玟出瓦砾。削成宝砚匣中藏，坚似精金黝如漆。……吁嗟乎！此砚流传人几许，今归尚书得其所。不数壶中九华峰，怪石之供亦非伍。前贤遗物后贤收，不啻圭璋入文府。香火因缘八百年，人生安得寿如此。石非能寿藉诗传，始信文章寿千古。"

韩崶《还读斋诗稿续刻》卷六有诗，题："余旧藏东坡书墨妙亭诗残刻石砚，黄石斋先生故物也。壬辰腊月，文忠诞日，集五柳园为诗社一百三十九集，消寒第五会。余出是砚，属社友同赋，即用坡公孙莘老求墨妙亭诗原韵作歌一首，以先之。"

王学浩卒。

（时事）十月，陈办起事。十一月，命福州将军瑚松额为钦差大臣，都统哈郎阿为参赞大臣，驰往剿之。

道光十三年癸巳〔1832〕七十八岁

三月，为亡友张吉安校定《大涤山房诗录》八卷，并为之序。

《大涤山房诗录序》："往予于乾隆己酉之岁，计偕下第，留京夏课，寄居宣武门外松筠精舍，与张子迪民近在比邻，晨夕过从，修苔岑之好。维时江西刘君金门、西蜀张君船山，皆以公车在京，意气相投无间也。其后二十年中，宦辄分驰，忽离忽合。金门尝谓人曰：'余测交吴人甚伙，所至死不变者，惟张迪民与石执如两人耳。'嘉庆中，予与迪民先后归田，结社吟诗，无旬日不相见，见必清谭移晷。迪民好佛书，精通禅理，尝云：'世人沈溺于名利之场，皆因我相存于心耳。'予曰：'公止此一语，已得金刚三昧。'又述莲池大师之言曰：'世人官兴浓，则去官时难过；生趣浓，则去世时难过。故常以放下二字悬于座右。'旨哉斯言，其平生所存可知矣。往有人问船山作诗法，船山曰：'且读佛书。'或征其说，曰：'读佛书，则识解自超。人未有识解不超，而能诗者也。'以此语印证迪民之诗，乃得其髓矣。今二三故人，皆归道山，惟予一老颓然尚存，收拾茂陵遗书，此后死者之责也。船山之诗，予久授诸梓行世矣。顷编校金门之集甫竣事，适迪民之令子光熊持其遗集，属予校定，因为删繁就简，裒成一编，而题数语于卷尾以归之。道光癸巳春三月，吴县石韫玉撰，时年七十有八。"

八月十六日，与同郡韩崶、徐祖裕、言朝标重游泮宫。师友皆有诗申贺。

韩崶《还读斋自订年谱》："道光十三年癸巳。八月，重游泮宫。同游者阊郡四人：府学徐鲈香祖裕、常熟言皋云朝标、吴县石竹堂韫玉、元和为余。赋七律四章，属同人和之。"

言朝标《孟晋斋诗集》卷四《癸巳八月既望吾郡重游泮宫者得四人为徐苊香学博年八十三石琢堂廉访年七十八韩桂舲尚书年七十九余年亦七十九桂舲有诗纪事邀余同作二律》："癸巳重逢癸巳香，二千七百有余旬。刚依桂影迎群彦，再挹芹香得四人。鸡肋功名嗤宦辙，虀盐风味胜羞珍。吾吴文物声名郡，携杖深惭步后尘。"又"归田仍借砚田耕，几及徐陵擅盛名。殿撰先征推老辈，尚书本色是诸生。东涂西抹皆陈迹，秋月春风盼捷声。记否玉峰文战日，青灯听雨住孤城"。按：言诗云韩崶七十九岁，误。应为七十六岁。

潘世恩《思补斋诗集》卷五《竹堂桂舲重游泮宫诗以贺之》:"白发朱颜映彩旗,玉兰堂上酒双卮。枌榆盛事推前辈,芹藻风光似昔时。二老今为多士式,一衿我愧十年迟。传家各有驹千里,曾见夔龙集凤池。"

朱琦《小万卷斋诗续稿》卷七《石韩二公重游泮宫各贺以诗》:"槐厅久领笋班俦,忆采芹香甲子周。后辈例须称骥尾,他年名孰继龙头。联镳四友真佳话(注:苏郡共得四人,殊为仅事),释奠三宫祗旧游(注:城内有学宫三,诸公各就其学)。屈指杏林逢再宴,应如邠老更添筹(注:前岁潘三松重宴琼林)。"同卷《竹翁自作重游泮宫诗次韵再呈》:"徂徕凤所仰,共在蓬山中。社朋许随肩,高论能启蒙。当年学弟子,石室瞻文翁。献颂俄丹墀,律中黄钟宫。经今六十载,往事将毋同。达尊已兼三,辕伏追遗风。试问新俊彦,宝剑谁雌雄。公才老弥壮,茧绪抽不穷。何须美神仙,炯炯双方瞳。依然鼓箧时,勿懈编摩功。"

彭蕴章《松风阁诗钞》卷六《琢堂桂舲两先生同时重游泮宫赋呈》:"满城桃李斗清研,瞥眼韶华六十年。白社千篇新事业,青衫一领旧因缘。秋风家巷添春色,斜日圜池起瑞烟。各有平泉嘉植在,孙枝早傍五云边。"

韩崇《宝铁斋诗录》卷一《石竹翁重游泮宫即次原韵奉贺》:"弱龄侍巾履,时坐春风中。高文振疲蕳,雄辨惊愚蒙。归田富撰述,何异六一翁。重歌《采藻》篇,多士集泮宫。白头领袖来,佳话仲氏同(注:与家仲兄同游)。连袂得四老,园绮垂高风。公初蹑鳌顶,玉尺量群雄。晚岁乐教育,薪火传不穷。刀圭救病身,屡荷垂仙瞳。祝公宴琼林,用答再造功(注:仆病目乞归,荷公以禁方治之)。"

同治《苏州福州》卷一百一《人物》二十八:"言朝标,字皋云。乾隆庚子,以廪膳生献赋行在,钦定一等,赐举人,以内阁中书用,校书四库馆。己酉成进士,改官比部。嘉庆戊午,由郎中授四川夔州府知府。……仕至广西右江道。年届七十,引疾归,囊无余财。……当路重其清介,延主游文书院讲席。卒年九十岁。嗜古好学,作八分书,取法东京。诗笔清超,有中唐风格。著有《孟晋斋诗集》四卷。"

九月九日,为顾沅跋明沈周《支硎山图咏卷》。

顾沅《今雨集》卷八有执如《跋沈石田支硎山图咏卷》:"石田翁画笔墨苍莽,实兼北宗。此卷特腴润清超,专法黄鹤山樵,乃其中年佳境,世间不可多得。湘舟其宝藏之。道光癸巳重九。"

吴熊光卒。

（时事）正月，福建提督马济胜擒陈办，台湾平。四月，以潘世恩为体仁阁大学士。

道光十四年甲午〔1834〕七十九岁
正月二十五日，韩崶卒。

按：韩崶《还读斋自订年谱》止于道光十三年，后有其子韩范撰《行述》，言崶卒于十四年正月二十五日，年七十有七。末镌"赐进士及第诰授通议大夫前山东按察使翰林院编修石韫玉填讳"。

十二月十九日，与同人集定慧寺后新建苏祠，为东坡作生日。

顾沅《今雨集》卷十三有执如诗一首，前有序："道光甲午，定慧寺后新建苏祠，颇具亭榭之胜。顾子湘舟始终经理其事，并于腊月十九日，为公作生日，同人诗以纪事。"诗曰："定慧城东寺，坡仙片石存。岁时陈俎豆，花木构林园。筵蓺金莲烛，圜悬雪浪盆。贤人长不死，香火寄禅门。"

朱鹤年卒（据阮元《野云山人传》），

张敦仁卒。

（时事）八月，英舰入广东，总督卢坤拒却之。

道光十五年乙未〔1835〕八十岁
五月，梁章巨病愈，奉召入都，道出吴门。执如有诗赠行。

梁章巨《北行酬唱集》卷三有执如赠诗："乍远归航越石轻，故乡鸥鹭正寻盟。非关俗士多西笑，忽听诗人赋北征。自有清风酬素志，仍期霖雨慰苍生。寇公傥准吴侬借，重见金闾驻旆旌。"又"帝念劳臣特召还，此行车马又艰关。棠荫依旧人争颂，花甲初周鬓未斑。直以无欺孚主眷，定知有喜动天颜。魏公晚节今番著，伫听声华重斗山"。

梁章巨《退庵诗存》卷二十四《道光乙未初夏恭奉恩召北行纪事二律》："九重恩重一身轻，肯向林泉恋旧盟。天语早教躅凤疾（注：奉到谕旨，有"前因患病，请假回籍，迄今三年，自已就瘥"之语），炎威遑敢惮遐征。烟霞荏苒三年易，家室苍茫百感生（注：适届郑夫人大祥之期）。从仕居闲俱有愧，此心那不似悬旌？"又"争说摩霄胜倦还，艰难时事总相关。崇朝敢信肤云合，去日徒嗟鬓雪斑。十载就瞻纡积愫（注：自丙戌入觐，迄兹十年），一家忠孝动欢颜。旁人错比东山起，又恐移文到北山。"

梁章巨《退庵自订年谱》："道光乙未，六十一岁。……五月，奉召入都。……八月，由运河北上。舟次，辑《北行酬唱集》四卷，皆同里知好友人及大江南北僚寀士民赠行之作。"

十二月十九日，值东坡八百岁诞辰，与同人集苏祠，行祭祀盛典。

顾沅《今雨集》卷十三有执如诗一首，前有序："道光乙未十二月十九日，立春，雪霁。溯景佑丙子苏文忠公生日，历年八百。同人集新建苏祠致祭，赋诗纪事。"诗曰："公生历今八百年，而我今年亦八十。才地方公百不如，世寿居然十之一。仁宗御宇世升平，岁在丙子公始生。眉山草木尽枯槁，山川灵秀钟奇英。公之登朝缱弱冠，文章五色卿云烂。帝曰他年宰相材，太平事业资襄赞。谁料熙宁事变更，举朝水火日纷争。元佑元符多反复，嗟公横被党人名。章蔡至今人不齿，唯公俎豆贤人里。由来定论盖棺存，始信贤人长不死。"

是年，为石嘉吉《听雨楼诗》作跋。跋中于当时涂附、晦涩两种诗风，深表不满，而称嘉吉诗有真性情。

《听雨楼诗跋》："久闻吾宗有远梅先生，吴中诗人也。惜余宦游四方，不及修士相见之礼。此册为令子蔼士所作，志和音雅，守唐贤之正宗，观此可以知其家学矣。尝见近世诗人好矜奇而炫异，或胪陈典故满纸，以夸其腹笥之富，或吐弃一切，故为可解不可解之语，以鸣其高。曾不思严沧浪之论诗也曰：'诗有别才，非关学也；诗有别趣，非关理也。'彼善为英雄欺人之语者，与古风人之旨相去远矣。如此诗清才妙旨，一往有真性情在其中，是可以砭时俗之膏肓矣。八十老人韫玉跋。"

叶廷琯《楙花盦诗》卷下《故友石君蔼士嘉吉〈听雨楼遗诗〉余向所未见也令嗣梅孙同客淞南携示为题一律》"宗英借作砭石论"句下有注："石琢堂廉访作跋，不满于近时涂附、晦涩二派，而谓君诗中有真性情在。"

同治《苏州府志》卷八十三《人物》十："石钧，工诗，弃儒服贾，历辽、浑、燕、蓟，所见山川奇怪，一以诗发之。乾嘉之际，以布衣称诗吴下。子嘉吉，太学生，亦善诗，为武康徐孝廉熊飞所赏。"

是年，刻《古香林丛书》《独学庐文存》，及故友沈起凤传奇四种。

刘声木《续补汇刻书目》卷九著录《古香林丛书》十种，其下有注："吴县石韫玉执如著，道光十五年苏州自刊本。"子目为：一、《读论质疑》一卷，二、《读左质言》一卷，三、《独学庐题跋》二卷，四、《柳下閒闻》一卷，五、《北行纪程》一卷，六、《国朝大臣谥法录》一卷，七、《吴地名贤像赞》一卷，八、《多识录》九卷，九、《历代纪元分韵编》二卷附录一卷，十、《全史一斑》一卷。

按：此十种著作，前九种皆为执如所撰，第十种为执如弟子胡鹤所撰。胡鹤尝录执如与友人之尺牍成二册，执如见而付之梓，事参道光三年谱。又，此丛书乃执如将历年所刻及本年所刻之板片汇集付印者。今《中国丛书综录》未见著录，查稽各家馆藏目录，亦未见。后笔者访中国科学院图书馆未编书书库，偶于架上翻得之，全帙宛然，喜不自禁。兹录所见序言于次：

《古香林丛书十种总序》："余生平无他嗜好，惟喜于故纸堆中觅生活。年十四，附学于中表黄氏之塾凡四年。黄氏塾中有书两匮，余常课之暇，辄取其书观之，以为世间乐事，无有过于此者。既而游于庠，升于朝，宦游于四方，蓄书日多，因益泛滥于百家之言，心有所得，辄笔之于书。又苦同学者传写之烦，则付之梨枣。自少至老，积至一十□□□□□□□一日，刻非一时，零星丛杂，虑其久而散□，因汇为一编，贫家敝帚，聊以自娱而已，非敢出而问世也。道光十五年岁在乙未，独学老人识，时年八十。"

《柳下閒闻序》："余年三十有五，释褐升朝，获游于当世公卿大夫之间，习闻其绪论，辄笔之于书。琐碎凌杂，积久渐多，所谓不贤者识其小者而已。然遗闻轶事，颇有存者，亦可以补后生耳目之所未及。爰付梓人，以代钞胥之力云。道光乙未秋，独学老人自序。"

《北行纪程序》："余自嘉庆三年东，由翰林出守巴蜀。维时羽书载路，风声鹤唳之惊，处处皆是。其后入威勤公之幕，赞理戎机，磨盾草檄，昕夕靡宁，何暇复理笔砚事。岁行甲子，凯旋重庆本郡，威勤公录其鞍马之劳，计书上考，因得解郡篆，于嘉平之月，戒途北行。假轮蹄之役，而息案牍之烦。转觉身心俱暇，乃以途间琐事，随笔记载，撰成斯记。"

《国朝大臣谥法录序》："余于嘉庆丁卯之秋，再入翰林，备员史馆，分纂纯皇帝本纪，因得翻阅诸大臣列传稿本。伏念易名之典，古今所重，然人往风微，论者十不能举其一二；又满洲蒙古诸臣，初皆因地为姓，而朝籍仅著其名，不详其氏族，因于检阅之际，随手登记，录成是编，以备稽考，所谓不贤者识其小者而已。其所未及载者，姑俟后人增补可也。旧史氏石韫玉自序。"

又按：《独学庐文存》四卷，为执如晚年将《初稿》至《五稿》文集，重加删汰而成者，其文精粹尽在斯。《五稿》始刻于道光十一年，则此《文存》定刊于其后数年之中，此姑系于本年。

吴梅《奢摩他室曲丛》初集，内有影印道光十五年古香林刻《沈氏四种》，前有执如序："《红心词客传奇》四种，亡友沈宾渔先生所作也。先生名起凤，字桐威，号宾渔。工于词，故自号红心词客。少以名家子，博学工文章。乾隆戊子科举于乡，年缱二十有八。累赴春官不第，抑郁无聊，辄以感愤牢愁之思，寄诸词曲，所制不下三、四十种。当其时，风行大江南北，梨园子弟登其门而求者踵相接。岁在庚子、甲辰，高庙南巡，凡扬州盐政、苏杭织造所备迎銮供御大戏，皆出自先生手笔。顾生平著作，不自收拾，晚年以选人客死都门，丛残遗草，悉化灰烬。予归田后，追念古欢，访求数十年，仅得《红心词》一卷，已寿诸梓人矣。盖古诗三百首，皆可被之管弦，乃一变而为楚人之骚，再变而为汉人之乐府，三变而为唐人之诗，四变而为宋人之词，五变而为金元人之曲。其体屡变而不穷，其实皆古诗之源也。先生博极群书，若出其胸中所蕴蓄，作为文章，自可成一家之言。既不遇于时，则所有芬芳悱恻之言，一切寓诸乐府，俾世之观者可以感发善心，惩创逸志，虽谓其词有合乎兴、观、群、怨之旨可也。予故登诸梨枣，与当时好事者共赏之。譬诸管中之豹，窥见一斑而已。吴门独学老人序。"

按：此四种传奇为《报恩缘》《才人福》《文星榜》及《伏虎韬》。前有执如撰《乐府解题》四则："《报恩缘》，戒负心也。自猿受谢生无心之庇，即一心报德，成就其科名，联合其婚姻，以视夫世间受恩不报者，真禽兽之不若哉！此剧可与《中山狼》对勘。《才人福》，慰穷士也。识字如祝希哲，工诗如张幼舆，一沉于卑位，一困于诸生，特著此剧，以为才人吐气。若唐时方干等十五人，死后始成进士，奚不可者？《文星榜》，惩隐慝也。杨生命本大魁，以淫行被黜；王生士行无玷，又因其父居官严酷，几以冤狱丧身。士大夫观此，皆当自省。《伏虎韬》，警恶俗也。妇人以顺为正，乃有凌虐其夫者，此阴盛阳衰之象，有关世道人心。此剧寓扶阳抑阴之意，以明妇人妒者必淫，淫者必悍，丈夫溺爱，甚无谓也。真唤醒痴人不少。"末署"花韵庵主人识"。

陈用光卒。

(时事)二月，以阮元为体仁阁大学士。两广总督卢坤，奏增定防范洋商章程八条。从之。

道光十六年丙申〔1836〕八十一岁

二月十五日，应顾沅之邀，同董国华、顾元恺、尤崧镇、吴嶰，集定慧寺后新建苏公祠赏花。

顾沅《今雨集》卷十三有执如诗一首，前有序："丙申二月望日，湘舟世丈招同董琴南、顾杏楼、尤榕畴、吴兼山，于定慧寺后苏公新祠赏花小集，即席赋呈。"诗曰："结伴寻芳古寺中，云房窈窕径潜通。日逢花诞三春半，客居苏斋六逸同。读书喜无寒具手，访碑窃慕党人风。文坛香火因缘盛，今古谁如玉局翁？"

朱汝珍《词林辑略》卷六《道光二年壬午恩科》："顾元恺，字杏楼。江苏长洲人。散馆，改工部主事。官至广西浔州知府。"

四月三日，应江苏巡抚林则徐之邀，与吴云、朱珔、吴廷琛、董国华诸人，集署内后乐亭观芍药，并同观明仇英《禹治水图》。复因吴云提议，以"六人四百十三岁"之句，各赋诗一首。

林则徐《云左山房诗钞》卷五《丙申四月九日为吴玉松前辈云九十寿辰先六日余招同石琢堂韫玉朱兰坡珔吴棣华廷琛董琴涵国华诸前辈集后乐亭观芍药琢堂八十一兰坡六十八棣华六十四琴涵五十八余五十二合之四百十有三岁玉翁约共赋诗各用六人四百十三岁之句先成一诗属和即次其韵》："昨夜星文动南极，一时仙客聚东吴。殿春余艳围香幄，浴佛先期供法盂。真见九旬临洛社（注：文潞公开洛社，年正九十)，刚同五老启河图（注：是日观仇实父《禹治水图》）。六人四百十三岁，翁更飞行不用扶。"又《琢翁亦示一诗次韵奉和》："旧附词曹集禁闱，今陪文燕赏春菲。小园五亩竹千个，新稻一畦花四围。婪尾杯中开白社，状头林下傲黄扉（注：吴中多状元，而琢翁与棣华前辈皆中年勇退，故戏及之）。优游杖履关清福，自分尘容那易几。"

朱珔《小万卷斋诗续稿》卷十《少穆中丞邀同吴玉松太守云暨竹堂两前辈棣华琴涵集署中后乐亭畔之小轩观芍药并历所辟稻田新建丰备仓松竹二丈先有诗各次其韵》："二老风流兼四友，天教此会冠三吴。物华恰称金为带，民监终观水在盂。春满襟怀关后乐，岁筹贮蓄慎先图。一区课稼闲中事，知切乡田疾病扶。"又"耽耽大府即仙闾，闲摘林芳拾涧菲。婪尾花蒸亭有馥，瓮头酒酹席如围。盍簪地忆传刘井（注：合坐并出词馆，馆中旧有明学士刘定所浚井），开径人疑款蒋扉。祇此雅游无佚志，从来型俗斥雕几。"

是年，同潘曾沂笔谈倡和，往返颇密。

潘仪凤续编《小浮山人年谱》："道光十六年丙申。是年，与吴玉松太年丈、石琢堂韫玉、董琴涵两丈相倡和，笔谈往返无虚日。"

潘曾沂《东津馆文集》卷三《石琢堂先生别传》："嘉庆丁卯，先生引疾乞归。既居乡，十数年后，始识余，乐与余谈。余方有以知先生，然亦不过五、六年最密，而余遽闭门，先生期与余一见，即许矣，往往负约，而先生死矣。然闻其临终，犹惓惓于余也，岂不可感哉！"

（时事） 十月，两江总督陶澍以私刊奏疏，降四级留任。

道光十七年丁酉〔1837〕八十二岁

五月五日，寿终于城南经史巷里第。彭蕴章闻信，有挽诗。

《墓志铭》："道光十七年五月五日，无疾卒于经史巷里第，年八十有二。"

彭蕴章《松风阁诗钞》卷七《挽石琢堂师》："先生真率古为徒，湖海元龙兴不孤。一自簪缨辞九陛，渐著桃李满三吴（注：先生掌吴中紫阳书院二十一年）。梅开西碛扁舟共，草绿南园步屟俱。临别赠言韦佩勖，旧题重展泪模糊（注：壬辰秋，先生送余北行，谆谆以立品为勖）。"

（时事） 三月，陕甘总督杨遇春卒。

参考文献

甲、石氏著作

一、独学庐初稿十一卷、二稿六卷、三稿十一卷、四稿九卷、五稿九卷，清石韫玉撰，清乾隆嘉庆道光递刻本；

二、独学庐外集一卷，清石韫玉撰，清嘉庆间刻本；

三、多识录九卷，清石韫玉撰，清道光九年刻本；

四、读左卮言一卷，清石韫玉撰，清乾隆六十年刻本；

五、汉书刊讹一卷，清石韫玉撰，清乾隆六十年刻本；

六、花间乐府一卷，清石韫玉撰，清嘉庆间刻本；

七、微波词四卷，清石韫玉撰，清嘉庆间刻本；

八、花间九奏九种，清石韫玉撰，清嘉庆间石氏花韵庵刻本；

九、红楼梦传奇不分卷，清石韫玉撰，清道光间刻本；

十、袁文笺正十六卷，清石韫玉撰，清嘉庆十七年石氏鹤寿山堂刻本；

十一、独学庐尺牍偶存二卷，清石韫玉撰，清道光三年刻本；

十二、文选编珠二卷，清石韫玉撰，清宣统元年刻本；

十三、古香林丛书不分卷，清石韫玉撰，清道光三年刻本。

乙、其他文献

史部

一、清史稿，赵尔巽等纂，中华书局，1998年；

二、清史列传，王仲翰点校，中华书局，1997年；

三、国朝耆献类征初编七百二十卷，清李桓辑，清光绪间湘阴李氏刻本；

四、国朝先正事略六十卷，清李元度撰，清同治间循陔草堂刻本；

五、碑传集补六十卷，闵尔昌辑，民国十二年燕京大学研究所铅印本；

六、满汉名臣传续集，清国史馆编，清刻本；

七、清儒学案小传二十一卷，徐世昌纂，清代传记丛刊本；

八、大清畿辅先哲传四十卷，徐世昌等撰，清代传记丛刊本；

九、词林辑略十一卷，朱汝珍辑，清代传记丛刊本；

十、湖海诗人小传，清王昶撰，清毛庆善编，清代传记丛刊本；

十一、巴陵人物志十五卷，清杜贵墀撰，清光绪二十八年长沙叶氏观古堂刻本；

十二、历代画史汇传七十二卷，清彭蕴灿撰，清光绪八年扫叶山房刻本；

十三、清代闺阁诗人征略十卷，施淑仪撰，民国十一年商务印书馆铅印本；

十四、国朝诗人征略初编六十卷二编六十四卷，清张维屏撰，清道光间刻本；

十五、娄水文征八十卷，王宝仁辑，清道光间刻本；

十六、金陵通传四十五卷补遗四卷，陈作霖撰，清光绪三十年瑞华馆刻本；

十七、皇清书史三十二卷，李放撰，清代传记丛刊本；

十八、清画家诗史十卷，李濬之辑，民国十九年刻本；

十九、清代画史增编三十八卷，盛繻辑，清代传记丛刊本；

二十、清代官员履历档案全编，秦国经主编，华东师范大学出版社，1997；

二十一、国朝书画家笔录四卷，窦镇辑，清宣统三年苏州文学山房木活字印本；

二十二、有正味斋日记六卷，清吴锡麒撰，清光绪间申报馆丛书本；

二十三、续补汇刻书目三十卷，刘声木编，民国十八年庐江刘氏铅印本；

二十四、独学老人年谱一卷，清吴嵰撰，清道光间刻本；

二十五、还读斋自订年谱一卷，韩崶撰，清道光间韩氏刻本；

二十六、雷塘庵主弟子记八卷，清张鉴等撰，清道光间刻本；

二十七、思补老人自订年谱一卷，清潘世恩撰，清咸丰五年刻本；

二十八、退庵老人自订年谱一卷，清梁章巨撰，清光绪元年刻本；

二十九、洪北江先生年谱一卷，清吕培等编，清光绪三年刻本；

三十、诒毂老人自订年谱一卷，清彭蕴章撰，清同治三年刻本；

三十一、小浮山人手定年谱一卷，清潘曾沂撰，清咸丰间刻本；

三十二、一西自记年谱一卷，清张师诚撰，清道光间刻本；

三十三、梧门先生年谱一卷，清阮元撰，清嘉庆间刻本；

三十四、黄荛圃先生年谱一卷，清江标撰，清光绪二十三年元和江氏湖南使院刻本；

三十五、孙渊如先生年谱二卷，清张绍南撰，北京图书馆藏镇本年谱丛刊本；

三十六、定盦先生年谱一卷，吴昌绶编，清光绪三十四年仁和吴氏刻本；

三十七、翁氏家事略记一卷，清翁方纲撰，清道光二十五年刻本；

三十八、中国印学年表，韩天衡著，上海书画出版社，1987；

三十九、明清江苏文人年表，张慧剑著，上海古籍出版社，2008；

四十、近世中西史日对照表，郑鹤声撰，中华书局，1981；

四十一、清秘述闻十六卷，清法式善撰，续修四库全书本；

四十二、吴门补乘十卷卷首一卷，清钱思元辑，清道光二年刻本；

四十三、[道光] 苏州府志一百零五卷卷首十卷，清宋如林修，清石韫玉纂，清道光四年刻本；

四十四、[同治] 苏州府志一百五十卷首三卷附序图一卷，清李铭皖修，清冯桂芬纂，清光绪九年江苏书局刻本；

四十五、[民国] 吴县志八十卷，曹允源等纂，民国二十二年铅印本；

四十六、[民国] 镇洋县志十一卷末一卷附录一卷，王祖畲等纂，民国八年刻本；

四十七、[同治] 徐州府志二十五卷，清吕世熊、朱忻修，清同治十三年刻本；

四十八、[光绪] 娄县续志二十卷，清汪坤厚、程其珏修，清光绪五年刻本；

四十九、[光绪] 无锡金匮县志四十卷首一卷，清裴大中、倪咸生修，清光绪七年刻本；

五十、[嘉庆] 新修江宁府志五十六卷，清吕燕昭修，清嘉庆十六年刻本；

五十一、[道光] 重修仪征县志五十卷首一卷，清王检心修，清刘文淇、张安保纂，中国地方志集成本；

五十二、[同治] 上江两县志二十九卷首一卷，清莫祥芝、甘绍盘修，清同治十三年刻本；

五十三、[光绪] 重修华亭县志二十四卷首一卷末一卷，清杨开第修，清姚光发等纂，清光绪五年刻本；

五十四、[光绪] 昆新两县续修合志五十二卷首一卷末一卷，清金吴澜、李福沂修，清朱成熙纂，清光绪六年刻本；

五十五、[光绪] 畿辅通志三百卷，清李鸿章等修，清光绪十年刻本；

五十六、[光绪] 江阴县志三十卷首一卷，清卢思诚等修，清季念诒等纂，清光绪四年刻本；

五十七、[光绪] 武进阳湖县志三十卷首一卷，清张琁等修，清汤成烈纂，清光绪五年刻本；

五十八、[民国] 杭州府志一百七十八卷首八卷，陈璚修，王棻纂，屈映光续修，陆懋勋续纂，民国十二年杭州三元坊弘文兴记印书局铅印本；

五十九、[光绪] 嘉兴府志八十八卷首二卷，清许瑶光修，清光绪四年鸳湖书院刻本；

六十、[光绪] 余姚县志二十七卷首一卷末一卷，清周炳麟修，清光绪二十五年刻本；

六十一、[光绪] 湖南通志二百八十八卷首八卷末十九卷，清卞宝第、李瀚章等修，清光绪十一年刻本；

六十二、[同治] 直隶澧州志二十六卷首三卷，清何玉棻修，清同治八年刻本；

六十三、[民国] 遂宁县志八卷首一卷，甘焘等修，王懋昭等纂，民国十八年刻本；

六十四、[道光] 重庆府志九卷，清王梦庚修，清道光二十三年刻本；

六十五、[民国] 涪陵县续修涪州志二十七卷首一卷，王鉴清等修，民国十七年刻本。

子部

一、思补斋笔记八卷，清潘世恩撰，清道光间刻本；

二、小沧浪笔谈四卷，清阮元撰，清嘉庆间刻本；

三、庸闲斋笔记十二卷，清陈其元撰，清同治十三年刻本；

四、浪迹丛谈十一卷，清梁章巨撰，清道光间刻本；

五、浮生六记四卷，清沈复撰，民国间上海鸿文书局铅印本；

六、新世说八卷，易宗夔撰，民国间铅印本；

七、鸥陂渔话六卷，清叶廷琯撰，清同治九年刻本；

八、樵说十卷，清王曾琪撰，清光绪十八年刻本；

九、经史管窥，清萧昺撰，昭代丛书本；

十、画林新咏，清陈文述撰，民国四年西泠印社铅印本；

十一、墨香居画识，清冯金伯撰，清道光间刻本；

十二、履园画学一卷，清钱泳撰，民国间中国古代美术丛书本；

十三、瓯钵罗室书画过目考四卷，清李玉棻撰，清光绪间通州李氏刻本；

集部
别集类

一、还读斋诗稿二十卷续稿六卷，清韩崶撰，清道光七年刻本；

二、听钟楼诗稿八卷，清韩是升撰，清嘉庆六年刻本；

三、慎其余斋文集二十卷，清王赠芳撰，清咸丰四年留香书屋刻本；

四、亦有生斋集五十四卷，清赵怀玉撰，清嘉道间武进赵氏刻本；

五、写韵轩小稿二卷，清曹贞秀撰，清嘉庆九年刻本；

六、陶文毅公全集六十四卷，清陶澍撰，清道光二十年刻本；

七、秋士先生遗集六卷，清彭绩撰，清光绪七年长洲彭氏刻本；

八、水明楼诗六卷，清韩崧撰，清道光九年刻本；

九、沈氏群峰集五卷外集一卷，清沈清瑞撰，民国二十二年沈恩孚铅印本；

十、揅经室集七卷，清阮元撰，清道光九年学海堂刻本；

十一、惕甫未定稿二十六卷，清王芑孙撰，清嘉庆间递刻本；

十二、渊雅堂编年诗稿二十卷，清王芑孙撰，清嘉庆间刻本；

十三、与稽斋丛稿十八卷，清吴翌凤撰，清嘉庆七年刻本；

十四、敛斋诗稿四卷，清陆元文撰，民国十五年太仓陆氏重刻本；

十五、复初斋诗集七十卷，清翁方纲撰，清刻本；

十六、稻香吟馆诗稿六卷，清李庚芸撰，清道光七年刻本；

十七、船山诗草二十卷，清张问陶撰，清嘉庆二十年刻本；

十八、船山诗草选六卷，清张问陶撰，清嘉庆二十二年吴门学耕堂刻本；

十九、拜石山房诗抄八卷，清顾翰撰，清嘉庆间刻本；

二十、瘦竹幽花之馆诗存四卷，清石同福撰，稿本；

二十一、古微堂外集七卷，清魏源撰，清宣统元年国学扶轮社铅印本；

二十二、柏砚山房集三十一卷，清梅曾亮撰，续修四库全书本；

二十三、思补斋诗集六卷，清潘世恩撰，清道光三十年刻本；

二十四、有真意斋文集二卷，清潘世恩撰，清同治十二年刻本；

二十五、小岘山人文集七卷，清秦瀛撰，民国二十二年环溪草堂刻本；

二十六、太乙舟文集八卷，清陈用光撰，清道光间刻本；

二十七、有正味斋骈体文二十四卷，清吴锡麒撰，清光绪十五年上海蜚英馆石印本；

二十八、惜分阴斋诗钞十六卷，清李銮撰，清嘉庆间刻本；

二十九、霁春堂集十四卷，清吴树萱撰，清嘉庆间刻本；

三十、谦受堂全稿三十卷，清陈廷庆撰，清道光十二年一丘园刻本；

三十一、留春草堂诗钞七卷，清伊秉绶撰，清嘉庆十九年秋水园刻本；

三十二、存素堂诗初集录存二十四卷，清法式善撰，清嘉庆十二年刻本；

三十三、方雪斋诗集十二卷，清何道生撰，清嘉庆十三年刻本；

三十四、嘉荫堂诗存四卷，清沈涛撰，清嘉庆间刻本；

三十五、试畯堂诗集十二卷，清王苏撰，清道光二年刻本；

三十六、红雪山房诗钞十二卷，清吴嵰撰，清嘉庆十九年刻本；

三十七、乳初轩诗选四卷外集一卷，清赵基撰，清道光四年安雅堂刻本；

三十八、芳茂山人诗录九卷，清孙星衍撰，清嘉庆二十三年刻本；

三十九、大涤山房诗录八卷，清张吉安撰，清道光十四年刻本；

四十、逊学斋文钞十二卷，清孙依言撰，清同治十二年刻本；

四十一、颐道堂诗选三十卷，清陈文述撰，清道光八年刻本；

四十二、安事斋诗录四卷，清贵征撰，清道光间刻本；

四十三、存悔斋集二十八卷，清刘凤诰撰，清道光间刻本；

四十四、古雪诗钞一卷，清杨继端撰，清嘉庆十四年刻本；

四十五、鉴止水斋集二十卷，清许宗彦撰，清嘉庆二十年刻本；

四十六、吴学士诗集五卷，清吴嵰撰，清光绪八年江宁藩署刻本；

四十七、嗣雅堂诗存五卷，清王嘉禄撰，清道光二十六年彭蕴章刻本；

四十八、坚白石斋诗集十六卷，清李銮宣撰，清嘉庆间刻本；

四十九、三松堂集二十四卷续集六卷，清潘奕隽撰，清嘉庆间刻本；

五十、东津馆文集三卷，清潘曾沂撰，清咸丰八年刻本；

五十一、绕竹山房诗稿十卷，清朱文治撰，清嘉庆二十三年刻本；

五十二、易画轩诗录八卷，清王学浩撰，清道光间刻本；

五十三、显志堂稿十二卷，清冯桂芬撰，清光绪二年刻本；

五十三、行素斋文集二卷，清褚逢春撰，清咸丰四年木活字印本；

五十四、凤巢山馆求是录六卷，清吴慈鹤撰，清道光间刻本；

五十五、听莺居文钞三十卷，清翁广平撰，民国间抄本；

五十六、染香庵诗录二卷，清江沅撰，清道光二十年刻本；

五十七、行素居文钞不分卷，清顾承撰，清刻本；

五十八、梅麓诗钞不分卷，清齐彦槐撰，清光绪元年扬州刻本；

五十九、汲雅山馆诗钞三卷，清彭希郑撰，清光绪十年刻本；

六十、松风阁诗钞二十六卷，清彭蕴章撰，清同治刻彭文敬公全集本；

六十一、自然好学斋诗录十卷，清汪端撰，清道光六年刻本；

六十二、小万卷斋诗稿三十二卷，清朱珔撰，清道光间刻本；

六十三、宝铁斋诗录一卷，清韩崇撰，清道光二十九年浔江郡舍刻本；

六十四、孟晋斋诗集四卷，清言朝标撰，清光绪十年刻本；

六十五、楸花盦诗二卷，清叶廷管撰，清同治元年刻本；

六十六、云左山房诗钞八卷，清林则徐撰，清光绪十二年刻本；

六十七、一萼红词一卷，清洪梧撰，清嘉庆二十年（1815）洪氏刻本；

六十八、蘅梦词二卷，清郭麐撰，清嘉庆八年（1803）刻本；

六十九、春在堂杂文续编五卷，清俞樾撰，清光绪三十一年（1905）刻本。

诗文评类

一、卧园诗话四卷，清潘焕龙撰，清刻本；

二、梧门诗话十二卷，清法式善撰，续修四库全书影印北图藏稿本；

三、蠡庄诗话十卷，清袁洁撰，清嘉庆二十年刻本；

总集类

一、木渎诗存八卷，清汪正石编，郭绍裘重订，民国十一年铅印本；

二、印须集八卷续集六卷又续集六卷，清吴翌凤辑，清嘉庆十九年刻本；

三、问梅诗社诗钞不分卷，清黄丕烈辑，清道光间刻本；

四、吾与汇编十卷附录一卷，清吴翌凤编，清嘉庆二十一年刻本；

五、梦境唱和诗集一卷，清黄丕烈辑，清光绪间石印本；

六、师友集十卷，清梁章巨辑，清道光二十五年刻本；

七、吴中倡和集八卷续编一卷，清梁章巨辑，清道光十年刻本；

八、北行酬唱集四卷，清梁章巨辑，清道光十六年刻本；

九、今雨集二十卷，清顾沅辑，清道光二十四年长洲顾氏赐砚堂刻本；

十、晚晴簃诗汇二百卷，徐世昌辑，民国十八年退耕堂刻本。

丛部

一、墨海金壶，清张海鹏辑，民国十年上海博古斋影印本；

二、赐砚堂丛书，清顾沅辑，清道光十年刻本；

三、滂喜斋丛书，清潘祖荫辑，清同光间吴县潘氏刻本；

四、奢摩他室曲丛，吴梅辑，清宣统二年刻本。

后 记

　　本书之初稿，系我十多年前所撰硕士学位论文。记得答辩之时，与会专家对此评价甚高，甚乃其中一位提议授予博士学位，令我受宠若惊。遥想当时为撰此谱，镇日寝馈于故纸堆中乐而忘疲之状，不由为之莞尔。然思昔日之惨绿少年，而今已是鬓生二毛，岁月不居，马齿徒增，成就仅此，则又愧悚不已。

　　此次重理旧稿，已对原作进行了一定的修改润色。而此谱之成，实得益于业师吴格教授之悉心指授。师学问渊雅，识见鸿通，于古籍版本目录校勘及明清文献之域，尤有专擅。自1994年受业于师门，亲接謦欬，时聆教言，遂于流略之学，稍窥一二。在此谱撰写过程中，师多有教迪，匪所不逮。告蒇之后，又认真校阅全文，提出修改意见。凡此，皆当铭感不忘而拳拳服膺者。此外，复旦大学古籍所陈正宏先生，曾拨冗通读拙谱，并提出真知灼见。同门柳向春兄亦抽暇对拙谱进行详阅。于此一并致谢。

眭骏
谨识于己丑季夏